装配式梁桥设计

刘红卫 冯海江 编著

科学出版社
北京

内 容 简 介

本书主要针对装配式预应力混凝土先简支后连续体系的公路及城市桥梁设计中的问题，以问答方式进行了分析和解答。本书共5章：第1章总体设计，主要涉及装配式桥梁的桥型方案、结构体系、适用情况等；第2章上部结构，主要涉及断面类型、布梁原则、横向联系等；第3章下部结构，主要涉及墩台类型、盖梁设计等；第4章基础，主要涉及基础类型、桩基配筋等；第5章附属其他，主要涉及防护、护栏、排水、铺装等。各章的内容均从力学理论、计算分析、构造要求、施工条件、后期维护等方面进行了论述。

本书可供桥梁设计、施工、监理、管理及科研人员参考，也可作为高等学校桥梁专业的教材。

图书在版编目(CIP)数据

装配式梁桥设计/刘红卫，冯海江编著. —北京：科学出版社，2012.6
ISBN 978-7-03-034741-1

Ⅰ.①装… Ⅱ.①刘…②冯… Ⅲ.①装配式梁桥-桥梁设计
Ⅳ.①U448.212.5

中国版本图书馆 CIP 数据核字(2012)第 123534 号

责任编辑：周 炜 / 责任校对：包志虹
责任印制：吴兆东 / 封面设计：陈 敬

科学出版社 出版
北京东黄城根北街 16 号
邮政编码：100717
http://www.sciencep.com

北京厚诚则铭印刷科技有限公司 印刷
科学出版社发行 各地新华书店经销

*

2012年6月第 一 版　开本：B5(720×1000)
2024年1月第五次印刷　印张：13 3/4
字数：265 000
定价：108.00元
(如有印装质量问题，我社负责调换)

前　言

目前,在我国公路及城市桥梁中,20~50m跨径的梁桥数量占到90%以上,上部结构大多采用预制装配式结构,其形式简单、受力明确、施工方便、工业化标准高。广大桥梁建设者的主要工作一般围绕装配式结构进行设计、研究、施工及管理。尽管这种结构形式已经比较成熟,在桥梁宏观建设方面发挥了其他结构形式不可替代的作用,但从很多项目的设计来看,技术层面上仍存在不足之处,因此,对这种结构进行必要的规范研究及技术总结具有重要的意义。

作者从事公路桥梁设计二十余年,对从普通钢筋混凝土的简支板、普通钢筋混凝土的先简支后连续板、后张预应力混凝土的先简支后连续空心板、先张预应力混凝土的简支空心板、后张预应力混凝土的先简支后连续T梁到后张预应力混凝土的先简支后连续箱梁等这些装配式的桥梁(涵洞)均有较深入的体会。感觉到桥梁设计人员在设计这一类型的桥梁时,虽然桥梁简单,但仍有感到困惑的问题,一直想对此类桥梁的设计经验进行总结,希望对设计人员起到解惑释疑的作用。

随着我国桥梁建设步伐的加快,很多结构已不再适用或逐渐趋于淘汰,因此本书的重点放在了最常见的装配式后张预应力混凝土的先简支后连续T(箱)形梁上,对小桥中仍然使用的预应力混凝土简支空心板有所涉及,并对钢-混组合梁桥的相关内容进行了适当阐述。

从全书的构思上来说,本书以"为什么"的提问方式引出问题,其目的是在问题中先给出回答的"然",然后在回答中论述"所以然"。采取这样的方式更有利于读者理解问题的关键所在,便于引起读者对所阐述问题的兴趣,并引导读者进行深入理解。从装配式桥梁的结构方向来说,涉及力学理论、计算分析、构造要求、施工条件、后期维护等方面;从装配式结构桥梁的部位来说,涉及总体内容、上部结构、下部结构、基础、附属及其他等一系列问题。全书的编排也是按此进行的,便于读者迅速找到自己感兴趣的问题的答案。有的问题需要回答的内容很简单,但本书在回答此类问题时,对其涉及的其他方面也进行了延伸讨论。

本书重点讨论的是公路桥梁,本书中《通规》是指中华人民共和国行业标准《公路桥涵设计通用规范》(JTG D60—2004),《桥规》是指中华人民共和国行业标准《公路钢筋混凝土及预应力混凝土桥涵设计规范》(JTG D62—2004)。

本书由刘红卫、冯海江编写,石家庄冀星路桥工程设计有限公司的王进、王艳东为本书的编写做了大量的具体工作,刘辉锁先生对本书的细节问题提供了帮助和指导，在此向他们深表感谢。

由于作者水平有限，书中的问题及回答有不全面或不妥当之处，敬请读者批评指正。

刘红卫：liuliuleo@163.com；冯海江：fhj2004qhd@163.com。

作 者

2012 年 4 月于石家庄

目 录

前言

第1章 总体设计 ……………………………………………………… 1

1.1 为什么障碍物、地形、地质等是决定桥梁孔跨的主要因素 …… 1
1.2 为什么装配式的混凝土及预应力混凝土桥梁在桥梁中占的比重绝对大 ……………………………………………………………… 2
1.3 为什么当桥梁在曲线半径较小时一般不宜采用装配式桥梁 …… 3
1.4 为什么简支结构与先简支后连续结构的选择要从所处的环境、服务的对象和适应的规模来考虑 ………………………………… 5
1.5 为什么高烈度区特别是地质破碎区域的梁桥设计时不应仅关注结构体系的选择 ……………………………………………………… 6
1.6 为什么装配式桥梁在纵向体系上多为连续梁 …………………… 10
1.7 为什么连续墩上的支座一般选用普通板式橡胶支座 …………… 12
1.8 为什么装配式桥梁横向布置多采用分块制作 …………………… 14
1.9 为什么装配式桥梁横向分布系数的计算方法很多 ……………… 17
1.10 为什么装配式桥梁横坡的形成较复杂 ………………………… 21
1.11 为什么装配式桥梁正弯矩一般采用全预应力,而负弯矩采用部分预应力 …………………………………………………………… 26
1.12 为什么高墩的装配式桥梁与常规桥梁相比有时会有很大的区别 …… 28
1.13 为什么隐盖梁式的桥梁多用于城市桥梁 ……………………… 29
1.14 为什么先张板的横坡楔形块常采用外贴块方式 ……………… 33
1.15 为什么桥面连续与结构连续是有本质区别的 ………………… 34
1.16 为什么装配式桥梁的一联长度宜控制在 200m 以内 ………… 35
1.17 为什么斜弯桥采用圆形支座,而直线桥宜采用矩形支座 …… 38
1.18 为什么先简支后连续结构的施工顺序对结构应力的影响不大 …… 39
1.19 为什么装配式桥梁的护栏和桥面铺装宜在体系完成后施工 …… 46
1.20 为什么钢-混组合梁桥的施工顺序不宜改动 …………………… 53
1.21 为什么钢-混组合梁桥节段连接多采用摩擦型高强度螺栓 …… 59
1.22 为什么说城市桥梁与公路桥梁有很多的不同 ………………… 60
1.23 为什么装配式桥梁横向块数的多少决定着桥梁的整体设计 …… 66
1.24 为什么要对城市高架桥下的安全考虑得更多 ………………… 70

1.25 为什么说装配式连续-刚构体系桥梁,区域温差的影响不大 …………… 73
1.26 为什么桥头处路基高度的选取,主要受到地质、造价及土地资源
等因素的影响 …………………………………………………………… 78

第2章 上部结构 …………………………………………………………… 82

2.1 为什么装配式桥梁一般多采用T形和箱形断面 ……………………… 82
2.2 为什么装配式桥梁有时宜采用箱形断面,有时却可采用T形断面…… 84
2.3 为什么当桥梁处在平曲线上时,同一跨的各片梁的跨长有时不
相同 ……………………………………………………………………… 86
2.4 为什么当桥梁处在曲线上时,为了保证梁长一致,可对湿接缝进行
调整 ……………………………………………………………………… 87
2.5 为什么箱梁及T梁桥的横向湿接缝宽度一般控制在35~110cm的
范围内为宜 ……………………………………………………………… 89
2.6 为什么曲线桥布梁时,当边梁翼缘矢高较大时,要考虑梁体的
平移 ……………………………………………………………………… 91
2.7 为什么对出现在超高段的箱梁桥可采用梁体旋转放置…………………… 92
2.8 为什么斜交桥梁的横隔板可采用正布也可采用斜布………………… 93
2.9 为什么桥梁的横隔板连接目前多采用湿接,而很少采用干接 ……… 94
2.10 为什么桥梁的横隔板道数是随着跨径变化的 ………………………… 96
2.11 为什么当桥梁纵断处在竖曲线上时,计算梁底纵坡时不能简单用
切线坡来替代 …………………………………………………………… 97
2.12 为什么连续钢-混组合梁的负弯矩区是设计考虑的重点 ……………… 99
2.13 为什么装配式桥梁存梁期长短会影响成桥后的状况 ………………… 101
2.14 为什么装配式桥梁在采用上部标准图时,要注意桥梁宽度和
斜度的影响 ……………………………………………………………… 105

第3章 下部结构 …………………………………………………………… 109

3.1 为什么装配式桥梁的下部一般多采用桩柱式墩台 …………………… 109
3.2 为什么对梁体平移的桥梁应注意对下部结构的影响 ………………… 111
3.3 为什么桥台处的垫石高度与支撑总高度的位置有关 ………………… 113
3.4 为什么在计算桥台各处高程时,应以背墙前缘处的高程控制
为宜 ……………………………………………………………………… 114
3.5 为什么桥台背墙一般是在梁体架上去后浇注更好 …………………… 116
3.6 为什么处在非直线段上的斜交桥,其桥台尺寸按背墙前缘线展开与
按盖梁中心线展开是不同的 …………………………………………… 118
3.7 为什么当桥梁采用柱式桥墩时,其横向墩柱高差应由横向地形
控制 ……………………………………………………………………… 120

3.8 为什么当桥梁处在比较复杂的地形时,尤其纵向地形较陡的情况下,要对相关墩台进行处理 …… 125

3.9 为什么柱径、柱间距及盖梁截面等参数相同时,虽然有时柱高不同但柱子及盖梁配筋却可相同 …… 127

3.10 为什么桩柱式桥墩一般需设置系梁 …… 130

3.11 为什么过渡墩的高低盖梁配筋会有三种方式 …… 136

3.12 为什么桥梁桥墩一般不采用装配式构件 …… 141

第4章 基础 …… 143

4.1 为什么装配式桥梁的基础一般多采用桩基础 …… 143

4.2 为什么桥梁基础顶面标高首先是由地面高程控制的 …… 144

4.3 为什么桥梁基础的埋置深度会受到地形、冲刷等因素的影响 …… 146

4.4 为什么桩基和承台的接头处需要进行处理 …… 150

4.5 为什么桥梁桩基螺旋筋的螺距要在一定范围加密 …… 151

4.6 为什么桩基底部一般有一段素混凝土,它的取值是如何考虑的 …… 153

第5章 附属其他 …… 159

5.1 为什么墩台防护设计是桥梁设计的重要环节 …… 159

5.2 为什么桥梁上的护栏形式及尺寸有不同的选择 …… 163

5.3 为什么有的桥梁设置防落物网,有的不需要设置 …… 166

5.4 为什么桥梁的排水不仅仅需要考虑横纵坡的影响 …… 168

5.5 为什么主梁顶面一般设置伸入现浇混凝土层的连接钢筋 …… 171

5.6 为什么同一长度的桥梁伸缩缝宽度取值却可不同 …… 174

5.7 为什么搭板长度主要是由桥头填土高度决定的 …… 177

5.8 为什么一般桥梁不设置避雷措施 …… 183

5.9 为什么桥头防护一般采用锥坡防护 …… 184

5.10 为什么双幅桥的桥台一般向中央分隔带处延伸 …… 188

5.11 为什么桥梁的一些构造措施能起到减隔震的作用 …… 189

5.12 为什么支座垫石高度宜控制在 10~30cm …… 195

5.13 为什么装配式桥梁的混凝土铺装层要比现浇结构的偏厚 …… 198

5.14 为什么桥梁铺装层要设置防水混凝土,而不是普通混凝土 …… 201

5.15 为什么装配式铰接板桥梁铰缝与桥面铺装宜同时施工 …… 202

参考文献 …… 206

后记 …… 209

第 1 章 总 体 设 计

1.1 为什么障碍物、地形、地质等是决定桥梁孔跨的主要因素

桥梁是什么？或者说桥梁的主要功能是什么？简单地说"桥梁是跨越障碍物的人工建筑物"，因此，桥梁的主要功能之一是跨越障碍物。障碍物的类别、尺寸等决定着桥梁的跨径，障碍物可以是河流、水渠，也可以是公路、铁路、管线等，只要是和桥梁交叉且又不能废弃的均是桥梁的障碍物。

如桥梁需要跨越河流，那么河床的宽度、交叉的角度、水位的高低及是否通航等因素决定了桥梁的跨径（或长度）及高度。例如，有行洪要求的桥梁，首先要计算河流的流量，由流量的大小去控制桥梁的跨径（或长度），同时还需计算水位、水流的壅水及浪高，决定桥梁的最小高度；对于跨越有通航的河流时，航道的建筑限界要求决定了桥梁跨径及高度的选择。如桥梁需要跨越的是道路，那么道路的宽度、道路要求的高度（建筑限界）也同样决定了桥梁的跨径及高度。道路的等级、道路的横断面形式、道路与桥梁的交叉角度、桥梁是否考虑景观要求等，决定所建桥梁的跨径大小、布孔及桥梁的结构形式。

山区的道路往往出现大量的高填方地段，此时桥梁不仅要满足跨越障碍物的要求，还应考虑填方的沉降、环保、经济性等因素，在这种情况下决定桥梁跨径和孔数的因素还包括地形的要求，此时桥梁的长度受桥头填土高度的控制，甚至有时没有明显的障碍物，而仅仅因为地形的限制需设置桥梁。

地质条件一般影响着桥梁的两个方面：一是跨径的选择，二是基础类型的选择。如地质条件较好可以适当选用大跨径来布孔（如 35m 或 40m），反之则可采用 20m 或 25m 的跨径来布设。地质条件一般时可选择连续体系或刚构体系，地质条件很差时可能要选择简支体系的桥梁。

地质条件较好时，选择大跨径的桥梁，减少桥墩的个数，此时桥墩基础工程量增加的不是很多。反之，地质条件较差，如增大跨径会带来基础工程量的迅速加大，反而不如选择小跨径时经济。

地质条件很差，如溶洞、采空区、软土区等地区，地基的不均匀沉降难以避免，选择简支体系比连续体系更为合理。

地质条件也决定着桥头高度的取值，一般地质条件下桥头高度不宜大于 7m，软土等不良地质时，桥头高度不宜大于 5m，否则不但路桥相接段的沉降差值难以控制或消除，从而影响行车的安全性和舒适性，而且桥台本身的安全性也

可能存在隐患。

图 1.1 为某互通主线桥的布孔简图,桥梁高度由铁路净空控制,而跨径的选择需要考虑的主要障碍物为:铁路、国道、高速公路、规划路及大桩号方向的两条匝道。由于主要障碍物与路线斜向交叉,考虑到其建筑限界及路堑边坡等地形因素,主跨采用了较大的 60m 跨径跨越。11 号台的平面位置受限(11 号台侧的路基部分已处在变宽段上,应避免桥梁处在变宽段上而增加施工难度),其填土高度在 7m 左右,从而其位置及形式已定;而两条匝道与路线走向接近正交,且二者位置较远,若采用一孔跨越的形式则跨径太大,同时考虑到小桩号侧的地形因素,两侧桥跨均采用了 35m 的跨径。综上,桥型布孔采用了 35m 与 60m 的组合跨径,桥梁布孔为:5×35m(装配式预应力混凝土连续箱梁)+3×60m(装配式钢-混组合简支箱梁)+3×35m(装配式预应力混凝土连续箱梁),桥跨长 460m。

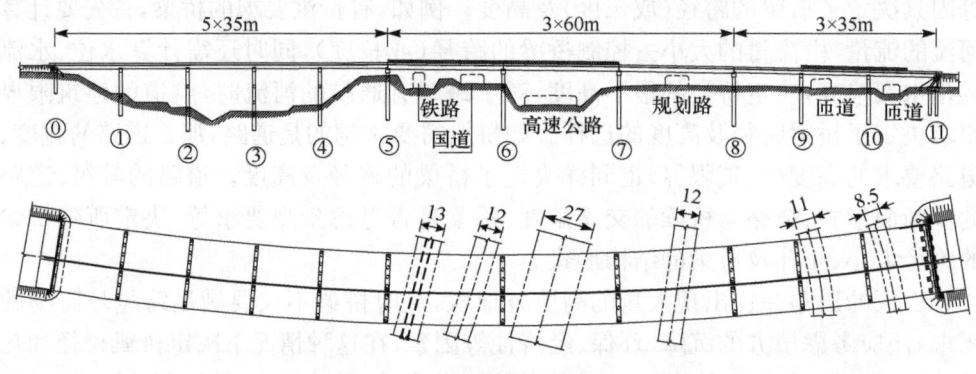

图 1.1 典型桥梁布孔图

从以上所述内容可以看出,决定桥梁布孔的因素往往不仅限于一个条件,桥梁布孔时要首先明确哪个因素是控制因素,然后再结合其他因素,综合考虑整座桥梁的跨径、孔数、桥长、结构形式等。

1.2 为什么装配式的混凝土及预应力混凝土桥梁在桥梁中占的比重绝对大

钢筋混凝土和预应力混凝土梁式桥都是采用抗压性能好的混凝土和抗拉能力强的钢筋结合在一起建成的。根据混凝土受预压程度的不同,预应力混凝土结构又分为全预应力和部分预应力两种。前一种在作用短期效应组合下主梁上下边缘的混凝土不出现拉应力,后一种则是通过限制作用短期效应组合下的拉应力数值或裂缝宽度,以此改善构件的使用性能,并获得更好的经济效益。目前钢筋混凝土梁桥在国内外桥梁建筑上仍占有重要地位。中小跨径的永久性桥梁,无论是公路、铁路或城市桥梁,大部分均采用钢筋混凝土或预应力混凝土梁式桥。

在施工方法上,除了一些特殊情况尚采用现场整体浇筑外,大量的是采用预制的装配式梁桥。

装配式梁桥和整体式梁桥相比,具有以下主要优点:

(1) 桥梁构件的形式和尺寸趋于标准化,有利于大规模工业化制造。

(2) 在工厂或预制场内集中管理进行工业化预制生产,可充分采用先进的半自动或自动化、机械化的施工技术,以节省劳动力和降低劳动强度,提高工程质量和劳动生产率,从而显著减低工程造价。

(3) 构件的制造不受季节影响,并且上、下部构造也可同时施工,大大加快桥梁的建造速度,缩短工期。

(4) 能节省大量支架、模板等的材料消耗。

当然,装配式梁桥的预制构件对运输和起重设备有一定的要求(特别是较大跨径时)。同时,桥梁的支座数量也较多,如更换支座工作量较大,施工控制较烦琐。为了保证全桥的整体性,装配式梁桥尚需牢靠的接头构造措施,目前一般均采取"湿接"集整措施(纵向及横向)。

不宜采用装配式桥梁的情况主要有以下几种:单跨跨径较大时;预制场地、运输、起重受限制时;特殊斜弯桥及变宽桥时;工程范围内桥梁数量很少时等。

因此,当桥梁确定为梁桥后,首选的应是装配式钢筋混凝土及预应力混凝土结构,只有当桥梁跨径必须足够大(如需50m)才满足功能要求,桥梁平面线形很难适应装配式的需求,或者桥梁美学方面的要求很高时,才会选择整体浇筑的桥梁。正是基于这样的桥梁选择思路,使得桥梁的建设管理、设计施工、运营养护等工作大都是围绕着装配式钢筋混凝土及预应力混凝土的桥梁,也使得装配式桥梁具有很强的生命力。在未来的桥梁建设中,装配式的桥梁仍将占据绝大多数市场。

1.3 为什么当桥梁在曲线半径较小时一般不宜采用装配式桥梁

装配式桥梁有两个"直线预制":一是纵向梁体按直线制作;二是横向梁块按等截面"直线"制作。如果梁体均按桥梁的曲线要求预制,那预制装配的优点将变得毫无意义。因此,讨论装配式梁的外形时,均是按"直线"来考虑的。对于曲线桥梁,它是以最终的折线来代替曲线的,简单地说所有装配式桥梁都是"以折代曲、以弦代弧",因此对于曲线上的桥梁来说,曲线半径和桥梁的跨径成了两个重要的参数,当曲线半径较小时,不能采用跨径大的装配式结构,否则会出现很复杂的几何处理措施。

图1.2是3跨桥梁的平面布梁简图,影响折线代替曲线的主要因素如下:在曲线上时,由于矢高 f 的存在,使得处在桥梁内外弧侧的边梁翼缘板宽度均为变值,

一般情况下当最大矢高 f 超过 30cm 时,建议梁体平移布置(有关梁体平移的问题见 3.2 节)。

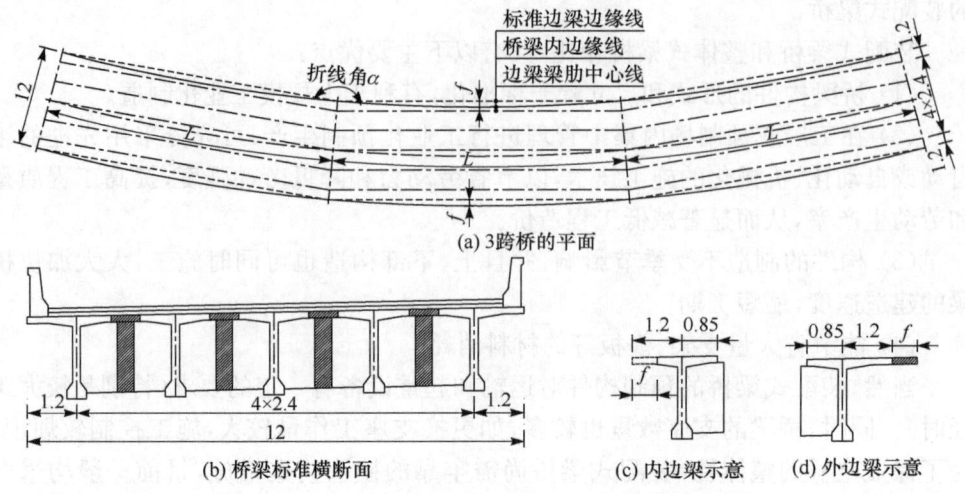

图 1.2 曲线桥梁的装配式布梁图(单位:m)

由于各跨采用了相同的布梁原则,在墩顶处会出现折线角 α,对于简支结构来说不会有很大影响,但对于先简支后连续的预应力结构来说,会对墩顶施加预应力有一定影响。由于张拉时必须满足钢束的最小平弯半径($R=4$m)要求(《桥规》9.4.10),同时平弯切线点不得侵入预制梁体内,这样必然会对折线角 α 的大小有所限制(图 1.3)。

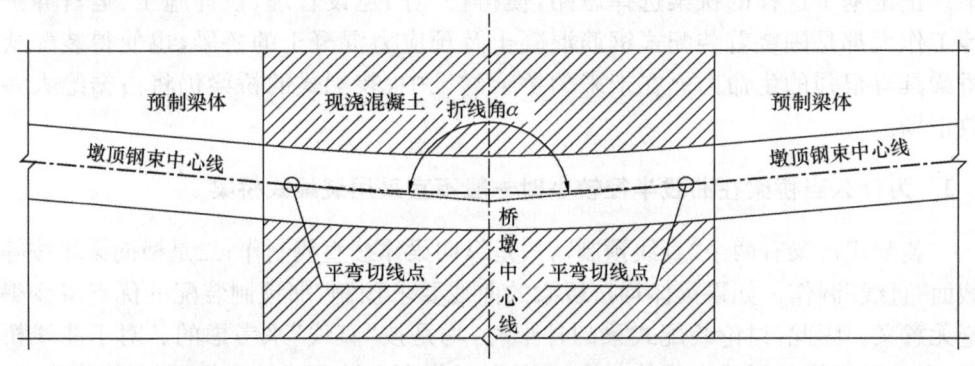

图 1.3 墩顶钢束平弯处理

当然还有重要的因素跨径 L,在曲线半径不变的情况下,减小跨径 L 能有效减少矢高 f 和折线角 α,也就是说,当曲线半径较小时,适当缩减跨径 L 是必需的,但前提是满足桥梁的主要使用功能——跨越障碍物。

前面讨论的仅是几何关系对曲线桥的影响。一般情况下,桥梁的跨径是依据使用功能来确定的,是首先的决定因素。当跨径确定,而桥梁又恰好处在小半径的平曲线上时,将使桥梁的布梁很难进行,因此从几何关系上来说,曲线半径较小时不宜采用装配式结构。

从曲线桥与直线桥的受力特点来说,曲线桥梁是空间结构,由于平面圆弧曲杆挠曲与扭转的耦合,不但垂直于弯曲平面的竖向力可以产生弯矩和剪力等内力,竖向荷载对曲梁剪力中心线的偏心扭矩也可以产生这些内力。更重要的是,由自重和预加力产生的扭矩和扭转变形是不容忽视的,在曲线半径较小、较大跨径的曲线梁桥中,主梁组合最大扭矩有时可达纵向最大弯矩值的50%以上。

相关研究认为,圆心角、曲线半径、桥梁宽度及截面抗弯抗扭刚度比等,是区分曲线梁和直线梁受力特征的主要因素,把 ξ 称为曲线影响综合系数。

$$\xi = \frac{L^2}{RW}$$

式中,L——跨径弧长;

R——曲线半径;

W——桥梁全宽。

在加拿大安大略省公路桥梁设计规范中,当 $\xi < 0.5$ 时认为可用直线梁计算结果代替曲线梁。在其他条件相同的情况下,桥面越宽,曲线影响综合系数越小。

曲线梁桥要求的抗弯刚度与同样条件下直线梁桥差不多,但要求的抗扭刚度比较大。当曲线梁桥的横截面为箱形、空心板、实心板时,其截面尺寸可参考同样跨径、同样宽度的直线梁桥的有关尺寸,抗弯、抗扭强度一般都能满足要求;但如采用开口的梁肋式截面,其肋厚(主要是在支点附近的腹板厚)必须大大增加。同时由于抗扭的作用必然会影响到截面的横向联系(横隔板等)的受力加大,必要时对横隔板等处的钢筋应做处理。

当半径一定时,桥梁较宽的曲线桥相对窄桥来说,曲线影响综合系数小,采用装配式结构"以折代曲"对结构的受力影响也较小。

1.4 为什么简支结构与先简支后连续结构的选择要从所处的环境、服务的对象和适应的规模来考虑

装配式桥梁一般有两大类:一类是简支结构(有时做成桥面连续);一类是先简支后连续结构。连续结构在力学性能上优于简支结构,它具有结构刚度大、桥面变形小、动力性能好、变形曲线平顺、有利于高速行车等突出优点。但连续梁是一种外部超静定结构,基础的不均匀沉降会引起结构的附加力,初始预加力、混凝土的收缩、徐变、温差作用等都会引起超静定结构内力的变化。

一般情况下,多跨的简支结构均采用了桥面简易连续。桥面简易连续是在多跨的混凝土简支梁桥中,为了改善车辆行驶的平稳舒适性,减少伸缩缝的设置和经

常性的维护工作,将其桥面做成连续的,形成竖向荷载作用下为简支体系、水平力作用下具有一定连续功能的结构。虽然桥面连续能使行车时比较平顺,但其并非真正意义上的连续结构。

结构连续就是对多跨简支梁的两端做完全连接处理,使结构呈现出连续梁桥的特性。由于墩顶处梁的连接段不承受一期恒载的作用,使得其中支点负弯矩较普通连续梁桥小得多,因而有时仅需配置普通钢筋就能解决连续问题,给施工带来方便。

那么,当桥梁适合设置装配式桥梁时,两种结构如何选择呢?下面从几个方面进行分析。

(1) 桥梁所处环境的影响。

桥梁所处的环境主要是指地质环境,当地质条件较好时,一般选择连续结构;当地质条件为不均匀沉降易发生地段,如地质溶洞或地下矿产采空区较多的地段,为减少基础的处理难度建议选择简支结构。

(2) 桥梁的服务对象。

当桥梁的服务对象是公路交通时,一般采用连续结构,尤其是高速公路。当服务于城市道路或低等级公路时,一般选用简支结构。其中的原因除了各自的施工场地、施工条件等不同以外,还与公路和城市道路上行驶车辆的要求不同,公路桥梁侧重通行的速度,而城市桥梁侧重通行的能力。

当桥梁是为重载交通特殊设计时,如采用连续结构,由于墩顶负弯矩较大,布束受到构造的限制难以曲线配束,往往很难满足墩顶负弯矩的需求。这种情况下,宜采用简支结构。

(3) 桥梁的规模。

桥梁的长度也是选择结构形式的一个依据,当桥梁为 1~2 跨时,一般选择简支结构,当桥梁超过 3 跨后,多数情况采用连续结构。桥梁的规模越大越趋于选择连续结构。

当桥梁确定采用装配式结构后,应根据上述条件综合考虑,选择采用简支结构或连续结构。

1.5 为什么高烈度区特别是地质破碎区域的梁桥设计时不应仅关注结构体系的选择

桥梁震害按结构破坏机理可分为直接震害和间接震害,前者是地震直接造成的结构灾害,如落梁、移位、局部碰撞、桥墩破坏等(图 1.4);后者系由地震诱发的山体崩塌、滑坡、泥石流、堰塞湖等次生灾害对桥梁结构的破坏(图 1.5),与直接震害相比,间接震害动辄桥墩被砸断而导致落梁破坏,损失更甚、更具毁灭性。

(a) 移位破坏　　　　　　　　　　　(b) 落梁破坏

图1.4　直接震害

(a) 滑坡破坏　　　　　　　　　　　(b) 落石破坏

图1.5　间接震害

客观地说,大地震中桥梁不受损坏几乎是不可能的,但是在地震来临之时,如果能够保证墩台不倒塌、桥面不落梁,就可最大限度地减少灾区损失,极大地方便抢险救灾。因为桥梁结构属于公路网中的节点,对于缺少合理冗余度的路网结构而言,一旦桥梁结构损坏,即导致路网功能丧失、交通瘫痪。尤其在我国西南部地区,不仅公路网脆弱、可靠性低,又处在地震高烈度区,再加上地质破碎、生态脆弱等因素,地震时极易发生滑坡、泥石流等次生灾害。

从汶川震后重灾区国(省)主干线公路桥梁震害调查来看,在破坏严重的桥梁中,次生地质灾害所致的比例高达40%。因此,设计理念从单一的地震灾害防御向多灾害综合防御转变的意义显得更加重要,即在设计时不仅要重视结构本身的抗震性能,而且要评估次生灾害的危险,采取相应的对策,特别是对地处高烈度区且地质破碎区域的桥梁。

综上所述,桥梁抗震不仅要遵循《中华人民共和国防震减灾法》中"实行预防为主的方针,减轻公路桥梁的地震破坏,保障人民生命财产安全,减少经济损失,更好地发挥公路交通网的功能及其在抗震救灾中的作用"的宗旨,根据现行《公路桥梁抗震设计细则》(JTG/T B02—01—2008)(以下简称《08抗震细则》)"两水平设防、两阶段设计"的思想进行设计,并结合以往的桥梁震害调查与分析。针对公路中广泛采用的梁桥结构,提出如下建议:

(1) 首先是抗震设防理念的转变,应从如何抵抗地震力转变为如何去适应地表的位移,在策略上是从刚性抗震设计转变为柔性对策的隔震、延性、耗能设计。

(2) 在高烈区进行桥梁抗震设计时,应从宏观考虑不同桥型的抗震能力及其结构自身的抗震弱点加以设防。桥型抗震性能的优劣不能一概而论,例如,多跨简支结构虽然整体性差,发生落梁的危险远大于连续梁桥,但简支结构下部墩身的震害损伤程度要弱于连续结构,这主要是后者由于固定墩的设置及墩身高度的差异,使各桥墩水平抗推刚度差异大,地震时水平地震力分配严重不均所致。从震后梁桥震害损伤调查来看(表1.1),简支梁经历了严峻考验而不逊于连续梁,问题的关键是抗震构造措施设置的是否合理、有效。针对简支结构整体性不足、易落梁等问题,可以通过加强梁(板)之间的纵、横向联系,做成桥面连续加以改善,并采取合理的限位措施(如设置纵向挡块、控制联长等)。

表1.1 梁桥结构震害程度调查表

桥型	桥梁数/座	所占比例/%	震害比例/%			
			完好及轻微破坏	中度破坏	严重破坏	损毁
简支体系桥	1337	97.6	82.87	9.35	7.03	0.75
连续梁桥	33	2.4	72.73	12.12	9.09	6.06

(3) 由于弯、斜桥在地震中的破坏普遍较直线正交桥严重,因此在地震高烈度地区应尽量减少弯、斜桥。对于山区公路线形有良好适应性的曲线梁桥而言,宜选用小桥长、小跨度的连续梁结构。

(4) 落梁震害与支撑破坏密切相关,但从支座构造入手来解决落梁问题是困难的,设计中应将支座、主梁搁置长度、主梁限位装置作为一个统一的防落梁系统来考虑。对于主梁搁置长度问题,《08抗震细则》仅给出了简支梁的情况,在缺乏精确分析的情况下,建议连续梁也采用该公式控制主梁的最小搁置长度。

(5) 宜坚持上部结构与下部结构"弱"连接的设计原则,同时必须加强防落梁措施设计、桥墩与构件延性及细部设计。具体如下:

① 在支座设计方面,将现有的"浮放"方式改为在底部与桥墩锚栓连接的形式。

② 在防落梁措施方面,横向挡块宜适当加强但不可过刚,配筋必须注意具备足够锚固长度,竖向深入到盖梁内部;并在梁与梁之间、梁与桥台胸墙、梁与挡块之间设置弹性垫块,以缓和地震的冲击力。

(6) 桥墩及构件设计,桥台的胸墙及与翼墙交接处应进行地震时主梁冲击荷载下的强度校核;桥墩的设计应当充分考虑延性,尽量采用直径12mm以上的HRB335螺纹钢筋作为箍筋,并减小箍筋的间距以保证足够的配箍率,实现对核心混凝土的约束作用;排架墩间系梁的设置应防止出现"强梁弱柱"效应,保证第一塑性铰产生在系梁而不是桥墩上;桩柱式结构应尽量避免在墩底出现整齐的施工接缝,并严禁纵筋在柱脚等关键受力部位的截断或搭接,以切实提高其延性抗震能力。

以上几点内容,也仅是从结构自身方面采取措施,以达到减轻直接震害对结构损伤的目的,而对于山体崩塌、滑坡、堰塞湖等次生灾害导致桥梁损毁,以及地基震害等非结构性震害,显然是不够的。结合以往工程经验及震害调查,除正确选择桥位,布置足够的孔跨、桥孔高度,正确选择基础形式,设计足够埋深,配置相应的拦挡、防撞、排导构造物等之外,高烈度区及地质破碎区域的桥梁还应在"技术可行、经济合理"的原则下,适当提高设计标准,合理加强防护。设计时应考虑以下原则:

(1) 避让原则。桥位应尽量避开断层、滑坡、泥石流、强岩溶及其他不良地质的地段,若受地形限制,要采取适当的措施。例如,在路线穿越易发生泥石流的沟口处,一般应布设桥梁跨越,桥跨和净高要充分考虑泥石流的宣泄,"宁大勿小",为减小泥石流对桥跨下部结构施加的冲击力、剥蚀力,确保桥梁结构安全、耐久性要求,除在桥墩周围做必要的导流、防冲击、剥蚀构造外,路线应尽可能与泥石流沟口保持一定的距离(图1.6)。

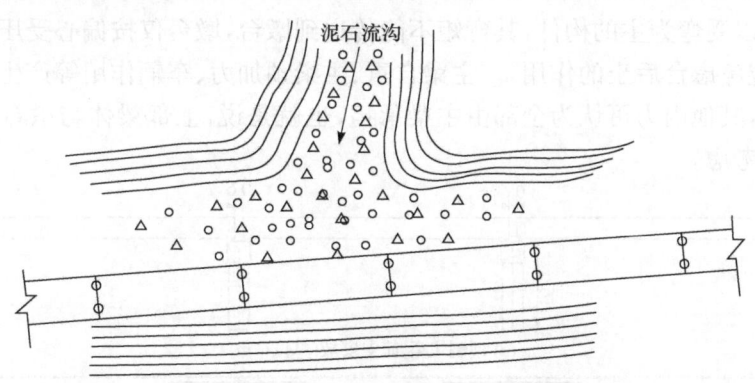

图 1.6 桥梁跨越泥石流沟口

(2) 防护原则。由于特殊的地理环境,桥位无法避让破碎山体时,应特别重视对桥梁迎坡一侧的山体进行工程防护和生态植物防护,必要时应清除山体之上的悬石,避免山体坍塌、落石对桥梁的损坏。桥墩宜采取适当的防护、隔离措施,例如,迎坡侧采取浆砌块石防护,其与桥墩间应留有适当的缓冲距离。

(3) 构造措施最强原则。构造措施对保证桥梁在不可预期的"大震"下的抗震能力非常重要,同时其造价相对桥梁总投资又很低廉。因此建议构造措施部分不再依"设防烈度"设计(规范做法),而是采用能够维持桥梁"大震"后应急通行功能的"最强原则"设计。这也可与人类对地震发生时间、地点、强度等的认识水平极其有限相适应。

(4) 慎重选择桥位场地。桥址场地及地质条件(或经处理后)必须能够确保桥台的整体稳定性;在宽阔河漫滩、山(河)谷修建桥梁时必须重视砂土液化问题;在桥位选择时注意断裂的走向,在构造上加强薄弱位置。

(5) 地震动输入方向对桥梁的破坏程度具有明显的方向性,桥梁走向尽可能垂直于地震波传播方向,并加强桥梁横向的抗震设计,避免桥梁走向和地震波传播方向平行,这需要在桥梁设计时和地震部门充分沟通。

如何减轻桥梁结构的震害,不仅仅取决于技术层面,而且涉及社会认知度、部门管理、行业决策等方面,在当前经济、技术水平条件下,能够将成熟的技术措施切实落到实际应用当中,无疑是最为重要的。

1.6 为什么装配式桥梁在纵向体系上多为连续梁

一般来说,装配式桥梁有两大类:一类是简支体系;一类是先简支后连续体系,本问题讨论的是后者。但即使是采用了先简支后连续的体系,可选的方案还应当有连续-刚构及刚构体系。

图1.7是3×20m先简支后连续梁桥的施工阶段示意及弯矩图,可以看到,连续主梁是以受弯为主的构件,其弯矩不能传递到墩台,墩台仅按偏心受压构件考虑(桥台还应考虑台后土的作用)。主梁自重、主梁预加力、车辆作用等产生的内力除竖向力外,其他内力可认为全部由主梁承担,也就是说,上部梁体与墩台完全可以单独拆开考虑。

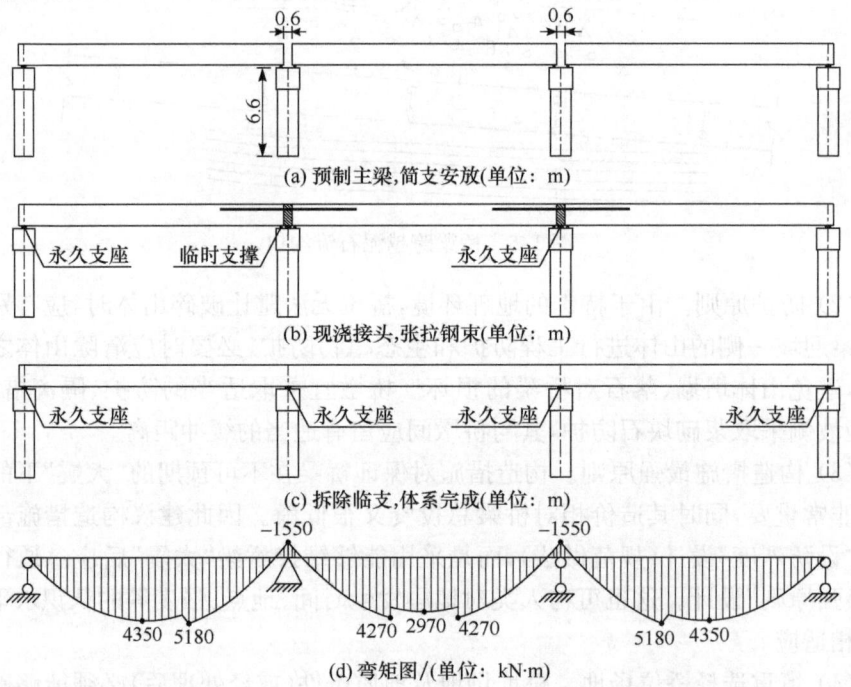

图1.7 先简支后连续梁桥的施工阶段示意及弯矩图

图 1.7 的上部截面按 4×1.2m 的矩形截面考虑,墩顶按 20ϕ^s15.2mm 钢绞线施加预应力,在自重和墩顶预加力作用下的弯矩图如图 1.7(d)所示。

图 1.8 和图 1.9 是 3×20m 先简支后连续-刚构及先简支后刚构的桥梁施工阶段示意及弯矩图,上部及墩台截面均为 4×1.2m,墩台高度按 15m 考虑,负弯矩钢束同上。可以看到,上部主梁仍是主要的受力构件,上部作用的弯矩有一部分传递到了墩台;相对于连续梁来说,由于桥墩与主梁的刚接,使得在主梁上施加负弯矩预应力后,会出现主梁正弯矩偏大,负弯矩减少的情况。

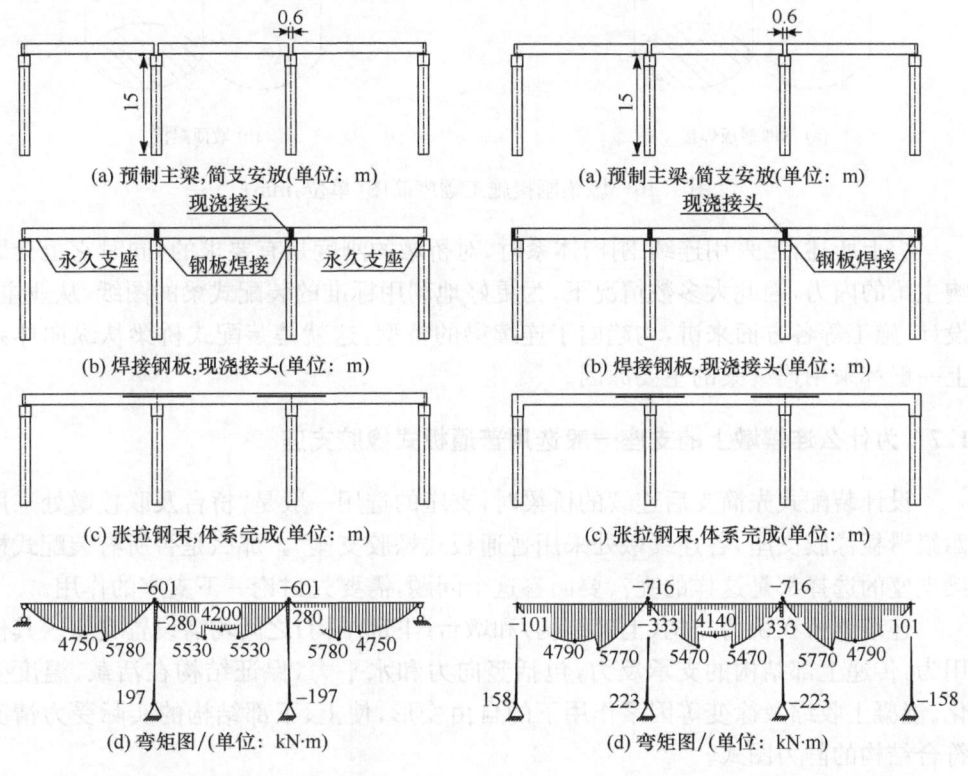

图 1.8 先简支后连续-刚构的桥梁施工阶段示意及弯矩图

图 1.9 先简支后刚构的桥梁施工阶段示意及弯矩图

由图 1.8 和图 1.9 的比较看到,先简支后连续-刚构及先简支后刚构桥,在利用先简支后连续梁的上部标准图时,应考虑图纸提供的正弯矩区域钢束配置是否足够。

采用墩梁刚接的连续-刚构体系桥梁,减少了桥墩的支座,避免了支座老化、更换等问题的出现,但带来了相关的构造处理问题(图 1.10)。同时,这种桥型必须考虑桥墩的纵向整体刚度,刚度偏小时,对桥墩内力影响不大,刚度越小桥墩的内力越小,故对高墩可以采用这种结构。需要注意的是,施工时桥墩盖梁的顶面需按相应的纵坡浇筑。

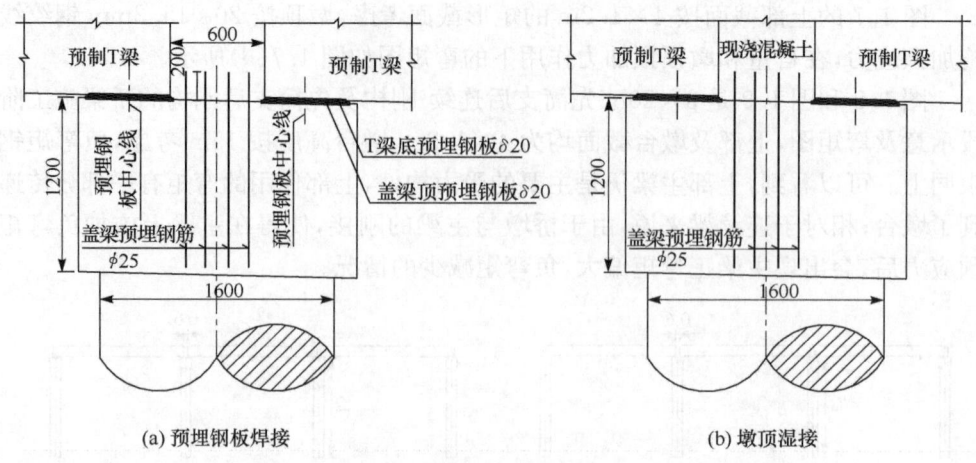

(a) 预埋钢板焊接　　　　　　　　(b) 墩顶湿接

图 1.10　墩梁刚接施工顺序简图(单位:mm)

综上所述,当采用连续-刚构体系时,对桥墩的刚度是有要求的,同时它也会影响主梁的内力,因此大多数情况下,为更好地利用标准的装配式梁的图纸,从业主、设计、施工等各方面来讲,均趋向于连续梁的桥型,这就是装配式桥梁从纵向体系上一般都采用连续梁的主要原因。

1.7　为什么连续墩上的支座一般选用普通板式橡胶支座

设计装配式先简支后连续的桥梁时,支座的选用一般是"桥台及联接墩处采用四氟滑板橡胶支座,各连续墩处采用普通板式橡胶支座"。那么是否所有装配式桥梁支座的选择都是这样的呢?要回答这个问题,需要先讨论一下支座的作用。

连续梁桥在桥跨结构(上部结构)和墩台(下部结构)之间均需设置支座。其作用为:传递上部结构的支承反力,包括竖向力和水平力,保证结构在活载、温度变化、混凝土收缩及徐变等因素作用下的自由变形,使上、下部结构的实际受力情况符合结构的静力图式。

板式橡胶支座的构造最简单,从外形上看它就是一块放置在上、下部结构之间的普通黑色橡胶块,其活动机理是:利用橡胶的不均匀弹性压缩实现转角位移 θ,利用其剪切变形实现水平位移 Δ(图 1.11)。因此,普通板式橡胶支座并无严格意义上的固定支座与活动支座的区别。

图 1.11 表示的是常见的带钢板的普通板式橡胶支座的传力模式简图,支座容许的偏转角度 θ 一般为 0.003～0.005rad,同时《桥规》对支座平均压缩变形 δ 也有要求;支座的水平位移也就是其剪切变形 Δ 是与支座高度 h 及容许的剪切角 γ 成正比关系,由于一般情况下 γ 是一定值,因此剪切变形 Δ 是随支座高度 h 而变化的,支座高度越高其允许的水平位移越大。

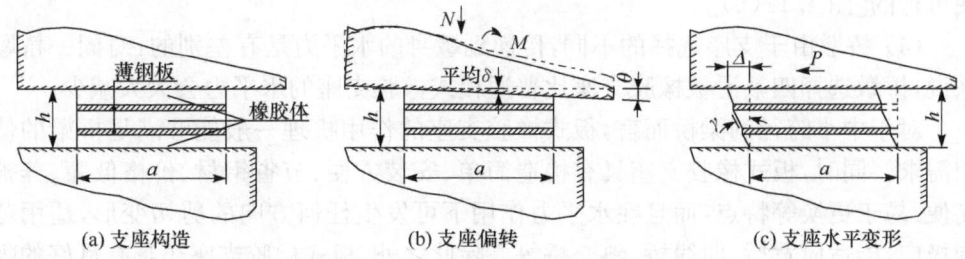

图 1.11 常用板式橡胶支座传力简图

四氟滑板橡胶支座是聚四氟乙烯滑板式橡胶支座的简称,其构造与普通板式橡胶支座基本相同,仅仅是在支座上有一聚四氟乙烯滑板,一般聚四氟乙烯滑板的厚度为 2mm。四氟滑板橡胶支座转角位移的实现与普通板式橡胶支座相同,但其水平位移主要是依靠支座上的聚四氟乙烯滑板与梁体上不锈钢板间的相对移动来实现的。

图 1.12 是几种桥长情况下支座形式选择的简单示意,假定各桥墩刚度相当,仅考虑温度的影响,可以得到如下的结论:

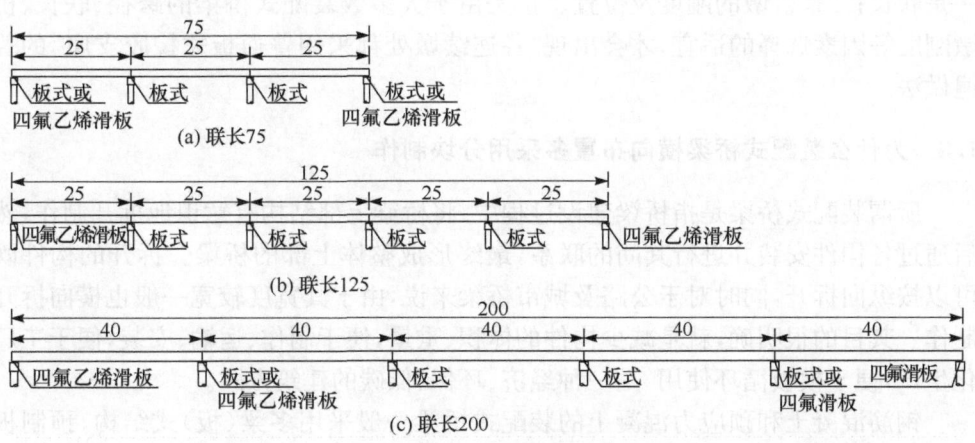

图 1.12 桥长与支座选择的关系图(单位:m)

(1)当桥梁的联长较短时,例如,小于 80m 时,桥梁的最大水平位移不是很大,桥台或联接墩处的支座有选择普通板式橡胶支座的可能,而非必须选择四氟滑板橡胶支座[图 1.12(a)]。

(2)当桥梁的联长较长时,例如,大于 200m 时,桥梁边墩或次边墩的水平位移仅靠支座剪切变形会不足,相关的措施是增加支座的厚度或直接采用四氟乙烯滑板橡胶支座[图 1.12(c)]。

(3)当桥梁的联长合适时,桥墩支座选用型号相同的普通板式橡胶支座是方便可行的[图 1.12(b)]。

(4) 桥墩由于支座选择的不同,传递到墩身的水平力是有差别的:对同一桥墩来说,桥墩选择四氟滑板橡胶支座比普通板式橡胶支座的水平力会大大减少。

对于中小跨径的梁桥而言,板式橡胶支座的作用机理一般能够满足桥梁的使用需求。同时,板式橡胶支座具有构造简单、安装方便、节省钢材、价格低廉、养护简便、易于更换等特点,而且在水平力作用下可发生任何方向的剪切变形,适用范围极广,能适应宽桥、曲线桥、斜交桥等。除此之外,板式橡胶支座还具有良好的吸震性能,可减少动载对桥跨结构及墩台的冲击。因此,板式橡胶支座被广泛应用于装配式梁桥。

从工程实践来看,板式橡胶支座的使用寿命远远小于其理论寿命,很多桥梁的支座在使用了十余年后,甚至更短时间便需更换。为避免支座的产品质量、施工养护等因素对支座耐久性能的不利影响,有些设计,当跨径较大(35m 以上)时采用了盆式支座。

结合板式橡胶支座的优缺点,当装配式桥梁的支反力较小时(如小于 3000kN),建议优先考虑板式橡胶支座。此时墩台支座类型的选择要看两个方面:一是联长;二是桥墩的刚度及位置。正是由于大多数装配式桥梁的跨径、联长、桥墩刚度等因素选择的适宜,才会出现"各连续墩处都采用普通板式橡胶支座"的普遍做法。

1.8 为什么装配式桥梁横向布置多采用分块制作

所谓装配式桥梁是指桥梁建设过程中,将桥梁上部结构有意识地拆开制作,然后通过各构件安装并进行其间的联系,最终形成整体上部的桥梁。拆开的构件既可以按纵向拆开,同时对于公路及城市桥梁来说,由于其宽度较宽一般也横向拆开制作。其目的很明确,就是减少构件的体积、重量,便于制作、运输、安装,便于工厂化生产,便于模板循环使用,是一种经济、环保、低碳的建筑方式。

钢筋混凝土和预应力混凝土的装配式桥梁一般采用多梁(板)式结构,预制板的宽度通常在 1.0m 左右,最大宽度可达 1.6m,板宽很少有超过 2.0m 的,梁肋桥主梁间距通常在 2.2m 左右,箱形桥梁中心间距通常在 3.0m 左右。

一座装配式梁桥按照何种方式划分成预制拼装单元,这是直接影响到结构受力、构件预制、运输和安装及拼装接头的施工等许多因素的问题,而且这些因素往往又彼此影响、相互矛盾。例如,要加大安装构件的尺寸以减少接头数量和增强结构的整体性,就需要较大的运输、吊装能力;反之减小构件的尺寸和重量,就会增加构件的数量和接头的数目及增加现浇混凝土的工序。同时,块件的划分方式也与所选用的横截面形式紧密相关。因此,在设计装配式桥梁时,必须综合考虑施工中的各种具体条件,通过经济技术上的仔细比较,才能得到理想的结果。

通常在装配式梁桥设计中,块件划分应遵循以下原则:

(1) 根据建桥现场实际可能的预制、运输和起重等条件,确定拼装单元的最大尺寸和质量。

(2) 块件的划分应满足受力要求,拼装接头应尽量设置在内力较小处。

(3) 拼装接头的数量要少,接头形式要牢固可靠,施工要方便。

(4) 构件要便于预制、运输和安装。

(5) 构件的形状和尺寸应力求标准化、增强互换性,构件的种类应尽量减少。

目前,除特殊的设计外,一般都在使用标准图或通用图,很少有设计人员再做横向块件的工作。实际上设计及施工最关心的还是单块件的安装重量、现浇混凝土的数量及各块件之间连接的有效性。

表1.2给出了常见的装配式桥梁块件的一些参数,以便大家从中得到一些参考。

表1.2 装配式桥梁块件参数表

跨径/m	截面类型	材料性质	单块件质量/t		一道(片)缝现浇混凝土/m³	块件连接方式		备注
			边梁(板)	中梁(板)		纵向	横向	
2.0	实心板	普通钢筋混凝土	0.75	0.98	0.02	—	铰接	16m、20m空心板有简支的也有连续的
3.0			1.24	1.62	0.03			
4.0			2.02	2.65	0.06			
5.0			2.83	3.67	0.08			
6.0			3.88	5.12	0.12			
8.0	空心板	普通钢筋混凝土	7.11	6.60	0.29			
10.0			9.71	9.08	0.42			
13.0		先张预应力混凝土 (1m 板宽)	17.94	12.82	1.03	—		
16.0			23.69	17.08	1.49	无或湿接		
20.0			32.55	23.76	2.29			
13.0		先张预应力混凝土 (1.25m 板宽)	21.14	16.04	1.03	—		
16.0			24.57	21.09	1.47	无或湿接		
20.0			33.67	28.81	2.26			
13.0		后张预应力混凝土 (1.25m 板宽)	22.02	17.08	0.90	—		
16.0			29.38	22.80	1.30	无或湿接		
20.0			39.31	31.25	2.00			
25.0		后张预应力混凝土	49.50	46.00	0.68	湿接		

续表

跨径/m	截面类型	材料性质	单块件质量/t 边梁(板)	单块件质量/t 中梁(板)	一道(片)缝现浇混凝土/m³	块件连接方式 纵向	块件连接方式 横向	备注
20.0	T梁	后张预应力混凝土	41.10	40.10	1.80	湿接	湿接	横向干接处于淘汰状况
25.0	T梁	后张预应力混凝土	56.20	56.10	2.20	湿接	湿接	横向干接处于淘汰状况
30.0	T梁	后张预应力混凝土	72.60	72.00	2.60	湿接	湿接	横向干接处于淘汰状况
35.0	T梁	后张预应力混凝土	99.30	97.40	3.10	湿接	湿接	横向干接处于淘汰状况
40.0	T梁	后张预应力混凝土	133.20	134.20	3.60	湿接	湿接	横向干接处于淘汰状况
20.0	箱梁	后张预应力混凝土	54.60	49.70	2.60	湿接	湿接	横向干接处于淘汰状况
25.0	箱梁	后张预应力混凝土	72.70	66.30	3.10	湿接	湿接	横向干接处于淘汰状况
30.0	箱梁	后张预应力混凝土	93.20	86.20	3.40	湿接	湿接	横向干接处于淘汰状况
35.0	箱梁	后张预应力混凝土	119.10	110.70	4.40	湿接	湿接	横向干接处于淘汰状况

从表1.2中看到，目前预制梁的最大安装质量在130t左右，为40m的T梁。最小安装质量仅0.8t左右，为2.0m的预制实心板。选择桥梁跨径时，除了其他的要求外，施工时的机具设备要求也是一必要条件，当场地、运输等因素限制吊装设备时，需适当选择吊装重量轻的跨径及截面。

并非所有装配式的桥梁都必须采用横向分块制作，如杭州湾跨海大桥的引桥，采用跨径分别为70m和50m的先简支后连续的装配式施工方法，横向整体预制宽度达15.8m，为斜腹板的箱形截面。采用整孔制、运、架一体方案，单梁自重分别达2200t及1430t。

还有一种方法，就是采用预制纵向节段(全宽范围)，逐跨拼装施工，对于不同跨径，便于拼接。这种方法在国外应用得较多，国内目前还处在初级阶段，主要是在30~60m跨径的连续梁或简支梁中，采用架桥机逐跨架设施工(图1.13)。

(a) 预制节段

(b) 节段拼装

图1.13 预制节段桥梁

该方法中,结构的预应力体系一般采用体内和体外预应力钢束相结合的方式,各节段间的接触面设置结合键以传递剪力,为了加快施工进度,接缝材料常采用环氧树脂黏结层。

目前,该结构体系的应用受到预制工厂投入资金大、运输条件及安装设备要求高的限制,还有相应设计、施工规范尚不完备,经验较少。但随着国内经济的发展,对节段桥梁技术的需求会越来越强烈,特别是经济发达地区和水陆运输方便的地区。

纵向连接一般都有预应力技术的应用,其联系的可靠性较高,一般不会出现问题,横向连接则不同,除了连接混凝土的数量较大外,还有施工操作的不便,往往装配式桥梁后期的问题也是出现在横向连接上。随着运输、吊装设备的发展,建议对于一些不适合做现浇的特殊桥梁,进行整孔预制或纵向节段预制,取消横向分块,减少横向连接的问题。

1.9 为什么装配式桥梁横向分布系数的计算方法很多

在问题探讨之前,首先介绍一下与"荷载横向分布"相关的背景资料。桥梁是一个空间结构,在计算机前时代,如何使空间分析平面化,是各国桥梁学者研究的热点,尤其是自20世纪30年代以来,在处理这一问题的过程中形成了诸多流派,其力学模型大都是一种近似处理,也都存在着各自的缺点。在这方面,以李国豪为代表的老一代桥梁工作者,结合我国桥梁建设情况,在试验研究并结合理论分析的基础上提出了一种简单、适用的计算模型,对桥梁适用空间理论——横向分布理论研究做出了极大贡献。

需要明确的是,荷载横向分布系数的计算主要是针对活载的,因此又称为活载横向分布系数的计算。由于人行道、栏杆等构件一般是在桥面连接成整体后安装在边梁上的,精确计算时,也可考虑它们的重量在各主梁间的分布,即中梁也分担一部分人行道、栏杆的重量(即恒载横向分布)。本问题主要讨论活载的横向分布,即仅考虑《通规》表4.1.1中的汽车荷载和人群荷载。

车辆在通过桥梁时不仅纵向行驶,还可能因变换车道而横向移动,对于一座梁式板桥或由多片主梁通过桥面板和横隔梁连接的梁桥来说,由于结构的横向刚性差异,荷载在纵向传递的同时也会向横向传递,使得主梁不同程度的参与工作,其结构的受力和变形属于复杂的空间问题。由于实际结构的复杂性,精确地计算主梁内力不仅难以实现,而且计算工作非常繁重,亦不利于实际工作中的广泛应用。

为将复杂的空间问题转化为简单的平面问题求解,在确定某主梁截面内力时,在桥梁纵、横向均引入影响线的概念(图1.14)。

$$S = P\eta(x,y) \approx P\eta_2(y)\eta_1(x) \tag{1.1}$$

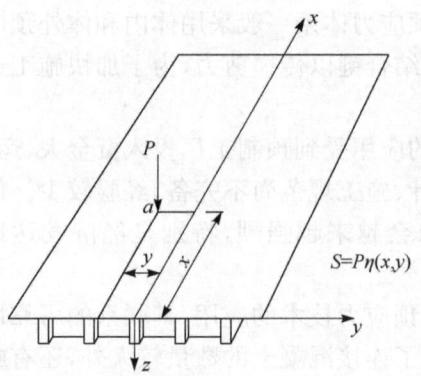

图 1.14 梁式桥荷载作用下的内力计算

式中，S——单梁内力；

P——竖向荷载；

$\eta(x,y)$——空间计算中某单梁的内力影响面；

$\eta_1(x)$——单梁在 x 轴方向某一截面的内力影响线；

$\eta_2(y)$——单位荷载沿桥面横向(y轴方向)作用在不同位置时，某梁所分配的荷载比值变化曲线，也称作对于某梁的荷载横向分布影响线。

式(1.1)中，$P\eta_2(y)$ 就是将作用于 $a(x,y)$ 点的荷载 P 沿横向分布给某梁的荷载，以 P' 代替，即 $S=P\eta_2(y)\eta_1(x)=P'\eta_1(x)$，这样就可以将空间问题转化成容易求解的平面问题处理。

当某梁的外形尺寸确定，且车轮在桥上的位置也确定，则分布给某梁的荷载也是一个定值。但往往车轮位置在桥上是不确定的，因此会引起该梁承担荷载的不确定性。引用一个表征荷载分布程度的系数 m，称为荷载横向分布系数，它表示当某根主梁在最不利的横向布车时，其承担的全部荷载的系数。显然轨道交通中不存在横向分布系数的概念。

显然，同一座桥梁内的各根梁的横向分布系数 m 是不相同的，那么桥梁纵向某一截面的横向分布系数主要受什么影响呢？在回答这个问题前，先看下述示例(图 1.15)。

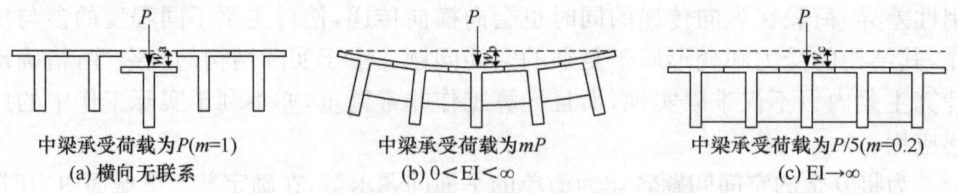

(a) 横向无联系　中梁承受荷载为 $P(m=1)$
(b) $0<EI<\infty$　中梁承受荷载为 mP
(c) $EI\to\infty$　中梁承受荷载为 $P/5(m=0.2)$

图 1.15 不同横向刚度主梁的变形和受力情况

假设上述由五根主梁组成的桥梁，当中梁跨中截面作用有集中力 P 时，若主梁与主梁间没有任何横向联结,则全桥只有直接承载的中梁受力,即其横向分布系数 $m=1$,显然这种结构形式不仅整体性差,而且也不经济;若各主梁之间借横隔梁和桥面刚性连接起来,且设想横隔梁的刚度接近无穷大,则因横隔梁无弯曲变形,五根梁同时参与受力,五根主梁的挠度相等,则其横向分布系数 $m=0.2$;然而一般钢筋混凝土和预应力混凝土梁桥的实际构造是:各主梁虽然通过横向连接成整体,但是横向结构的刚度并非无穷大,在相同的荷载 P 作用下各根主梁将按照某种复杂的规律变形,此时中梁的挠度介于 w_a 与 w_c 之间,相应的其荷载横向分布系数 m 也介于 $1\sim0.2$。由此可见,桥上荷载横向分布规律与结构的横向连接刚度有着极其密切的关系,横向连接刚度越大,荷载横向分布作用越显著,各主梁的受力亦越趋均匀。

通过上述示例可以清楚地看到,荷载作用于跨中时,由于桥梁横向结构(桥面板和横隔梁)的传力作用,使各主梁相对较均匀的参与受力。但当荷载在支点位置作用在主梁上时,若不考虑支座的弹性变形的影响,荷载就直接由该主梁传递给支座,其他主梁基本不参与受力。因此,荷载沿桥跨不同位置其横向分布系数 m 值也是变化的,但要精确计算 m 值的变化规律是相当冗繁的,且也会对内力计算增添麻烦。目前在设计时常采取先分别求得跨中、支点处的横向分布系数值,再线性过度的简化实用处理方法。

综上所述,装配式桥梁的荷载横向分布系数 m 值的计算方法,不仅受到各主梁间横向连接形式的制约,而且荷载在纵向不同位置也对 m 值产生影响。为使荷载横向分布的计算能够较好地反映出各种结构的特性和不同位置的差异,就需要按不同的横向结构及位置,简化计算模型并拟定相应的计算方法。

目前常用的荷载横向分布系数计算方法主要有:杠杆原理法、偏心压力法、横向铰接板(梁)法、横向刚接梁法、比拟正交异性板法。除杠杆原理法外,其余方法求得的横向分布系数均是对于跨中截面而言的。

杠杆原理法是把横向结构(桥面板和横隔梁)视作在主梁上断开而简支在其上的简支梁。适用于计算主梁支点处及双主梁或横向联系很弱的无中间横隔梁的桥梁的荷载横向分布系数(图 1.16)。

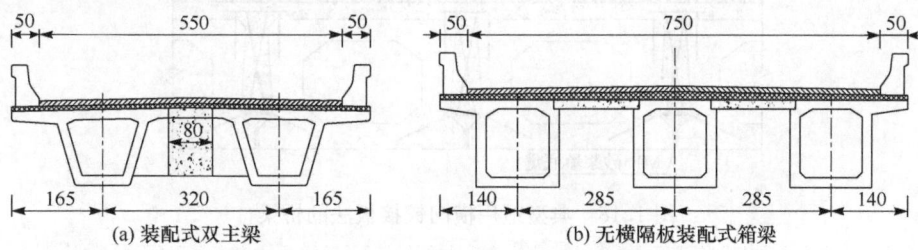

图 1.16 典型适用杠杆法的桥梁(单位:cm)

偏心压力法是把横隔梁视作刚度极大的梁,也称刚性横梁法,当计及主梁抗扭刚度影响时,此法又称为修正刚性横梁法。适用于主梁间具有可靠的中间横隔梁连接,且桥的宽跨比小于或接近0.5的情况,即窄桥,如图1.17所示。

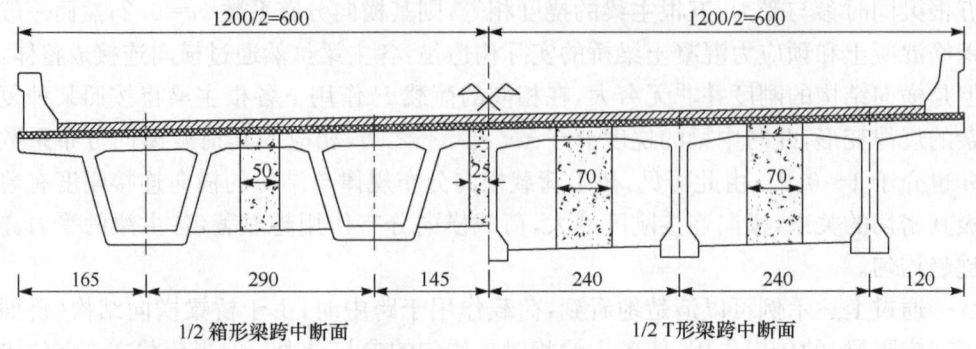

图1.17 典型适用偏心压力法的桥梁(跨径≥25m)(单位:cm)

横向刚接梁法把相邻主梁之间视为刚性连接,即传递剪力和弯矩。适用于翼缘板刚性连接的肋梁桥,相邻两片主梁的结合处可承受弯矩,包括设置中横隔梁的肋梁桥,但需对横隔梁按抗弯刚度进行等效处理为"无横隔梁的梁肋桥"。

需要注意的是,对于公路桥梁中广泛采用的装配式箱梁、T梁结构,其横向连接一般采用湿接工艺,且梁间设有横隔梁,其跨中横向分布系数应按偏心压力法和横向刚接梁法分别计算,并取其较大者为宜。

横向铰接板(梁)法把相邻板(梁)之间视为铰接,只传递剪力。适用于板(梁)间虽有一定的横向连接构造,但其连接刚性又很薄弱的板(梁)。对于通过现浇混凝土纵向企口缝连接的装配式板桥及仅在翼板间用焊接钢板或伸出交叉钢筋连接的无中间横隔梁的装配式桥,如空心板桥(图1.18)跨中的横向分布系数可用此法计算。

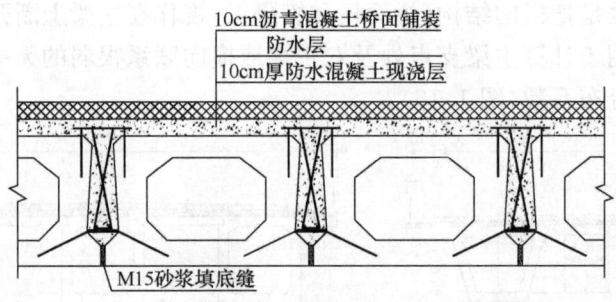

图1.18 典型适用横向铰接板法的桥梁

比拟正交异性板法将主梁和横隔梁的刚度换算成两向刚度不同的比拟弹性平板来求解,并由实用的曲线图表进行荷载横向分布计算。适用于由主梁、连续的桥面板、多横隔梁组成的桥梁,且宽跨比较大时,尤其适用于密排主梁上多横梁的梁式结构。但是该方法计算过程繁冗,具有重复性,在装配式桥梁的横向分布系数的计算中目前较少用到。

综上所述,荷载横向分布系数的计算方法不唯一。即使随着计算机技术的发展、有限元分析软件的增多,也不能说横向分布系数的相关简化计算理论已过时,尽管其简化计算方法都存在一定的局限性。荷载横向分布系数的计算方法的重要性可以从下述内容略知一斑。

(1) 桥梁工程教材及其他各种专著中论述桥梁设计时,用相当大的篇幅去阐述荷载横向分布理论及其简化应用。目前国内诸多的桥梁结构程序,大都采用了以平面杆系为主的桥梁结构专用分析程序,配合荷载横向分布子程序结合应用的形式。

(2) 从国外的桥梁规范来看,美国 AASHTO 桥规(1977年版及 1978年、1979年的修订条文)、英国 BS5400 桥规、日本《国有铁道混凝土结构设计标准解说》(1974年)均从不同程度给出基于手算的桥梁荷载横向分布系数计算方法。

(3) 有限元法仅能提供离散的数值解,不能给出对结构作用机制规律性认识的闭式解,难以实现理论指导实践,提高对结构的整体理解和把握。

(4) 在桥梁概念设计阶段,基于理论推导并验证了的简化适用理论远比有限元分析更加有效,且能够对数值解予以校验。

1.10 为什么装配式桥梁横坡的形成较复杂

钢筋混凝土及预应力混凝土的装配式桥梁,其横断面最常见的有三种:板式、T 梁、箱梁。预制阶段为减少模板及标准化的生产,一般板式结构按平坡预制、T 梁及箱梁按 2% 横坡预制。但由于桥梁常常处在超高段甚至超高渐变段上,因此其预制板梁体如何形成最终的桥面横坡成了设计和施工必须考虑的问题。

装配式板桥预制板采用等厚度的平坡制作,一般采用板的整体"旋转"实现桥面横坡[图 1.19(a)],实际上依靠板底的承托与帽梁顶的垫石共同作用,在板安放后,形成板的顶、底面均是 $i\%$ 的横坡,同时板上的桥面铺装层等厚;还有一种方式是各块板平置安放,板底不需做承托而帽梁顶浇筑垫石,形成"错台"放置的板,板顶形成锯齿状,板上铺装层不等厚[图 1.19(b)]。

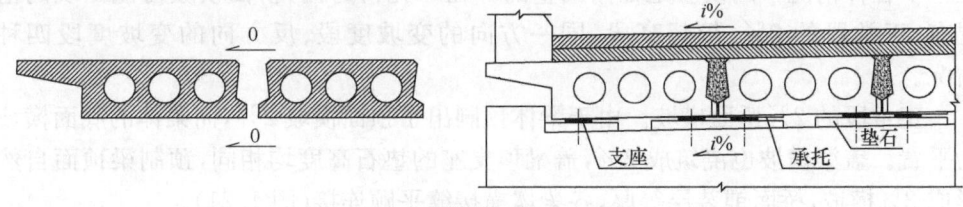

(a) 预制空心板

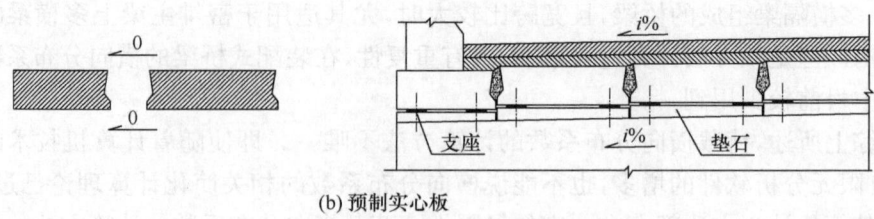

(b) 预制实心板

图 1.19　装配式板桥横坡形成示意图

图 1.19(a)是最常见的方式，尤其是桥面横坡较大时（一般大于 4%），否则桥面铺装不好处理，且影响板间的铰缝连接性能。对于小跨径的桥涵，当横坡较小时，为了避免板底承托预制的麻烦，常采用图 1.19(b)方式。

对于一跨内横坡是变化的装配式板桥，建议各墩台按各自的横坡处理，其最终桥面横坡与板顶之间的差值由铺装层混凝土浇筑时完成。

相对于板桥的铰缝连接，T 梁及箱梁的横向接缝的宽度要宽得多，在桥面横坡的调整方面情况也很多。通常情况下桥梁的桥面横坡为 2%，因此，这两类梁预制时的顶面横坡均为 2%，底面横坡为平置（图 1.20）。

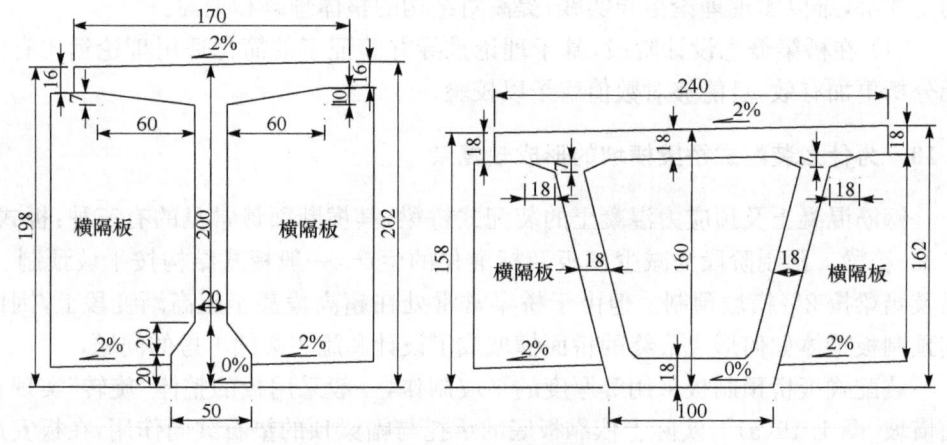

图 1.20　30m 预制梁跨中横断面（单位：cm）

山区公路中，桥梁常处在平曲线段上，因此其桥面横坡往往不是 2%。下面讨论一下各种情况下的横坡是如何调整的。在一孔桥跨内，桥面横坡可能出现的情况有：正常段的 2%、等超高段、同一方向的变坡度段、反方向的变坡度段四种情况。

正常段的 2%桥面横坡。由于梁体预制出了顶面横坡 2%，而梁体的底面横坡为平置。盖梁横坡也浇筑成 2%，盖梁顶支座的垫石高度均相同，预制梁顶面自然形成 2%横坡，桥面铺装层等厚，各梁体横接缝平顺连接（图 1.21）。

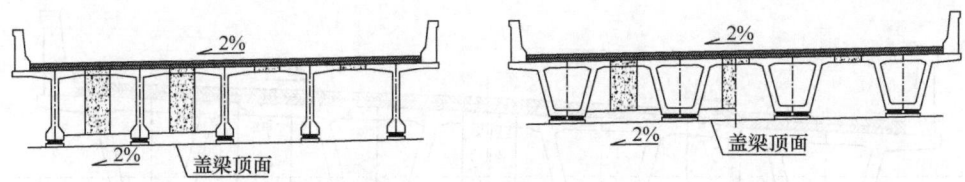

图 1.21　正常 2% 标准横坡

等超高段上 i% 横坡。有以下两种方式可以实现(图 1.22)：其一是梁体沿顶面中心整体"旋转"到桥面横坡 i%，梁体底面则形成了 $(i-2)$% 的坡度，再通过梁底承托及支座垫石调整，保证了桥面铺装层等厚，保证了横接缝及横隔板连接的平顺，称为梁体旋转式[图 1.22(a)]；其二是将梁体平放，减少由于旋转带来的宽度、高度的误差，但会造成横接缝及横隔板连接的不平顺，造成桥面铺装不足或太厚，称为梁体平置式[图 1.22(b)]。两种方法中，盖梁顶横坡均浇筑成 i%。

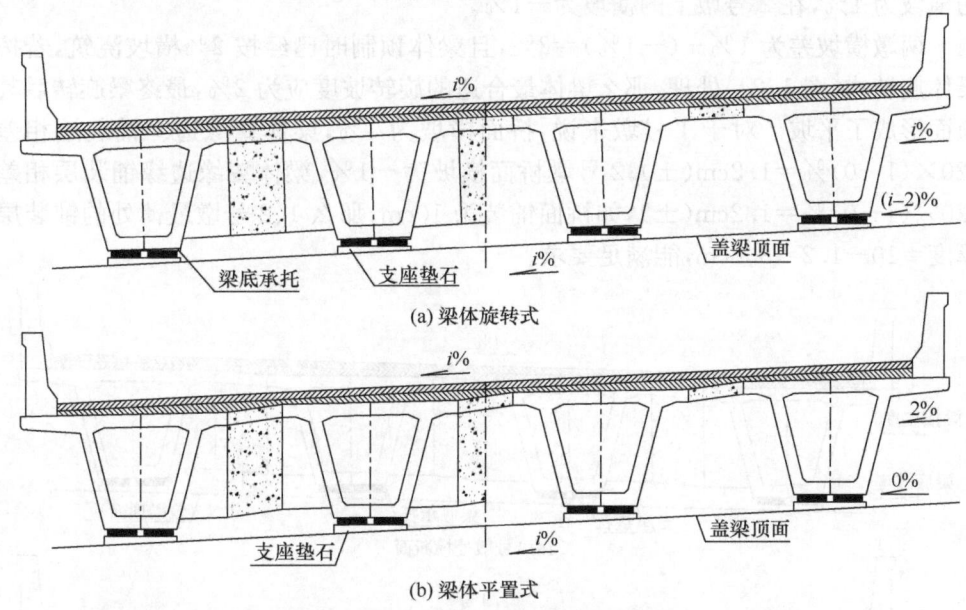

图 1.22　等超高段横坡 i% 的情况

同方向的变坡度段上。相邻两墩台的横坡分别为 i_1%、i_2%（$i_1 > i_2$），方向相同，可采用旋转方式实现横坡，但此时梁体旋转的坡差为 $0.5(i_1-i_2)$%，这样能减少桥面铺装层的厚度差别，同时各墩台按相应的横坡浇筑(图 1.23)。

反方向的变坡度段上。相邻两墩台的横坡分别为 i_1%、i_2%，方向相反，一般也可采用图 1.23 的旋转方式实现横坡，也可采用梁体平置的方式。但当坡差相差很大时，均会出现铺装层严重不足的情况，一般当最薄铺装层小于 7cm 时，建议尽量

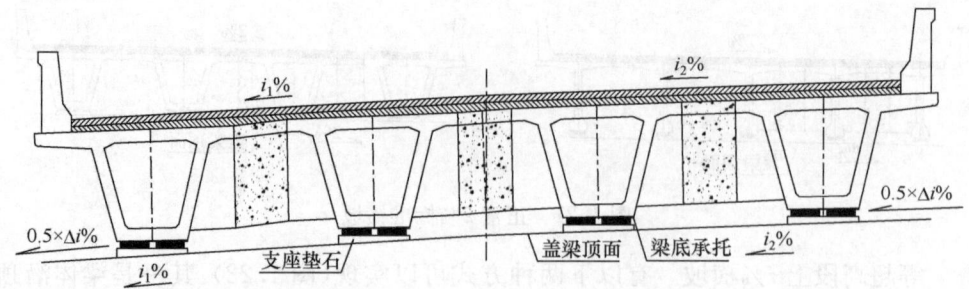

图 1.23　同方向坡度 i_1‰～i_2‰的情况

调整超高渐变率,减小坡差。

下面以装配式的箱梁桥为例,计算一下对于反坡时的横坡形成情况。

假定箱梁截面为图 1.20,横向采用 4 片梁,桥梁宽度 12m。桥梁在 1 号墩上的横坡为 1%,在 2 号墩上的横坡为 −1%。

两墩横坡差为 1%−(−1%)=2%,且梁体预制时已经按 2%横坡浇筑,若按梁体旋转式(图 1.24)处理,那么梁体最合适的旋转坡度应为 2%,最终梁旋转后其顶面形成了平坡。对于 1 号墩来说,桥面横坡为 1%,梁体翼缘边缘铺装层相差 120×(1−0)‰=1.2cm(±);2 号墩桥面横坡为 −1%,梁体翼缘边缘铺装层相差 120×(1−0)‰=1.2cm(±),如桥面铺装为 10cm,那么 1、2 号墩最薄处的铺装层厚度=10−1.2=8.8cm,能满足要求。

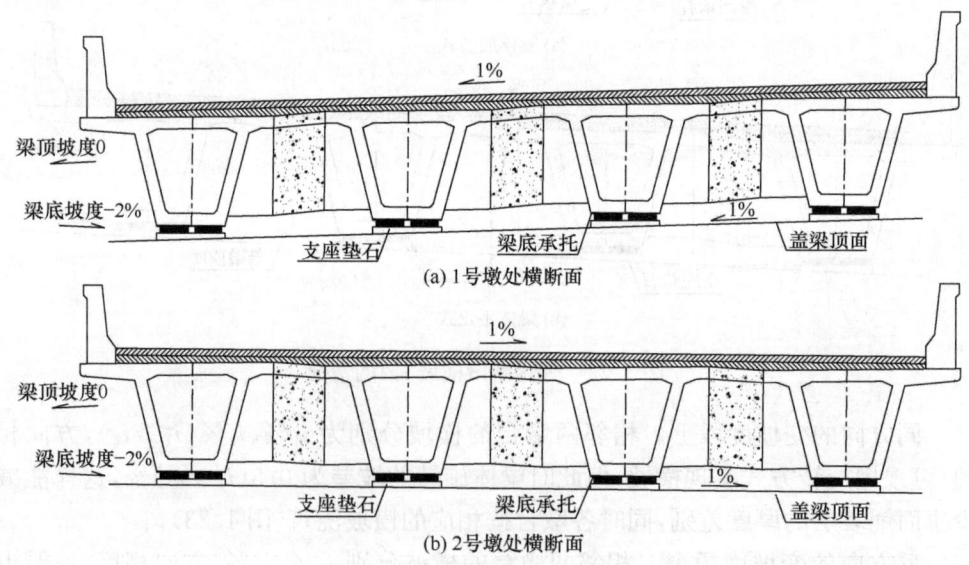

图 1.24　反向坡度梁体旋转式横坡调整

若按梁体平置式(图 1.25)处理,由于梁体预制时已经按 2%横坡浇筑,这样梁顶面形成了 2% 的横坡。对于 1 号墩来说,桥面横坡为 1%,梁体翼缘边缘铺装层相差 $120×(2-1)\% = 1.2 cm(±)$,如桥面铺装为 10cm,那么最薄处的铺装层厚度 $=10-1.2=8.8 cm$,能满足要求;2 号墩桥面横坡为 -1%,梁体翼缘边缘铺装层相差 $120×(2+1)\% = 3.6 cm(±)$,如桥面铺装为 10cm,那么最薄处的铺装层厚度 $=10-3.6=6.4 cm$,不能满足要求。

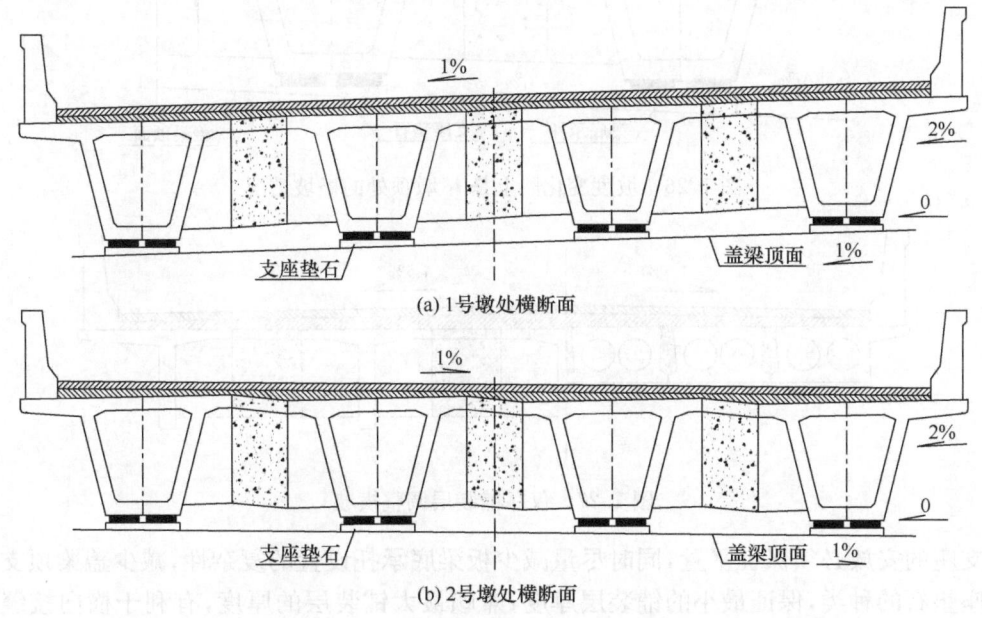

(a) 1 号墩处横断面

(b) 2 号墩处横断面

图 1.25　反向坡度梁体平置式横坡调整

可以看到,当桥梁在一跨内横坡变化时,无论采用哪种方法,其决定的因素应是坡度差及板梁宽度。同时,其横向连接的接缝及横隔板都不会顺接,影响桥梁的施工、美观。

对于桥梁在一跨内横坡变化,当坡度差及桥梁宽度(或梁片数)都较小时,可采用铺装层不等厚,而横接缝及横隔板顺接的方式,该方法与梁体旋转或平置关系不大。从图 1.26 看到,此时横接缝及横隔板均顺接,除了铺装层厚度在变化外,支座垫石的高度也在变化。这种调整横坡的情况适用的范围很小,一般用在个别特殊的桥梁上。

还有一种情况是,当桥梁宽度不宽且为双向横坡时,也可采用板梁底、盖梁顶均平置,而完全利用铺装层的不等厚度实现横坡(图 1.27)。此时需要注意的是,铺装层的最大厚度要控制好。

装配式桥梁的横向分块制作,带来了在桥面横坡变化时,横坡形成的难度。产生了多种的方法来实现桥面横坡,但无论怎样调整横坡,其首要的原则必须是所有

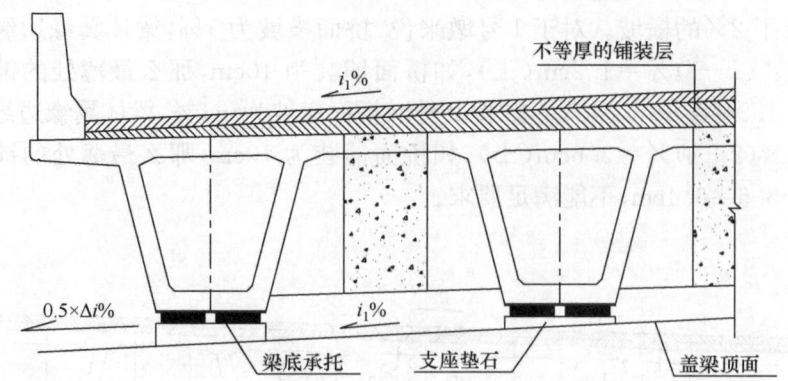

图 1.26 坡度变化段上是 i_1 墩顶处的横坡情况

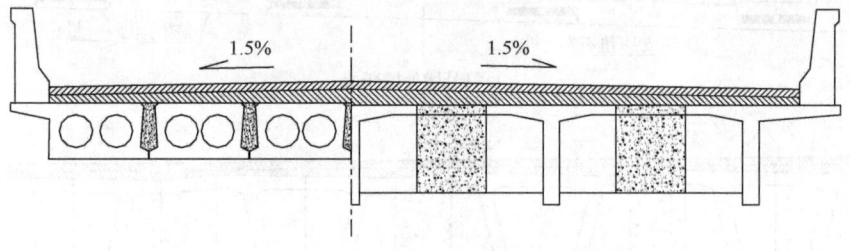

图 1.27 仅靠铺装层调整横坡

支座的安放必须保证平置,同时尽量减少板梁底承托设置的复杂性,减少盖梁顶支座垫石的种类,保证最小的铺装层厚度,兼顾最大铺装层的厚度,有利于横向接缝及横隔板的连接浇筑。

1.11 为什么装配式桥梁正弯矩一般采用全预应力,而负弯矩采用部分预应力

解答该问题之前,先明确预应力度的概念:预应力度是指预加应力的程度,其表达方式较多,对于预应力混凝土受弯构件可按下列公式计算:

$$\lambda = \frac{M_0}{M_s} = \sigma_{pc} \frac{W_0}{M_s} \tag{1.2}$$

式中,λ——预应力度;

M_0——消压弯矩,即使构件抗裂边缘的预压应力抵消到零时的弯矩值;

M_s——按作用(或荷载)短期效应组合计算的弯矩值;

W_0——换算截面抗裂边缘的弹性抵抗拒。

根据国内工程习惯,对以钢材配筋的加筋混凝土结构系列,按其预应力度分为全预应力混凝土($\lambda \geqslant 1$)、部分预应力混凝土($0 < \lambda < 1$)和钢筋混凝土($\lambda = 0$)三种。

目前,公路桥梁中广泛应用的先简支后连续装配式梁桥上部标准图纸的设计隐含了预应力度的思想,预制主梁部分与现浇墩顶连续段分别按不同构件设计:T

梁、装配式箱梁的正弯矩区域分别按全预应力和部分预应力 A 类构件（预制部分）设计，而负弯矩区域按部分预应力 A 类构件设计（现浇部分）；空心板正弯矩区域按部分预应力 A 类构件设计，负弯矩区域按钢筋混凝土构件设计。究其原因是由该种结构的受力特点、使用要求及构造特点所决定。

下面以 3 孔连续梁为例，将先简支后连续与一次落架的连续梁在自重、二期恒载作用下的弯矩进行比较，以说明前者的受力特点。假定连续梁的跨径为 L，自重、二期恒载按均布荷载考虑，荷载集度分别为 q_1、q_2。

因先简支后连续梁桥在施工过程中存在体系转换，须依具体的施工过程分析结构的受力。施工第一阶段是形成简支梁，此阶段预制主梁自重弯矩与一次落架连续梁的自重弯矩比较如图 1.28 所示；施工第二阶段形成连续梁之后，在自重及二期恒载作用下的弯矩与一次落架连续梁的弯矩比较如图 1.29 所示。

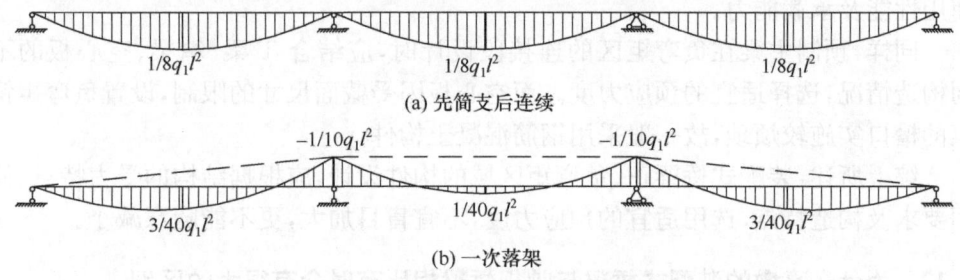

图 1.28　自重作用下连续梁弯矩图

由图 1.28 可知，在自重荷载作用下，装配式的先简支后连续的连续梁仅产生正弯矩，而现浇一次落架的连续梁不仅产生正弯矩，而且在中支点产生负弯矩；由于负弯矩的卸载作用，后者的跨中正弯矩小于前者。

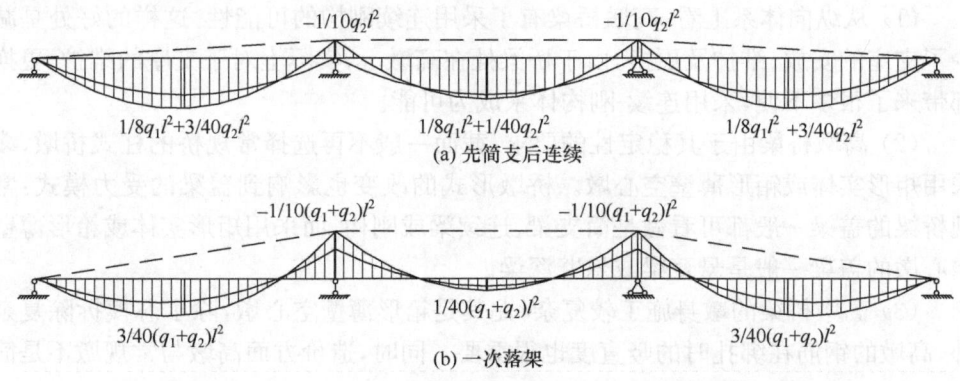

图 1.29　二期恒载作用下的连续梁弯矩图

在二期荷载作用之后，先简支后连续的连续梁，不仅跨中正弯矩有增大趋势，而且中支点处出现了负弯矩,但其数值受二期恒载影响;一次落架的连续梁的正弯矩、负弯矩均有增大趋势。根据叠加原理可知,装配式先简支后连续的连续梁桥跨中正弯矩要比现浇一次落架大,而支点负弯矩要比现浇一次落架小。

通过以上受力分析可知,先简支后连续的连续梁桥在施工阶段及成桥阶段,恒载作用下的正弯矩均比一次落架的大,而负弯矩均比一次落架小,且正弯矩的绝对值大于负弯矩。故装配式梁桥正弯矩区所需的预应力度要比负弯矩区高一些。

从使用情况看,装配式的先简支后连续 T 梁、箱梁一般应用在 20m 以上的桥跨,而空心板的适用跨径一般限于 20m 以下。由于跨径的原因,T 梁、箱梁与空心板比,前者的正、负弯矩数值远大于后者,因而设计时预应力度也是不同的。另外,装配式桥梁在施工时要考虑其截面特性,不能无限度的提高预制主梁的预应力度,否则会导致主梁上拱过大而影响后续施工,甚至上缘受拉开裂而降低结构的正常使用性能及承载能力。

同样,预制主梁在负弯矩区的连接段设计时,应结合 T 梁、箱梁、空心板的不同构造情况,选择适宜的预应力度。而空心板因受截面尺寸的限制,设置负弯矩钢束的槽口实施较烦琐,故一般采用钢筋混凝土构件。

综上所述,装配式桥梁正、负弯矩区域的构件设计,应根据结构的受力特点、使用要求及构造特点,选用适宜的预应力度,不宜盲目加大,更不能随意减小。

1.12 为什么高墩的装配式桥梁与常规桥梁相比有时会有很大的区别

钢筋混凝土及预应力混凝土的装配式桥梁,一般墩高大于 45m 时,可称其为高墩桥,其他的可称为常规桥。高墩桥与常规桥,就一般设计而言,无论其墩身的高度如何,桥梁上部构造均相同,那么,高墩桥与常规桥是否完全一致呢?答案是否定的。简单来说,装配式桥梁的高墩桥与常规桥的区别主要有以下六个方面:

(1) 从纵向体系上看,高墩桥梁有了采用连续刚构的可能性,这样的好处是减少了支座的安放、维护及更换,由于桥梁处在高墩上,实际上对于支座的维护、更换都带来了很多不便,采用连续-刚构体系成为可能。

(2) 高墩桥梁由于其稳定性的要求,截面一般不再选择常规桥的柱式桥墩,多采用矩形实体或箱形薄壁空心墩。桥墩形式的改变也影响到盖梁的受力模式:常规桥梁的盖梁一般都可看做是简支梁、连续梁或刚构,而采用矩形实体或箱形薄壁空心墩的盖梁一般是悬臂梁或悬臂深梁。

(3) 高墩桥梁的墩身施工较复杂,尤其是箱形薄壁空心墩,除了芯模拆除复杂外,高墩的钢筋在绑扎时的竖直度也很重要。同时,造价方面高墩与常规墩不是简单的量的增加,而是有质的提高。

(4) 从上部结构的施工看,高墩桥梁片的安装基本不能采用吊装,需要采用专业的架桥机实现。因此,上部结构的施工验算是必需的(包括运梁车的验算)。

(5) 高墩桥一般均出现在山区公路上,且多与隧道进出口相接,因此,桥头处与常规桥相比,需要做很多的处理,桥、隧的施工组织管理也比较复杂。

(6) 高墩桥梁的安全措施等级必须要高,应采用防撞等级高的护栏。

1.13 为什么隐盖梁式的桥梁多用于城市桥梁

公路及城市道路中的桥梁,由于其宽度一般较宽,在桥墩处一般是通过盖梁来承担上部结构的荷载,盖梁除传递内力外,本身也是受力的构件。所谓隐盖梁就是将盖梁隐藏起来,是相对采用显式盖梁而言的,一般做成倒 T 形,目的是搁置主梁(图 1.30)。很明显,这种桥梁的上部结构只能是简支结构,而显盖梁的桥梁既可是简支的也可是连续的。

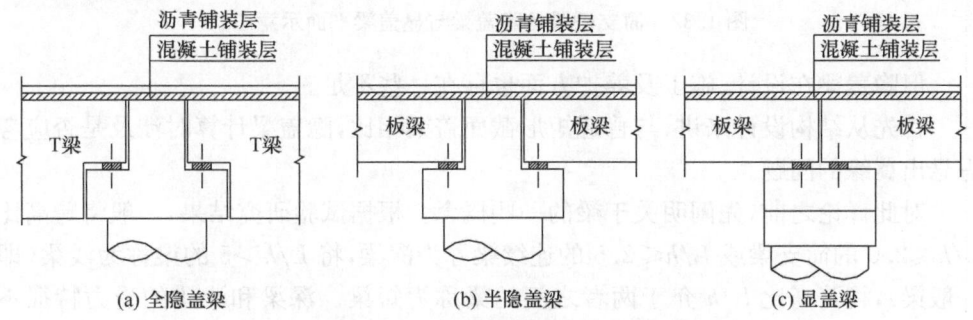

图 1.30 隐盖梁与显盖梁示意图

随着城市建设的不断发展,为改善日益增加的交通拥挤和堵塞状况,许多城市开始在城市主干道大量修建高架桥,桥型方案以经济性和可实施性较好的梁桥为主。城市桥梁设计不仅考虑满足功能要求,而且需要用美学的概念构思,使其与城市环境融为和谐统一的整体,并注重细节设计。隐盖梁的桥梁在城市桥梁的建设中应运而生(图 1.31),其优点除美学需求之外,还体现在以下两个方面:一方面,隐盖梁能够降低桥面标高,减少桥梁长度,降低用地规模,对桥梁建筑高度及占地限制要求苛刻的城市桥梁而言,经济效应明显;另一方面,在不是很复杂的线形上,

图 1.31 隐盖梁应用实例

利用隐盖梁的凸出部分调整内外弧差,预制梁等长,从而使梁片的制作更加标准化。而显盖梁则需通过调整梁长适应内外弧差,预制梁时,需将各片梁做成不同的长度(图1.32)。

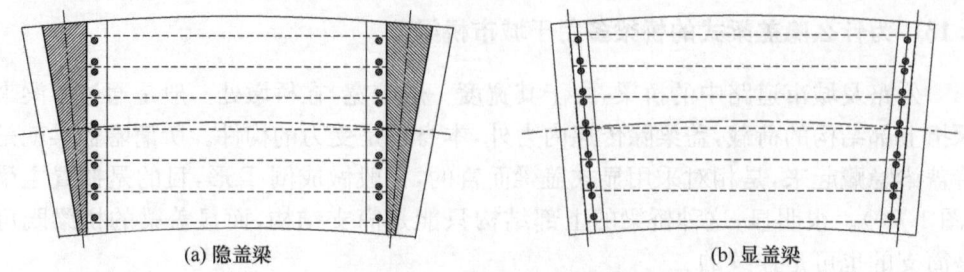

(a) 隐盖梁　　　　　　　　　　　　　(b) 显盖梁

图1.32　简支桥梁的隐盖梁与显盖梁平面示意图

但隐盖梁在设计、施工及养护方面也存在一些不足。

首先从结构设计来讲,与普通矩形截面盖梁相比,隐盖梁计算时涉及是否应考虑悬出翼缘的问题。

对此详论之前,先阐明关于梁的一些概念。根据试验研究结果,一般将跨高比 $L/h \leqslant 2.0$ 的简支梁或 $L/h \leqslant 2.5$ 的连续梁称为深梁,将 $L/h > 5$ 的梁称为浅梁(即一般梁),将跨高比 L/h 介于两者之间的梁称为短梁。深梁和浅梁的受力特征不同,截面设计和配筋构造也有很大差异。短梁的受力特征与深梁类似,而与一般梁有所区别。公路桥梁中的钢筋混凝土盖梁的跨高比大多为3~5,属于深受弯构件的短梁,但未进入深梁范围,其计算方法应按深受弯构件计算。

《桥规》第8.2条就墩台盖梁的计算做了详细的论述,但需要明确的是《桥规》中第8.2.5、8.2.6条公式是对矩形截面盖梁在梁顶承受荷载而言的,对于荷载作用在倒T形截面悬翼上的盖梁来讲,直接采用相关公式进行计算是否合理是困扰设计人员的一个问题。

下面结合某工程实例(图1.33)予以讨论。为降低桥面标高,对于跨径较大的桥墩盖梁,截面采用了倒T形形式,材料为C30钢筋混凝土。

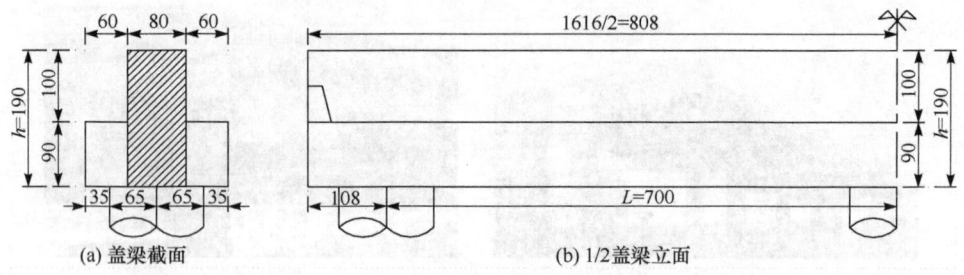

(a) 盖梁截面　　　　　　　　　　　　(b) 1/2盖梁立面

图1.33　隐盖梁计算示意图(单位:cm)

《桥规》第 8.2.5 条,钢筋混凝土盖梁的抗剪截面应符合下列要求:

$$\gamma_0 V_d \leqslant \frac{\frac{L}{h}+10.3}{30} \cdot 10^{-3} \sqrt{f_{cu,k}} \, b h_0 \quad (\text{kN}) \tag{1.3}$$

式中,V_d——验算截面处的剪力组合设计值,kN;

b——盖梁截面宽度,mm;

h_0——盖梁截面有效高度,mm;

$f_{cu,k}$——边长 150mm 的混凝土立方体抗压强度标准值,MPa,为设计的混凝土强度等级。

式(1.3)是盖梁截面"抗剪上限值"的限制条件,目的是防止构件截面发生斜压破坏,限制在使用阶段可能发生的斜裂缝宽度。若不能满足该公式条件,则需加大盖梁截面尺寸或提高混凝土的强度等级。

根据《桥规》第 8.2 条相关内容,本例中盖梁宽度取 $b=80$cm(图中阴影部分),跨高比为 $L/h=7/1.9=3.684$,公式右端 $=(3.684+10.3)/30/1000\times\sqrt{30}\times800\times1850=3778.6$(kN)。

与《桥规》相比,《混凝土结构设计规范》(GB 50010—2010)(以下简称《混规》)则将跨高比 $L/h<5.0$ 的钢筋混凝土梁统称为深受弯构件,包括深梁和短梁。根据《混规》附录 G 深受弯构件中第 G.0.3 条,钢筋混凝土深受弯构件的受剪截面应符合下列条件:

$$\text{当} \frac{h_w}{b} \leqslant 4.0 \text{ 时}, V \leqslant \frac{\frac{L}{h}+10}{60} \cdot 10^{-3} f_c \beta_c b h_0 \quad (\text{kN}) \tag{1.4}$$

$$\text{当} \frac{h_w}{b} \geqslant 6.0 \text{ 时}, V \leqslant \frac{\frac{L}{h}+7}{60} \cdot 10^{-3} f_c \beta_c b h_0 \quad (\text{kN}) \tag{1.5}$$

式中,V——构件截面上的最大剪力设计值,kN;

β_c——混凝土强度影响系数,混凝土强度等级不超过 C50 取 1.0;

f_c——混凝土轴心抗压强度设计值,MPa;

b——矩形截面宽度,T 形或 I 形截面腹板宽度,mm;

h_0——截面有效高度,mm;

h_w——截面腹板高度,mm;对矩形截面,取有效高度;对 T 形截面,取有效高度减去翼缘高度;对 I 形截面,取腹板净高。

本例中倒 T 形盖梁 $h_w/b=1000/800=1.25\leqslant 4$,符合式(1.4)的条件,公式右端 $=(3.684+10)/60/1000\times 14.5\times 1.0\times 800\times 1850=4894.3$(kN)。

虽然计算时《桥规》与《混规》的盖梁宽度、盖梁截面的有效高度相同,但后者计算的抗力约是前者的 1.3 倍,扣除两种规范混凝土抗压强度设计值约 5% 的差异,采用《混规》计算的富余量仍然很大。哪种规范更为合理,不仅涉及截面材料的受力性能有无充分发挥的问题,而且有可能涉及重新拟定截面尺寸,重新设计的问题。

究其缘由,《桥规》中没有详细区分宽腹与薄腹构件截面之间的差异,而将倒 T 形截面的悬出翼缘视为依附于矩形截面之上的牛腿,未考虑其对截面受力的有利影响,并且设计时像牛腿一样,尚需进行斜裂缝控制,做纵向受力钢筋和水平抗剪箍筋设计,必要时配置弯起钢筋。《混规》则给出了划分普通构件与薄腹构件截面限制条件的限界,且考虑了翼缘悬出宽度的有利影响。

由上述的计算实例可知,隐盖梁在具体应用时,不仅存在抗剪计算时的公式应用问题,而且需要进行牛腿设计,设计较烦琐。

从力学角度而言,与隐盖梁相应的上部结构形式为简支梁,与连续梁相比,内力分布不均匀、承载能力小、不利于材料的充分发挥,适用的跨径一般较小。

从适用角度而言,虽然简支结构采用了桥面连续,在一定程度上能够改善行车的舒适性,但桥面连续处的构造易损坏开裂,耐久性较差,且无法改变活载作用时变形大的特点,同时在伸缩墩处需设置两道伸缩缝。因此从行车舒适性及经济性来看均较差。

从施工角度而言,盖梁凸出部分的施工需滞后于翼缘部分,不利于混凝土的一次浇筑成型,对施工组织有所影响,且模板也较显式盖梁的复杂。

从后期养护角度而言,采用隐盖梁尤其是全隐式的盖梁,由于支座的隐蔽性,给支座的日常检修带来不便,且支座更换时的千斤顶安装也较为困难;支座更换时,每个墩顶处的桥面铺装均需破除,对于整座桥梁而言,不仅工作量巨大、经济性能差,而且施工进度缓慢,对正常的交通运营产生严重的影响。而采用普通矩形盖梁则可避免其不足,且支座的更换工作可采用全联"同步顶升"工艺,经济效益明显。

虽然隐盖梁有很多优点,使其在城市桥梁中得到广泛应用,但由于本身的一些不足,制约了其在公路桥梁中的应用。

值得提醒的是,隐盖梁除了倒 T 形之外,还可通过现浇混凝土实心横隔梁与预制主梁连成一体,使之成为上部结构的一部分,从而降低桥面高度且取得柱顶之上"无盖梁"的美学效果。虽然上部结构能够形成连续梁,减少伸缩缝的设置,但施工构造措施较复杂:必须先将主梁安装到预先搭设的临时支架上,然后再浇筑隐盖梁。因此对临时支架的承载力及变形要求较高(图 1.34)。由于这种形式的桥梁是以牺牲施工的便利性和进度为代价而换取结构外形上的视觉效果的,其在施工的经济性、工期等方面较差,目前在城市桥梁建设中,采用更多的是倒 T 形的隐盖梁。

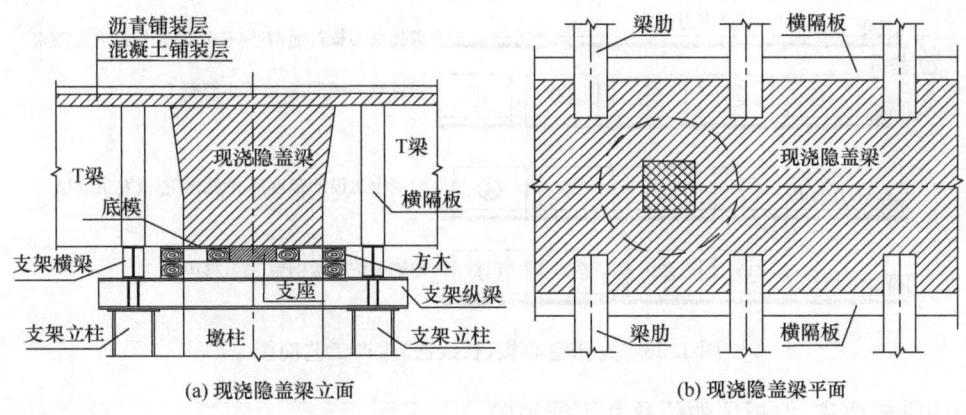

(a) 现浇隐盖梁立面　　　　　(b) 现浇隐盖梁平面

图 1.34 "无盖梁"式的隐盖梁示意图

公路桥梁所处的环境与城市桥梁不同,普通矩形的显盖梁从适用性、经济性看要优于隐盖梁,从美学角度看,公路桥梁更为关注的是桥形整体比例,且一般不受桥下净空限制,无需采用隐盖梁。因此,隐盖梁更多的是出现在城市桥梁中。

1.14 为什么先张板的横坡楔形块常采用外贴块方式

钢筋混凝土及预应力混凝土的装配式板桥,横断面上有空心板及实心板之分。由于桥梁横坡的存在,大多数都是采用板梁"旋转"来调整横坡,因此必须在板底设置一垫块来实现横坡,又由于大多数桥梁均存在纵坡,该块的形状就如同一个四角均不等高的楔子形状,称之为"楔形块"或"承托"(图 1.35)。

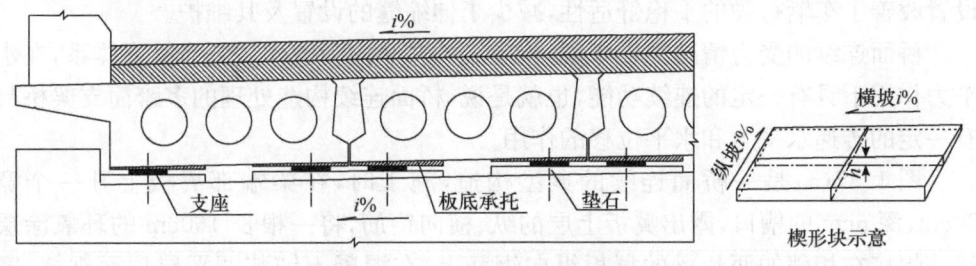

图 1.35 装配式板桥板底承托

普通钢筋混凝土及后张预应力混凝土的装配式板桥,其板底的楔形块一般都在制作底模时作好,与板的混凝土一起浇筑,但对于先张法生产的板,由于其生产工艺的原因(图 1.36),很难采用一起浇筑的工艺。

先张预应力空心板梁的放张方法有:大吨位千斤顶整体放张法、砂箱法或小型千斤顶单根分级放张法。这几种方法的共同缺点是在放张过程中,板体会在张拉台座上产生较大的纵向位移。虽然采用对称割线放张法能够减少板体在放张过程

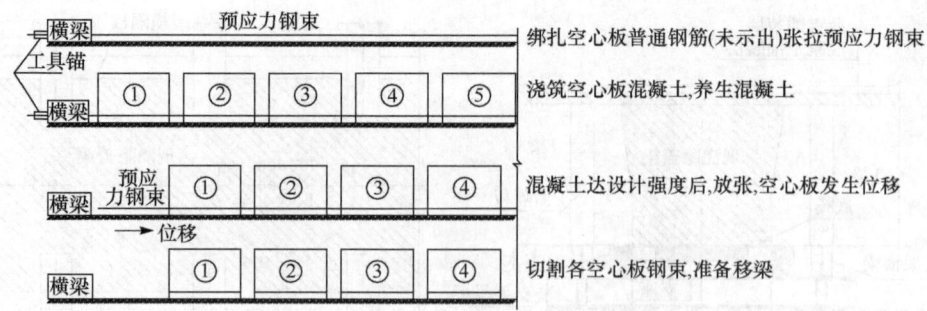

图1.36 先张空心板(长线法)生产工艺简图

中的纵向位移,但板体的位移并不能消除。

当板体的位移较大时,如果板底的楔形块与板一起浇筑,势必限制其放张时的位移,同时也将破坏板底的楔形块。对于这样生产的构件,其板底的楔形块只能采用外贴块(一般是钢质的)的方式。

特殊情况下,对于位移较小的先张法板,有的施工方采用了底模特殊处理,解决了位移的限制。例如,某项目中,采用3片20m的空心板张拉,一端放张,最大位移≤5cm,即采用了板底楔形块与板一起浇筑的施工方法。

1.15 为什么桥面连续与结构连续是有本质区别的

装配式桥梁的简支结构在多跨时一般采用桥面简易连续,即在墩顶处对梁体顶面或混凝土铺装层做些处理,达到不必安装伸缩装置的目的。桥面简易连续的设置改善了车辆行驶的平稳舒适性,减少了伸缩缝的设置及其维护。

桥面连续的受力情况简单来说,就是结构在竖向荷载作用下为简支体系,在水平力作用下具有一定的连续功能,也就是说,桥面连续构造处理的多跨简支梁桥具有一定的传递水平力和水平位移的作用。

图1.37(a)是一桥面连续的典型构造,施工时,在梁端部翼板上开一个宽80cm、深6cm的槽口,露出翼板上层的纵、横向钢筋,将一根长160cm的环氧涂层钢筋焊接在相邻的两片梁的翼板纵向钢筋上,在混凝土铺装调平层顶面锯缝,宽1cm、深3cm,缝上覆盖一层宽100cm的防水卷材,再上铺沥青混凝土。

本问中的结构连续是指梁体先简支安装后,再通过梁体两端的刚性完全连接,形成整体桥梁,成桥后,桥梁呈现连续梁桥的特性。

图1.37(b)是结构连续的典型构造,施工时将梁体伸出钢筋通过同直径连接钢筋使两端梁体的所有纵向钢筋焊接在一起,浇筑连接段混凝土。如有墩顶负弯矩钢束,还应有穿束、张拉等工序。最后应拆除临时支撑,完成体系转换。

桥面连续体系在竖向荷载作用下,等跨时其各跨的弯矩是相同的,而结构连续

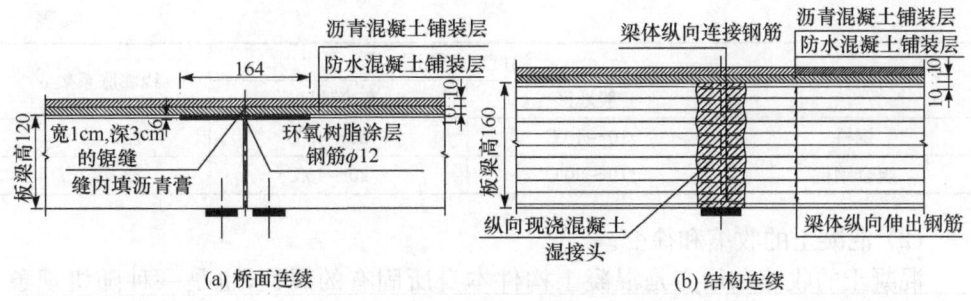

图 1.37 装配式桥梁的墩顶构造示意图(单位:cm)

是不同的,且在墩顶处存在负弯矩;桥面连续的桥梁联长受限制,一般不宜超过100m,如再长其传递水平力的能力有限,会造成桥面连续处的断开,结构连续一般联长可达150m以上;当梁体构件为后张的预应力混凝土时,桥面连续的预制梁体端部必须做封锚处理,而结构连续的一般可不做,直接与湿接头混凝土一起浇筑;桥面连续梁体的纵向钢筋无需伸出,结构连续纵向钢筋必须伸出;结构连续多用在公路桥梁中,城市桥梁多用桥面连续或单纯的简支结构。

桥面连续与结构连续的本质区别简单讲是:受力模式不同、施工方法不同及适应场所不同。

1.16 为什么装配式桥梁的一联长度宜控制在200m以内

装配式结构的先简支后连续桥梁,其联长确定的主要因素是解决联长与伸缩缝宽度的矛盾问题:联越长,设置伸缩缝的道数越少,但伸缩缝越宽;反之,伸缩缝道数多,影响行车。伸缩缝的宽度越大,其安装、运营时的施工养护成本越高,伸缩缝造价也越高。合理选择伸缩缝既能满足桥梁的安全也要有利于行车及后期的养护、更换。

影响伸缩装置伸缩量的基本因素主要有:温度变化,混凝土的收缩和徐变,汽车制动力,桥梁纵向坡度,斜桥、弯桥的变位,各种荷载引起的桥梁挠度及地震。

(1) 温度变化。

温度变化是影响桥梁伸缩量的主要因素,分为线性温度变化和非线性温度变化,其中线性温度变化对桥梁伸缩量影响占据主导地位。桥梁结构在外界特定温度环境下,梁体内部温度分布不均匀,梁体端部在材料热性能的变化下产生角变位。对跨径小的桥梁($L \leqslant 8m$),影响很小,可不予考虑;对大跨径桥梁,设计时必须引起足够重视。一般设计时线膨胀系数可按表1.3数据参考选用。

表1.3 温度变化范围及线膨胀系数表

桥梁种类	温度变化范围		线膨胀系数 α
	一般地区	寒冷地区	
钢筋混凝土桥	5~35℃	−15~35℃	10×10^{-6}

续表

桥梁种类	温度变化范围		线膨胀系数 α
	一般地区	寒冷地区	
钢桥	$-10 \sim 40\ ℃$	$-20 \sim 40\ ℃$	12×10^{-6}
组合钢桥	$-10 \sim 50\ ℃$	$-20 \sim 40\ ℃$	12×10^{-6}

(2) 混凝土的收缩和徐变。

混凝土的收缩和徐变是混凝土构件本身所固有的属性，也是一种随机现象。混凝土的配合比、水灰比、坍落度、水泥品种、温度、相对湿度、加载龄期、持荷时间和强度等对混凝土收缩、徐变影响很大。

钢筋混凝土桥和预应力混凝土桥均需考虑其收缩和徐变。徐变量按梁在预应力作用下弹性变形乘以徐变系数 $\Phi=2.0$ 求得；收缩量以温度下降20 ℃ 来换算。在安装伸缩缝时，收缩和徐变已经发展到一定程度，计算时应以安装时刻为基准，对混凝土收缩和徐变量加以折减。其折减系数 β 可参考表 1.4 选取。

表 1.4　收缩、徐变折减系数 β

龄期/月	0.25	0.5	1	3	6	12	24
收缩、徐变折减系数 β	0.8	0.7	0.6	0.4	0.3	0.2	0.1

(3) 汽车制动力。

汽车制动力引起的桥梁纵向变形主要是板式橡胶支座的剪切变形，是否考虑墩顶变形需视墩身刚度而定，对于柔性墩（台）需考虑支座与墩身的集成刚度，而刚性墩则只考虑支座的刚度。

(4) 桥梁纵向坡度。

纵坡桥梁中活动支座做成水平的，当支座位移时，伸缩缝不仅发生水平变位，而且发生垂直错位 Δd，其值等于水平位移值乘以纵坡 $\tan\theta$。

(5) 斜桥、弯桥的变位。

斜桥、弯桥在发生支承位移方向的变位（ΔL）时，沿桥端线和垂直于桥端线方向也发生变位，即

$$\Delta d = \Delta L \sin\alpha$$
$$\Delta S = \Delta L \cos\alpha$$

式中，α——倾斜角；

ΔL——伸缩量。

(6) 各种荷载引起的桥梁挠度。

桥梁在活载、恒载的作用下，端部发生角变位，使伸缩装置产生垂直、水平及角变位。

(7) 地震。

地震对伸缩装置变位的影响较为复杂，目前还难以把握，设计时一般不予考

虑,但有可靠的资料,能计算出地震对桥梁墩台的下沉、回转、水平移动及倾斜量时,设计时应给予考虑。

在上述的因素中第(1)～(3)条是主要的,但汽车制动力涉及是否考虑支座与墩身联合刚度的问题,计算量大且篇幅长,且一般其影响数值也远小于前两条,此处不予展开讨论。下面仅考虑第(1)条、第(2)条因素,举例说明伸缩缝宽度的计算。

假定:桥跨长180m,桥梁变形零点为桥跨中心;温度变化范围-10～40℃,安装温度20℃,膨胀系数 $\alpha=10\times10^{-6}$,收缩应变 $\varepsilon=20\times10^{-5}$,徐变系数 $\Phi=2.0$,伸缩缝装置安装时混凝土龄期为3个月,收缩、徐变折减系数 $\beta=0.4$,预应力混凝土的平均轴向应力 $\sigma_p=8$MPa,混凝土弹性模量 $E_c=3.45\times10^4$MPa。

温度变化引起伸缩量的计算公式:

$$\Delta L_t=(T_{max}-T_{min})\alpha L$$
$$\Delta L_{t+}=(T_{max}-T_{set})\alpha L$$
$$\Delta L_{t-}=(T_{set}-T_{min})\alpha L$$

式中,ΔL_t——温度变化的伸缩量;

ΔL_{t+}——温度变化的伸长量;

ΔL_{t-}——温度变化的缩短量;

T_{max}——设计最高温度;

T_{min}——设计最低温度;

T_{set}——安装温度;

α——线膨胀系数;

L——伸缩梁长度。

$$\Delta L_{t+}=(40-20)\times10\times10^{-6}\times90000=18.0(mm)$$
$$\Delta L_{t-}=[20-(-10)]\times10\times10^{-6}\times90000=27.0(mm)$$

混凝土徐变及收缩引起的伸缩量。

徐变引起的伸缩量

$$\Delta L_c=\frac{\sigma_p}{E_c}\Phi\beta L$$

收缩引起的伸缩量

$$\Delta L_s=\varepsilon\beta L$$

式中,ΔL_c——混凝土徐变的伸缩量;

ΔL_s——混凝土收缩引起的伸缩量;

σ_p——预应力混凝土的平均轴应力;

E_c——混凝土的弹性模量;

φ——混凝土的徐变系数;

β——混凝土收缩、徐变折减系数。

$$\Delta L_c = \frac{8}{34500} \times 2 \times 0.4 \times 90000 = 16.7 (\text{mm})$$

$$\Delta L_s = 20 \times 10^{-5} \times 0.4 \times 90000 = 7.2 (\text{mm})$$

伸缩装置在安装后的闭口量 C_+

$$C_+ = \Delta L_{t+} = 18 (\text{mm})$$

伸缩装置在安装后的开口量 C_-

$$C_- = \Delta L_{t-} + \Delta L_s + \Delta L_c = 27 + 16.7 + 7.2 = 50.9 (\text{mm})$$

伸缩装置的伸缩量 C 应满足

$$C \geqslant C_+ + C_- = 18 + 50.9 = 68.9 (\text{mm})$$

在选用伸缩装置时,为保证伸缩装置使用效果和耐久性,对伸缩量考虑20%的安全储备:$68.9 \times 1.2 = 82.7 (\text{mm})$。选用 D80 型伸缩缝,$\frac{82.7-80}{80} = 3.4\% < 5\%$,可认为满足要求。

本例中桥梁的位移零点假定为桥跨中心,但一般桥梁墩身的刚度并不对称,故位移零点两侧的长度也不相同,伸缩量计算需以较长一侧为准;同时,考虑到制动力等因素的影响,当桥跨长度 L 大于 200m 时,D80 型伸缩缝难以满足要求而需加大型号。因此,桥梁联长宜控制在 200m 内为宜。

需要说明的是,本节中的桥梁分联长度指的是处在直线或较大半径(R 不小于 1500m)曲线上的装配式结构的桥梁。对于较小半径的曲线桥梁,其分联长度除考虑沿桥梁轴线上的变形外,还应注意桥梁横向变形对伸缩缝的影响。

1.17 为什么斜弯桥采用圆形支座,而直线桥宜采用矩形支座

对于梁桥来说,支座是桥梁上、下部结构连接的重要构件,是上部的结构荷载传到下部构造的中间纽带,同时它也承受上部荷载,传递水平力及适应转角位移。它的可靠程度直接影响桥梁结构的安全性与耐久性。因此,除确保橡胶支座质量符合技术标准外,选择正确的支座类型(型号、形状等)也是关键所在。

《通规》的第 3.5.8 条指出:弯、坡、斜、宽及多向变位的桥梁宜选用圆形板式橡胶支座。公路桥涵不宜使用带球冠的板式橡胶支座或坡形的板式橡胶支座。

板式橡胶支座从结构上分为普通板式橡胶支座和四氟滑板橡胶支座,板式橡胶支座从形状上分为矩形和圆形。

普通板式橡胶支座与四氟滑板橡胶支座的重要区别在于两者水平位移的机理不同:普通板式橡胶支座靠橡胶体的剪切变形,而四氟滑板橡胶支座主要靠不锈钢板与聚四氟乙烯板间的水平滑移。很显然后者允许的水平位移要大一些。普通板式橡胶支座多适用于跨径小于 30m、位移量较小的桥梁,四氟滑板橡胶支座多适用于大跨径、多跨连续结构等大位移量的桥梁,还可用作连续梁顶推及梁板横移的滑块。

不同平面形状的支座适用于不同的桥梁:正交桥用矩形支座,曲线桥、斜交桥

用圆形支座。之所以有上述结论,其原因分析如下。

直线桥尤其是装配式结构的桥梁,由于横向分块的原因,使得桥梁的横向位移更小,一般仅需计入纵向水平力,具有明显的纵向"杆"效应,其受力有明确的方向性,而矩形支座的特点是变形、位移、安装具有一定的方向性,因此对这种结构的桥梁采用矩形支座是合适的。安放矩形支座时,其短边应与顺桥方向平行安置,以利于梁端转动(图1.38)。

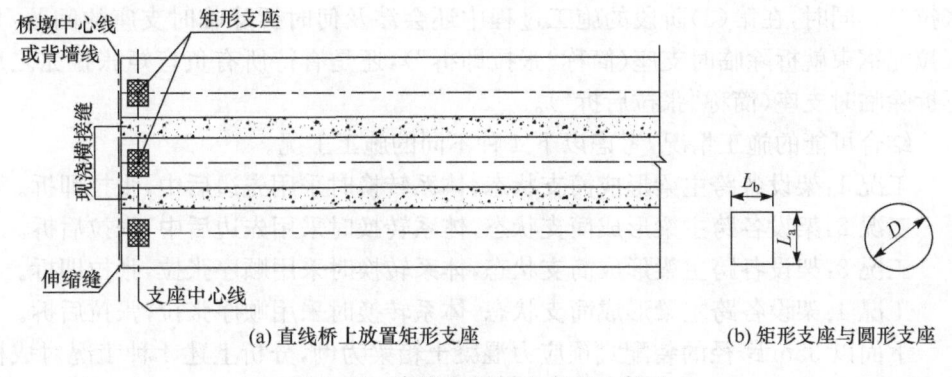

(a) 直线桥上放置矩形支座　　　　　　(b) 矩形支座与圆形支座

图1.38　直线T梁桥上支座示意图

斜桥在荷载的作用下,平面内有向锐角方向转动的趋势,弯桥还需要考虑由于汽车离心力、制动力等原因产生的横向水平力,受力有不同的方向性。圆形支座的特点是变形适应性强,不受方向的局限,可适应来自桥梁上部结构各个方向的变形,不存在局部应力集中的问题,安装时也不存在方向性问题。因此圆形支座适用于斜弯桥梁(图1.39)。

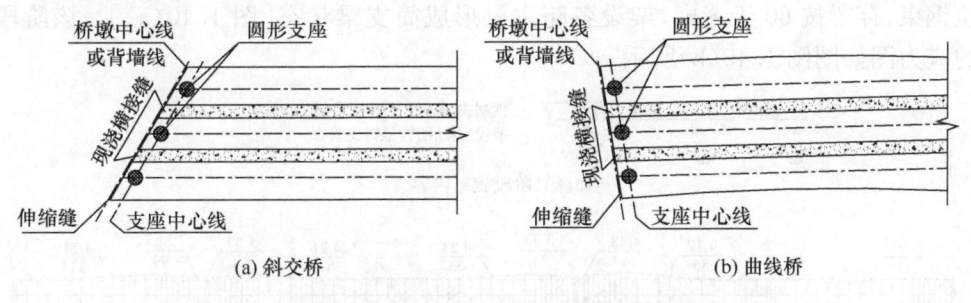

(a) 斜交桥　　　　　　　　　　　　(b) 曲线桥

图1.39　斜、弯T梁桥上支座示意图

1.18　为什么先简支后连续结构的施工顺序对结构应力的影响不大

装配式结构的预应力混凝土先简支后连续桥梁,一般的施工顺序大致如下:

(1) 预制主梁、张拉钢束、架设各跨主梁形成简支梁状态,此时结构体系的外作用为梁板自重、预应力[图1.40(a)]。

(2) 浇筑连续墩墩顶湿接头及负弯矩范围内的桥面板并张拉钢束,此时结构体系的外作用为梁板自重、预应力、湿接头自重,结构类似于多跨连续梁。

(3) 浇筑剩余部分的桥面板横接缝混凝土,达到设计要求之后拆除一联内的临时支座,完成体系转换,此时结构称为理想的连续梁。

在上述第(2)阶段的施工过程当中,负弯矩钢束的张拉可能出现两种不同的张拉顺序:先张拉边跨后张拉中跨(简称"先边后中")或按顺序进行张拉(简称"顺序张拉")。同时,在第(3)阶段的施工过程中还会涉及何时拆除临时支座的问题:是张拉完钢束就拆除临时支座(简称"张拉即拆"),还是有待所有负弯矩张拉完之后再拆除临时支座(简称"张拉后拆")。

结合可能的施工情况,考虑以下 4 种不同的施工工况。

工况 1:架设各跨主梁形成简支状态,体系转换时采用先边后中,张拉即拆。

工况 2:架设各跨主梁形成简支状态,体系转换时采用先边后中,张拉后拆。

工况 3:架设各跨主梁形成简支状态,体系转换时采用顺序张拉,张拉即拆。

工况 4:架设各跨主梁形成简支状态,体系转换时采用顺序张拉,张拉后拆。

下面以 35m 跨径的装配式预应力混凝土箱梁为例,分析上述 4 种工况对成桥后内力的影响。由于本问讨论的重点是先简支后连续结构的施工顺序对桥跨结构内力的影响,因此不考虑桥面铺装、护栏等二期荷载。

计算采用 5×35m 先简支后连续的预应力混凝土箱梁,图 1.41 是其中梁的离散简图、钢束配束示意(中跨钢束中的 N6 对应端跨的 N1,其他类推)及梁体断面等情况。

计算分析时,第 1 施工阶段的施工内容对各工况均一致,主要为预制主梁、张拉钢束,存梁按 60 天考虑,架设各跨主梁形成简支梁状态[图 1.40(a)]。该阶段的应力图如图图 1.40(b)所示。

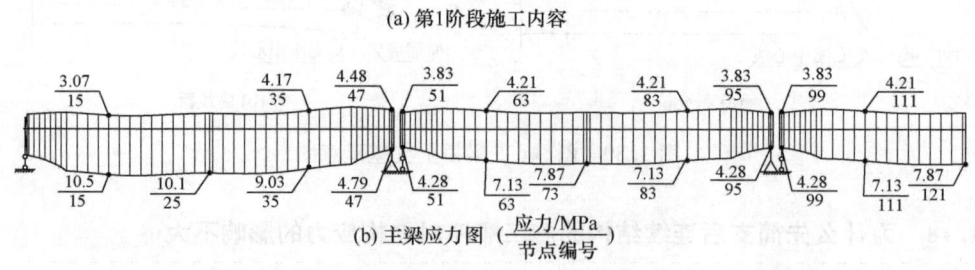

图 1.40 第 1 施工阶段示意图

以下分别按上述的 4 种工况对桥梁进行计算,得到了各工况、各施工阶段的应力图。工况 1～工况 4 的计算结果分别如图 1.41～图 1.45 所示。

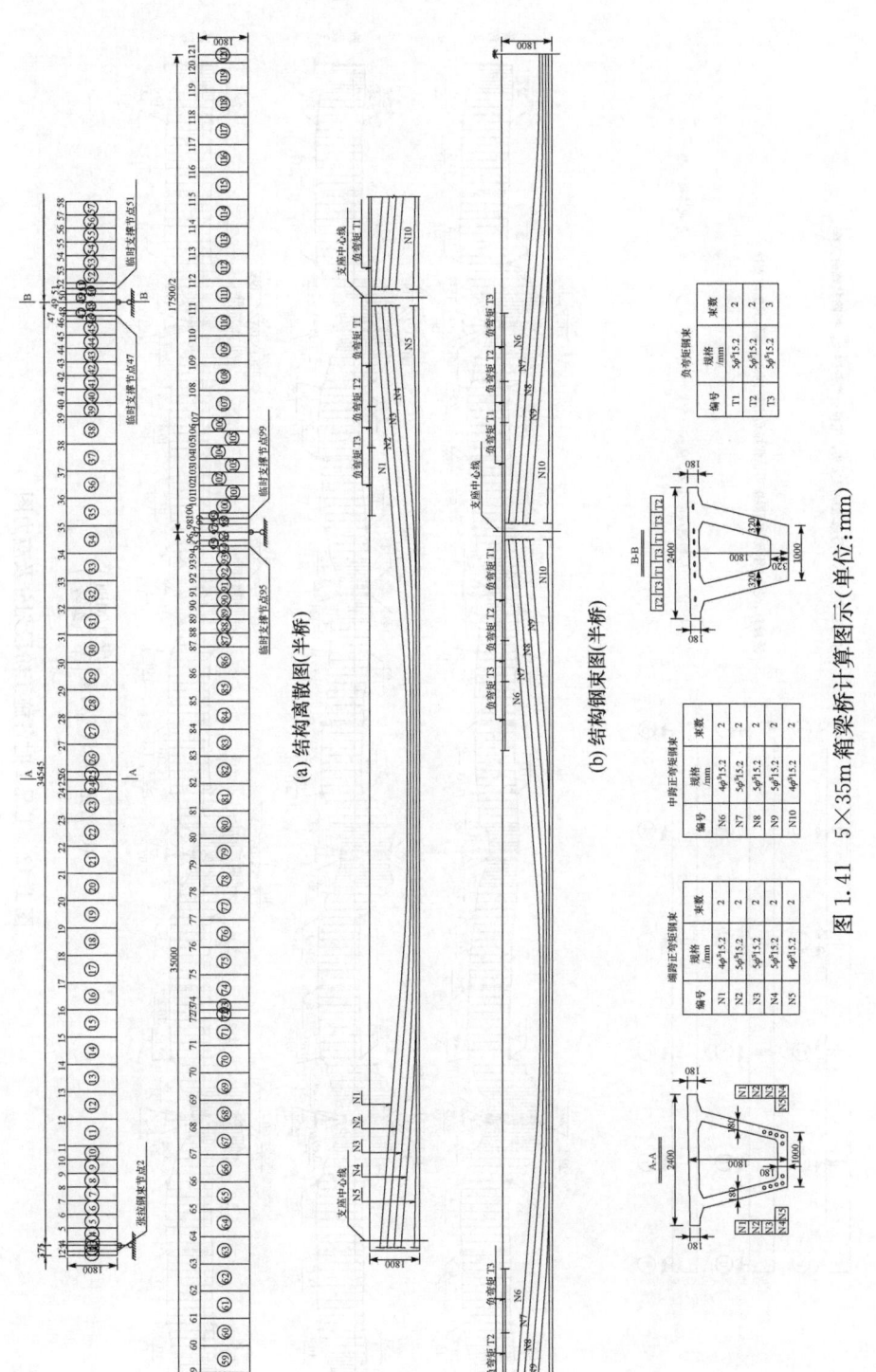

图1.41 5×35m箱梁桥计算图示(单位:mm)

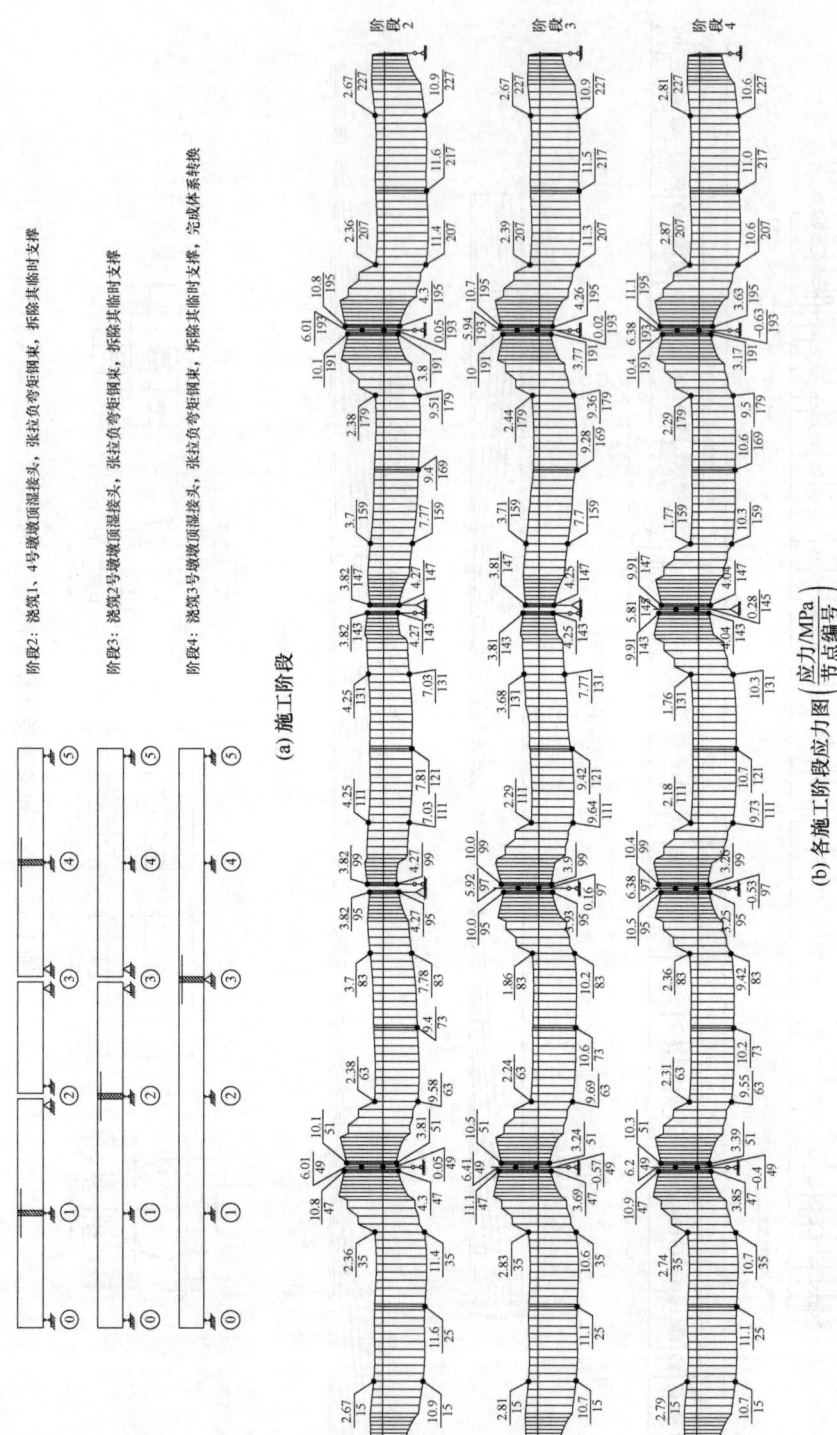

图1.42 工况1时各施工阶段划分及应力图

第1章 总体设计

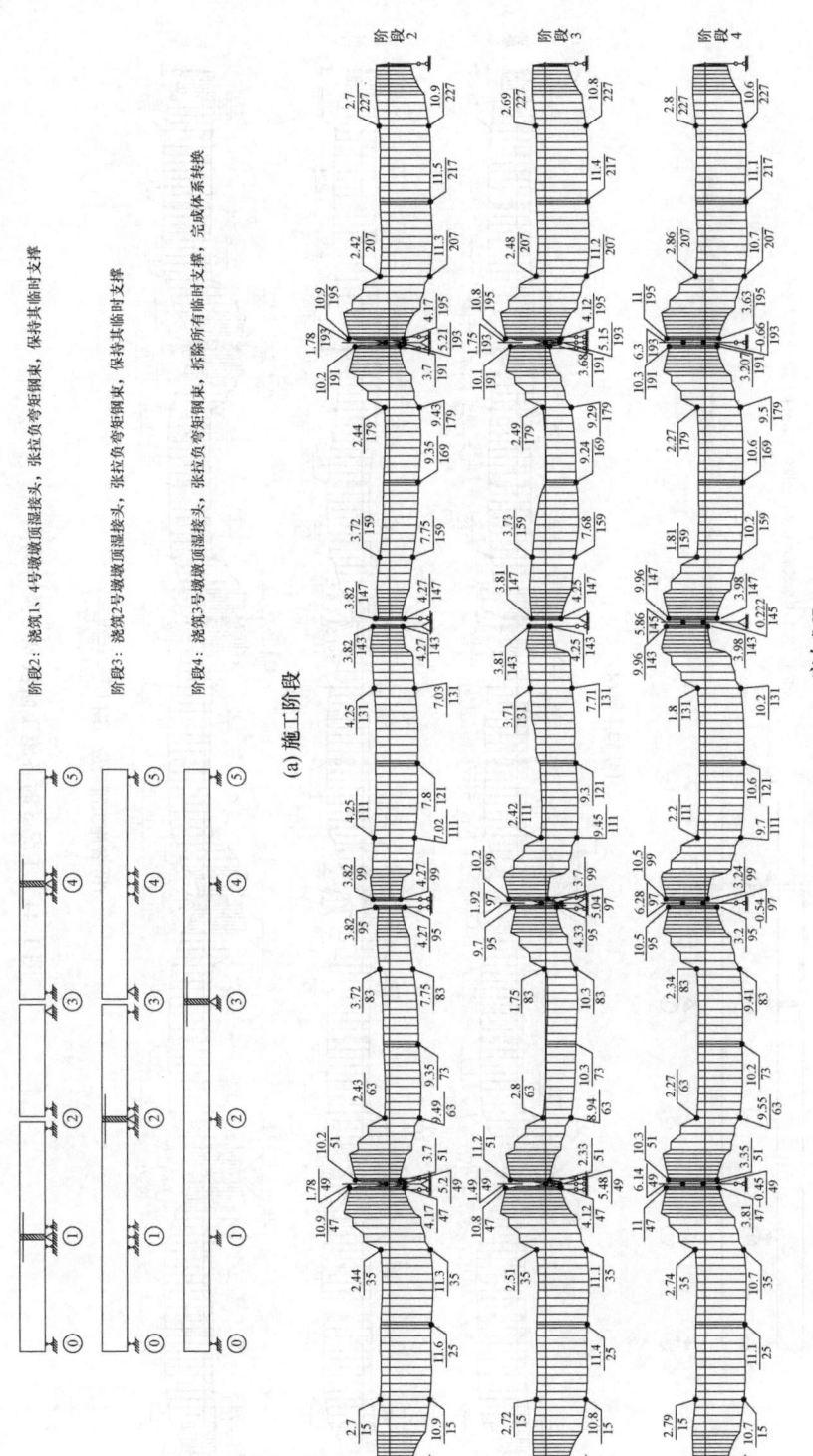

图1.43 工况2时各施工阶段划分及应力图

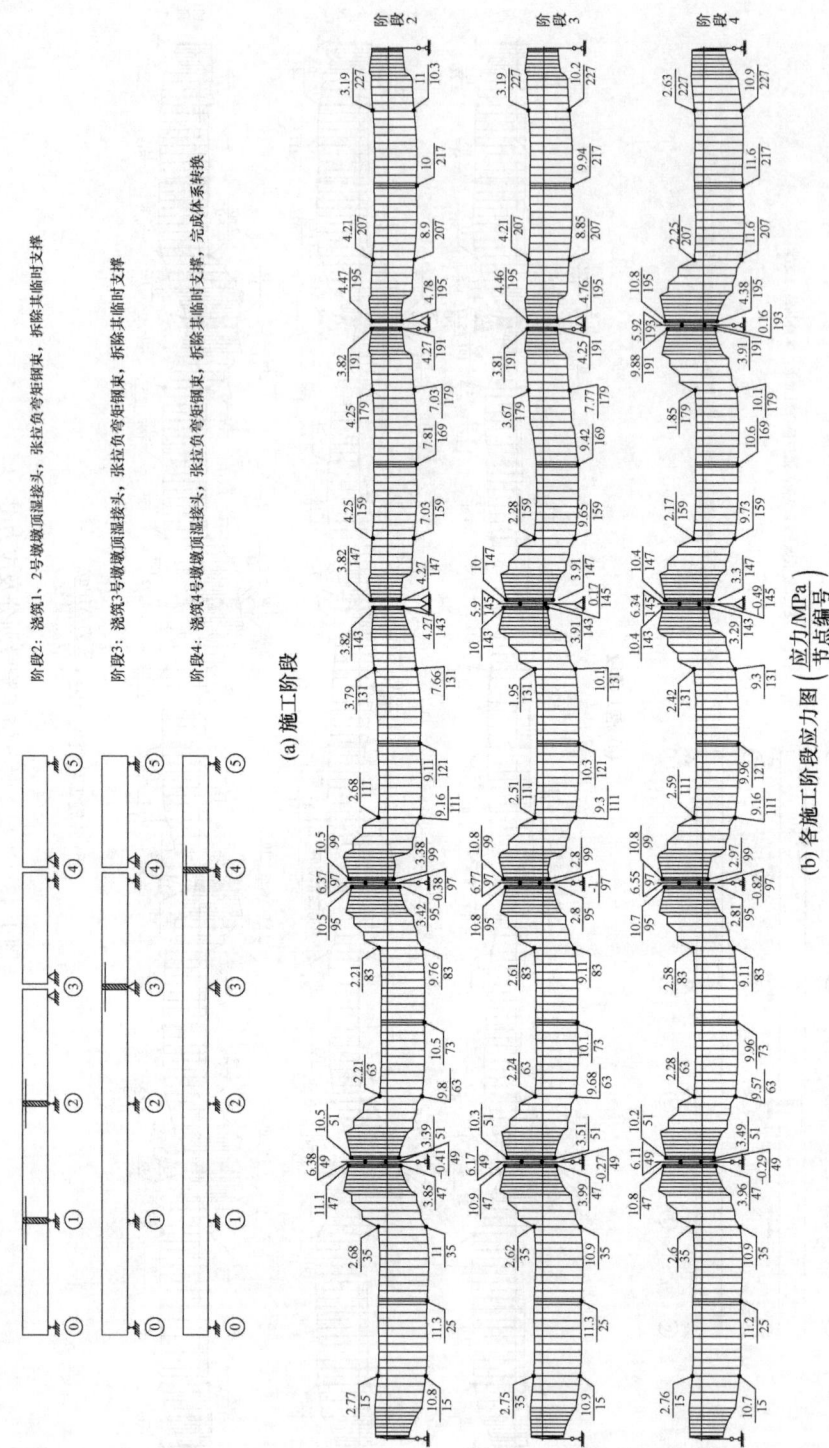

图1.44 工况3时各施工阶段划分及应力图

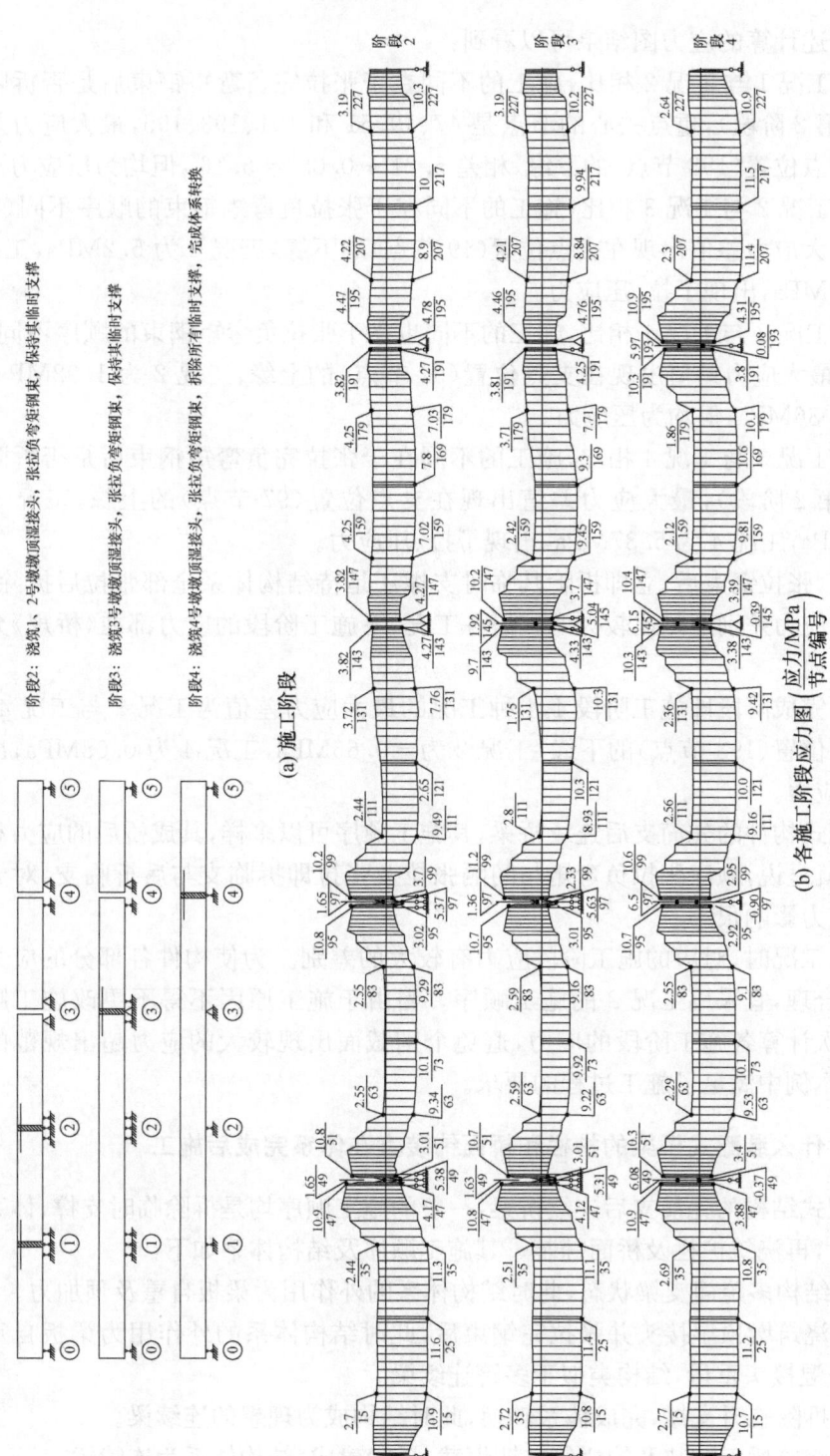

图 1.45 工况 4 时各施工阶段划分及应力图

从上述计算的应力图结果可以看到：

（1）工况 1 与工况 2 相比，施工的不同在于张拉完负弯矩钢束后是否拆除临时支撑（第 2 阶段），重点关心的节点是 47、49、51 和 191、193、195，最大应力差值出现在支点位置（193 节点）的下缘，相差 $5.21-0.05=5.16$，但均为压应力。

（2）工况 2 与工况 3 相比，施工的不同在于张拉负弯矩钢束的顺序不同（第 2 阶段），最大应力差值出现在支点位置（49 节点）的下缘，工况 2 为 5.2MPa，工况 3 为 -0.41MPa，出现了拉、压应力。

（3）工况 2 与工况 4 相比，施工的不同也在于张拉负弯矩钢束的顺序不同（第 3 阶段），最大应力差值出现在支点位置（97 节点）的上缘，工况 2 为 1.92MPa，工况 4 为 1.36MPa，但均为压应力。

（4）工况 3 与工况 4 相比，施工的不同在于张拉完负弯矩钢束后是否拆除临时支撑（第 2 阶段），最大应力差值出现在支点位置（97 节点）的上缘，工况 3 为 -0.38MPa，工况 4 为 5.37MPa，出现了拉、压应力。

因此，张拉钢束后，立即拆除其临时支撑还是待结构体系全部张拉后拆除，两种工况的应力差别还是比较大的。但各工况、各施工阶段的应力都在《桥规》允许的范围之内。

体系完成阶段即施工阶段 4，4 种工况的最大应力差值为工况 2 与工况 4，出现在支点位置（193 节点）的下缘，工况 2 为 -0.66MPa，工况 4 为 0.08MPa，出现了拉、压应力。

装配式构件的先简支后连续桥梁，其施工顺序可以多样，其成桥后的应力相差不大，也就是说，顺序张拉负弯矩与间隔张拉及张拉即拆临支与后拆临支，对于成桥后的应力影响很小。

不同工况时，对应的施工阶段应力有较大的差别。为使构件各部分的应力更均匀、更合理，宜采用工况 2 的施工顺序。当由于施工原因不得不更改施工顺序时，应再次计算各施工阶段的应力，避免个别截面出现较大的应力超出规范的要求，虽然本例中满足了施工过程的要求。

1.19 为什么装配式桥梁的护栏和桥面铺装宜在体系完成后施工

装配式结构的先简支后连续桥梁，一般的施工顺序均是拆除临时支撑、体系转换完成后，再浇筑护栏及桥面铺装。其施工顺序及结构体系如下：

（1）结构多跨简支梁状态，此时结构体系的外作用为梁板自重及预加力。

（2）浇筑墩顶湿接头并张拉完钢束后，此时结构体系的外作用为梁板自重＋预加力＋湿接头重量，结构类似于多跨连续梁。

（3）拆除临时支撑，完成体系转换，此时结构成为理想的连续梁。

（4）浇筑桥面铺装及护栏等二期恒载，桥梁建成，结构体系为连续梁。

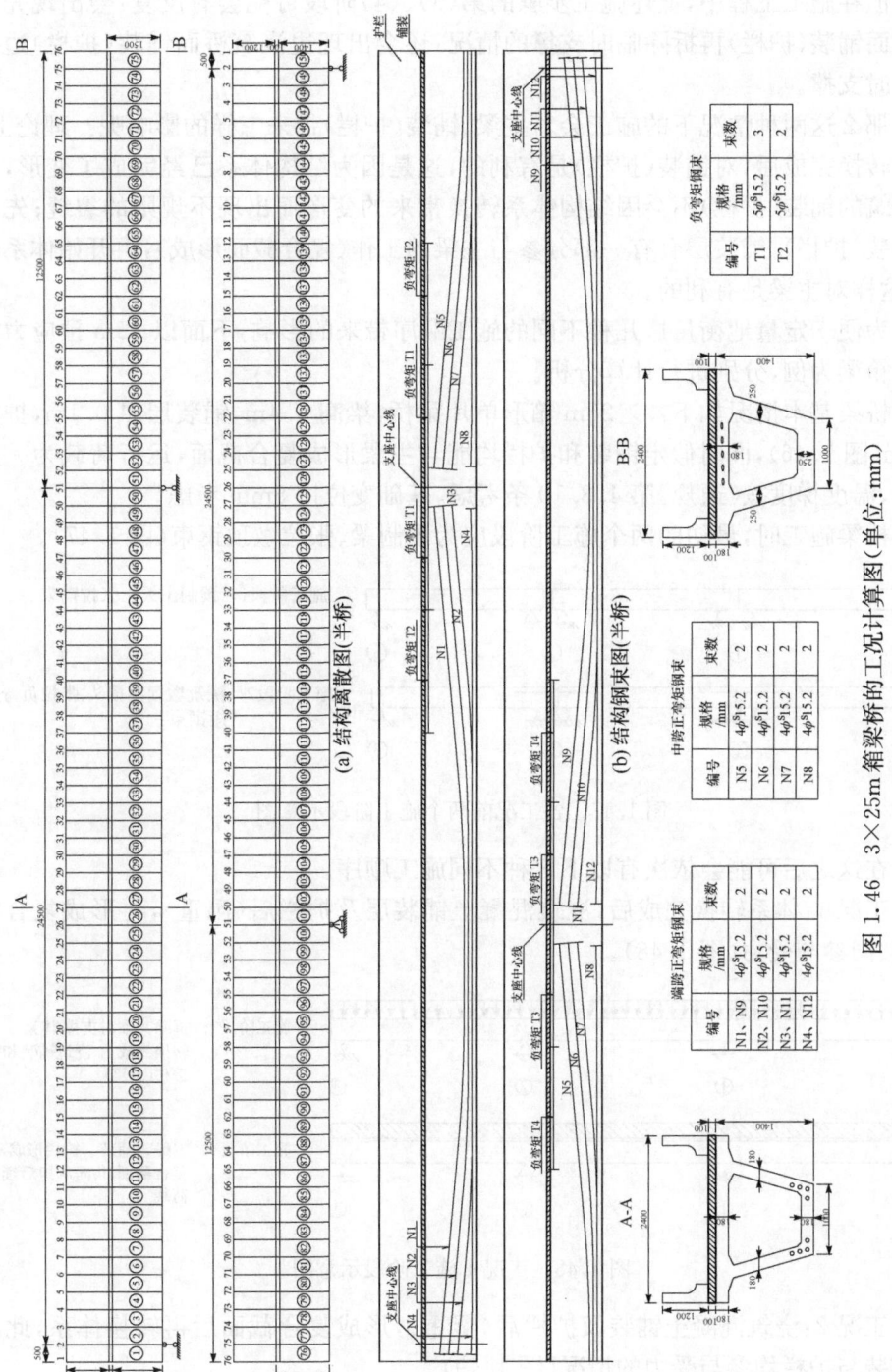

图1.46 3×25m箱梁桥的工况计算图(单位:mm)

但在施工工程中,上述施工步骤的第(3)、(4)阶段可能会有反复:会出现先浇筑桥面铺装(护栏)再拆除临时支撑的情况,还会出现边浇筑桥面铺装(护栏)边拆除临时支撑。

那么这两种情况下的施工会对主梁、铺装(护栏)带来怎样的影响呢?理论上,体系转换完成后,对铺装(护栏)是有利的,这是因为结构体系已经完成了变形,而后浇筑的铺装(护栏)不会因结构体系转换带来的变形而出现不规则的裂缝;先浇筑铺装(护栏),铺装层会有一部分参与主梁的工作(复合截面形成),再开始体系转换,这样对主梁是有利的。

为便于定量地衡量这几种不同的施工顺序带来的影响,下面以25m预应力混凝土箱梁为例,分别进行计算分析。

桥梁基本情况如下:3×25m箱形单片梁桥,梁高1.4m,铺装层厚0.1m,护栏1.2m(图1.46),同时假定铺装和护栏均能与主梁形成复合截面,运行荷载为一列汽车,温度梯度按《通规》第4.3.10条考虑,基础变位按5mm考虑。

桥梁施工时,最初的两个施工阶段应为预制梁、张拉墩顶钢束(图1.47)。

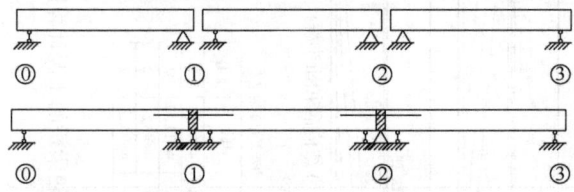

施工阶段1:预制主梁、张拉钢束

施工阶段2:浇筑墩顶湿接头,张拉负弯矩钢束

图1.47 各工况前两个施工阶段示意图

在这之后可能会依次有以下3种不同施工顺序。

工况1:体系转换完成后,浇筑混凝土铺装层及护栏后(湿重),再形成复合截面,共同参与受力(图1.48)。

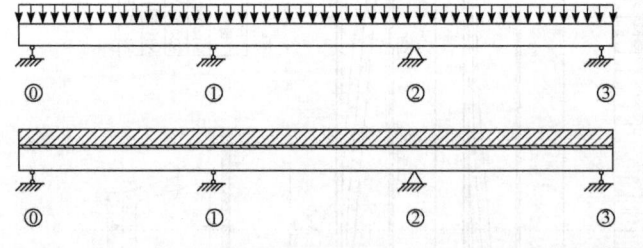

施工阶段3:拆除其临时支撑,体系转换完成后,浇筑铺装和护栏(湿重)

施工阶段4:主梁、铺装、护栏形成复合截面,共同承担后续荷载

图1.48 工况1施工阶段示意图

工况2:浇筑混凝土铺装及护栏后(湿重),形成复合截面后再转换体系,此时为铺装与护栏均参与受力的情况(图1.49)。

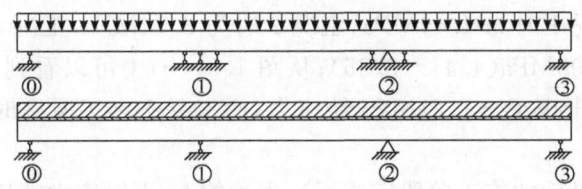

图 1.49 工况 2 施工阶段示意图

工况 3：逐孔浇筑混凝土铺装及护栏（湿重）的同时进行体系转换，因为铺装及护栏的浇筑时间较短，所以铺装与护栏均为不参与受力的情况（图 1.50）。

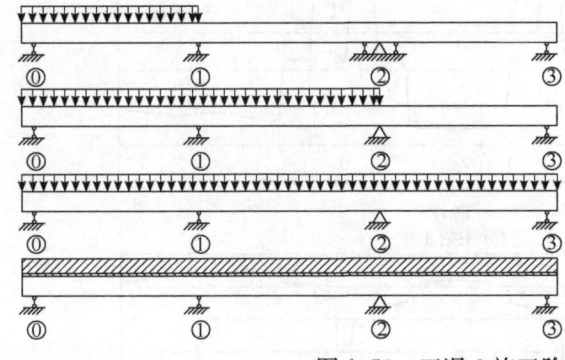

图 1.50 工况 3 施工阶段示意图

图 1.51 是在第 3 个施工阶段完成后，主梁的上、下缘应力的比较图。

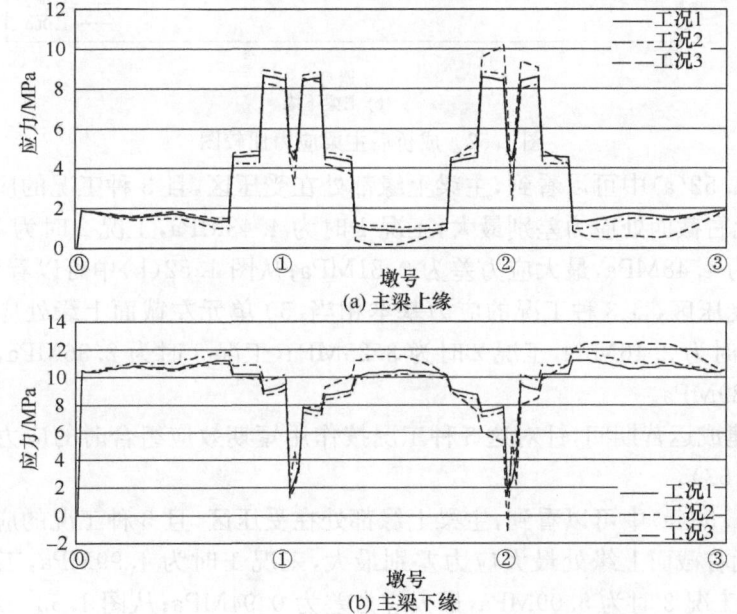

图 1.51 施工阶段 3 完成后主梁应力比较图

从图 1.51(a)中可以看到，主梁上缘都处在受压区，3 种工况下在 100 单元右截面上缘处压应力差别最大,工况 1 时为 4.41MPa,工况 2 时为 3.14MPa,工况 3 时为 2.35MPa,最大应力差为 2.06MPa(4.41－2.35);从图 1.51(b)中可以看到,3 种工况下工况 3 在 100 单元处出现了－1.21MPa 拉应力,而工况 1 和工况 2 时的主梁下缘全部处在受压区。

图 1.52 是在桥梁建成后(即最后的施工阶段完成后),主梁的上、下缘应力的比较图。

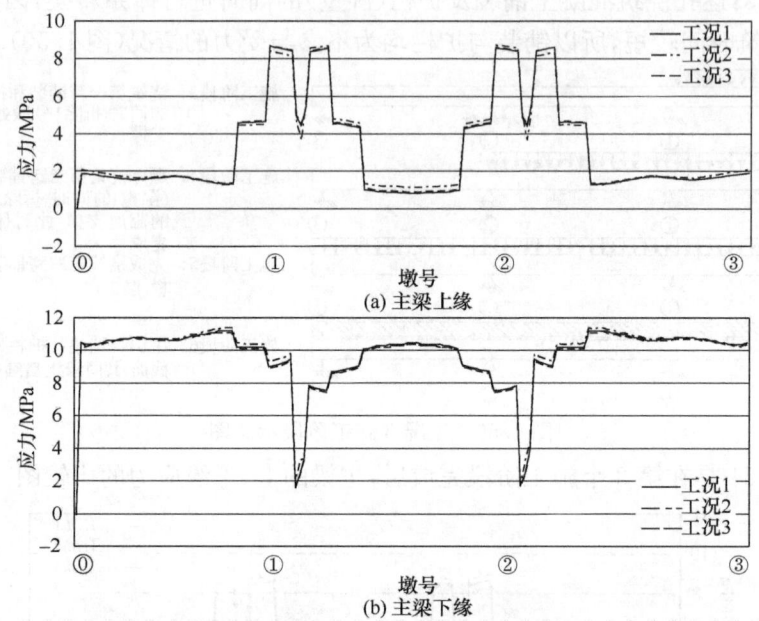

图 1.52 成桥后主梁应力比较图

从图 1.52(a)中可以看到,主梁上缘都处在受压区,且 3 种工况的应力基本相当,50 单元右截面处应力差别最大,工况 1 时为 4.43MPa,工况 2 时为 3.67MPa,工况 3 时为 4.48MPa,最大应力差为 0.81MPa;从图 1.52(b)中可以看到,主梁下缘都处在受压区,且 3 种工况的应力基本相当,50 单元左截面上缘处应力差别最大,工况 1 时为 2.46MPa,工况 2 时为 3.25MPa,工况 3 时为 2.36MPa,最大应力差仅为 0.89MPa。

桥梁建成运营期间,针对这 3 种工况按作用短期效应组合时的应力情况进行比较(图 1.53)。

从图 1.53(a)中可以看到,主梁上缘都处在受压区,且 3 种工况的应力基本相当,50 单元右截面上缘处最大应力差别最大,工况 1 时为 4.99MPa,工况 2 时为 4.15MPa,工况 3 时为 5.09MPa,最大应力差为 0.94MPa;从图 1.53(c)中可以看到,主梁下缘 3 种工况的应力基本相当,50 单元右截面下缘处最大应力差别最大,此时工况 1 时为 5.89MPa,工况 2 时为 6.62MPa,工况 3 时为 5.78MPa,最大应力差仅为 0.84MPa。

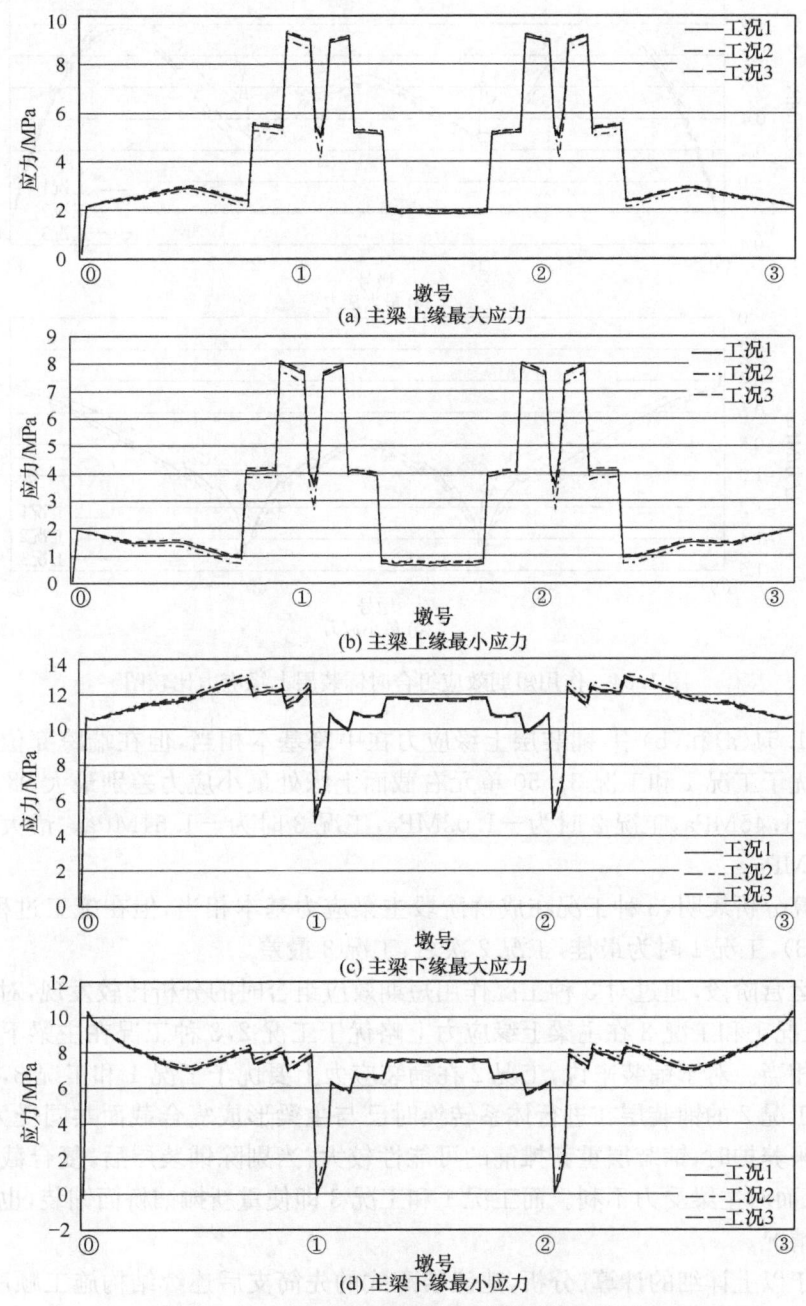

图 1.53 作用短期效应组合时主梁应力比较图

考虑到主梁与铺装及护栏形成了复合截面,图 1.54 仅将铺装层的上缘应力列出比较。

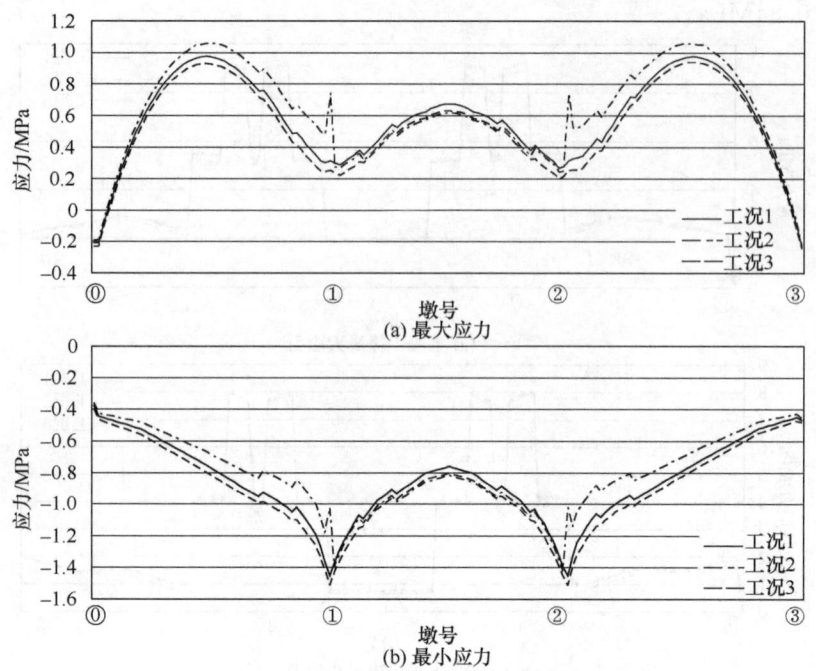

图 1.54 作用短期效应组合时铺装层上缘应力比较图

图 1.54(a)和(b)中,铺装层上缘应力在中跨基本相当,但在端跨部位出现工况 2 略优于工况 1 和工况 3。50 单元右截面上缘处最小应力差别最大,此时工况 1 时为 -1.45 MPa,工况 2 时为 -1.02 MPa,工况 3 时为 -1.51 MPa。最大应力差为 0.49 MPa。

计算分析表明,3 种工况在成桥阶段主梁应力基本相当,但在施工过程中(施工阶段 3),工况 1 时为最佳,工况 2 次之,工况 3 最差。

在运营阶段,通过对 3 种工况作用短期效应组合时的分析比较发现,对于主梁来说,工况 1 和工况 3 在主梁上缘应力上略优于工况 2,3 种工况在主梁下缘应力上基本相当。对于铺装来说,工况 2 在铺装应力上要优于工况 1 和工况 3,这主要是因为工况 2 的铺装层在进行体系转换时已与主梁形成复合截面共同受力,但考虑到将来养护时,铺装层重新摊铺的可能性较大,当剔除铺装层后,复合截面将不存在,从而对主梁受力不利。而工况 1 和工况 3 即使重新摊铺桥面铺装,也不会出现这种情况。

基于以上详细的计算、分析,建议装配式的先简支后连续结构施工顺序,应按工况 1 即桥梁的护栏和桥面铺装在体系转换完成后进行。诚然,如果施工过程中更改了施工顺序,工况 3 也是一可行的选择。综合考虑主梁、铺装层、后期维护等多方面因素,最佳为工况 1,其次为工况 3,再次为工况 2。

1.20 为什么钢-混组合梁桥的施工顺序不宜改动

钢-混组合梁桥的主梁截面由钢梁、钢筋混凝土桥面板组成,二者之间通过剪力键(亦称连接件)连接,承受彼此间界面上的剪力,抵抗相对滑移,以达到共同工作的目的。

当两根梁简单地叠在一起时,并不能提高其承载能力,这是因为两根梁之间无抗剪约束,无法共同工作。如两根梁截面均为矩形截面($b \times h$),仅上下叠置在一起的惯性矩为:$I = 2bh^3/12$;如果两个梁接触面之间设置抗剪连接件,约束彼此的相对滑移,这时梁的工作近似整根梁,其惯性矩为:$I = b(2h)^3/12$;后者是前者的 4 倍(图 1.55)。表 1.5 是二者在力学性能上的差异,这也是工程中为什么采用组合梁的重要原因之一。

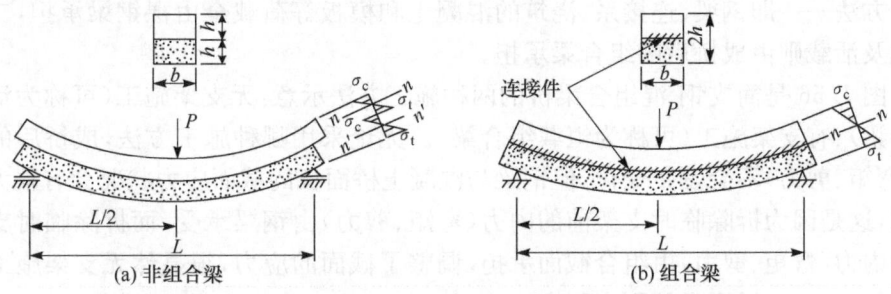

图 1.55 非组合梁与组合梁的截面应力分布比较

表 1.5 组合梁与非组合梁力学性能的比较

比较内容	非组合梁	组合梁
应力	$\sigma = \dfrac{3}{4}\dfrac{PL}{bh^2}$	$\sigma = \dfrac{3}{8}\dfrac{PL}{bh^2}$
变形	$\delta = \dfrac{1}{8}\dfrac{PL^3}{Ebh^3}$	$\delta = \dfrac{1}{32}\dfrac{PL^3}{Ebh^3}$

因此,两个梁之间必须设置一定的连接件,才能达到共同受力,提高构件刚度、减小变形的目的。钢-混组合梁正是如此,两种材料已发挥了各自的力学特性,能够相互补充,充分发挥其各自的显著优点。而对于将钢材布置在受拉区,将混凝土布置在受压区的简支梁,更能使材料性能充分发挥。由于钢-混组合梁在受力上具有承载能力高、刚度大、延性好等优点,在使用上具有轻型大跨、预制装配、施工方法灵活、施工速度快、不中断交通等优点,故在城市立交桥、高速公路互通立交桥中得到了日益广泛的应用。

无论是简支结构还是连续结构,主梁组合截面的形成时间和阶段不同,对应着不同的体系。主梁截面的受力可分为以下两个阶段。

第一阶段:组合截面形成前,裸钢梁截面受力。

第二阶段:组合截面形成后,组合梁全截面受力。

从材料效费比的角度来看,通常的做法是采用有支架施工方法——即顺桥向将钢梁分成数段制作,钢梁运到现场,搭设在分段处的临时支架上;钢梁连接好后,在其上浇筑混凝土,待混凝土强度达到设计要求(形成组合截面)后,解除临时支架,完成体系转换;最后施工护栏、桥面铺装等;组合截面承受自重、二期恒载及活载。钢梁的纵向分段位置,在不受吊装能力及运输条件限制的前提下,往往设在弯矩较小的截面处,对于连续梁一般设在弯矩零点附近。

但实际情况往往受施工条件所限制,例如,桥跨受所处地理位置制约无法设置临时支架,或临时支架的位置干扰桥下道路的正常运营,其设置期限受限,无法满足在钢梁上浇筑混凝土并达到设计要求所需的一系列施工时间。此时采取无支架施工方法——即钢梁、连接系、浇筑的混凝土和模板等荷载全由裸钢梁承担,二期恒载及活载则由成桥后的组合梁承担。

图1.56是简支钢-混组合梁桥的两种施工方法示意:无支架施工(可称为活载组合梁)、有支架施工(可称为恒载组合梁)。无论采用哪种施工方法,成桥后的内力(弯矩、剪力)不会发生变化,但钢梁与混凝土桥面板的截面应力状况会有很大的不同,这是因为拆除临时支架前的内力(弯矩、剪力)由钢梁承受,而拆除临时支架后的内力(弯矩、剪力)由组合截面承担,调整了截面的应力,很显然无支架施工较有支架施工,钢梁要求的刚度更大。

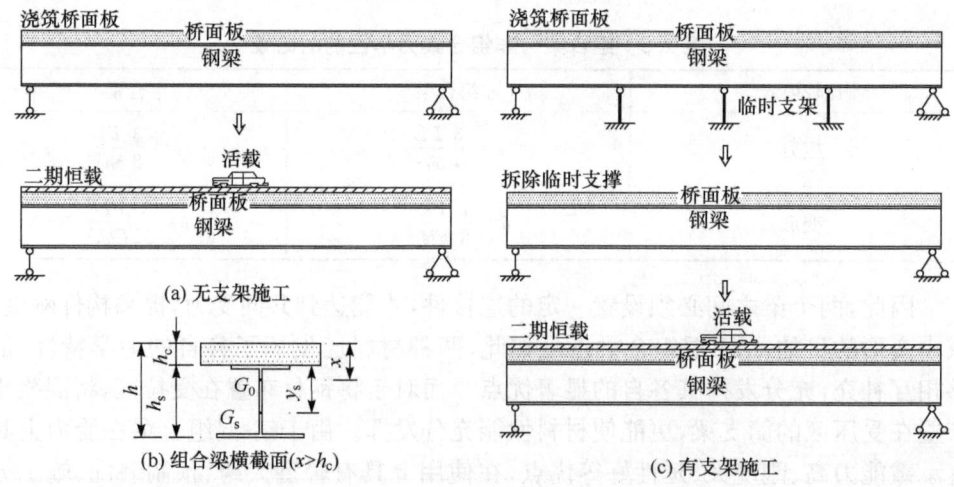

图1.56 组合梁施工方法示意图

下面以40m简支钢-混组合箱梁的计算实例来说明无支架、有支架施工方法的区别,以加深读者对二者的认识。

图 1.57 是梁的横断面,组合梁高 1.7m,其中钢箱高 1.45m,混凝土桥面板厚度 0.2m,承托高度 0.05m,组合梁的计算跨径为 39.2m。钢梁的钢材等级为 Q345C,混凝土桥面板为 C50,桥面铺装为 0.1m 沥青混凝土。

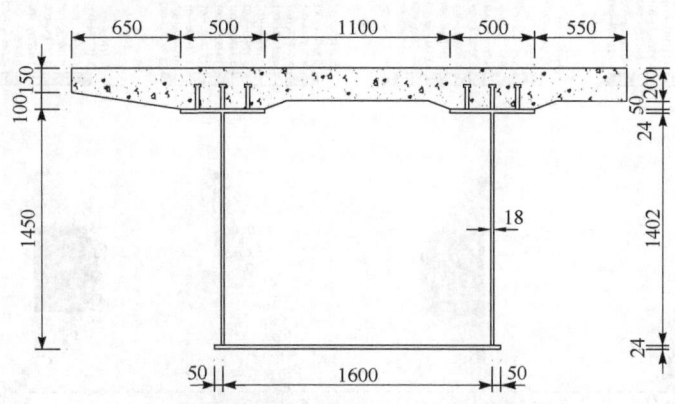

图 1.57　边梁横断面(单位:mm)

计算时考虑的荷载如下:

(1) 钢梁自重:$q_s = 11.763 \text{kN/m}$(考虑箱内加劲肋影响,钢梁自重乘以放大系数 1.3)。

(2) 混凝土桥面板自重:$q_c = 19.063 \text{kN/m}$。

(3) 施工荷载:$q_{qc} = 1.5 \text{kN/m}$。

(4) 二期恒载(包括桥面铺装和防撞护栏):$q_g = 10.5 \text{kN/m}$。

对于本例中的有支架施工方法,假定施工时在纵向 12m、28m 位置设置两个临时支架,成桥阶段拆除,完成体系转换,而无支架施工方法则不存在体系转换的问题。

施工阶段。该阶段作用在结构上的荷载为:(1)+(2)+(3),均由裸钢梁截面承受。无支架施工的结构为:40m 简支钢梁;有支架施工的结构为:12m+16m+12m 连续钢梁,钢梁截面的正应力对比如图 1.58 所示。图中的应力符号以受拉为正,受压为负。

成桥阶段。该阶段的混凝土达到设计要求后,混凝土截面参与受力,此时结构为成桥阶段的 40m 简支钢-混组合梁。对于无支架法施工,后面施加的荷载(4)由组合截面共同承受;对于有支架法施工,拆除跨中临时支架,(1)+(2)产生的内力(弯矩、剪力)因体系转换而由组合截面共同承受,后面施加的荷载(4)也由组合截面共同承受。

该阶段钢梁截面的正应力如图 1.59 所示,图中的应力符号以受拉为正,受压为负。

该阶段混凝土桥面板截面的正应力如图 1.60 所示,图中的应力符号以受拉为正,受压为负。

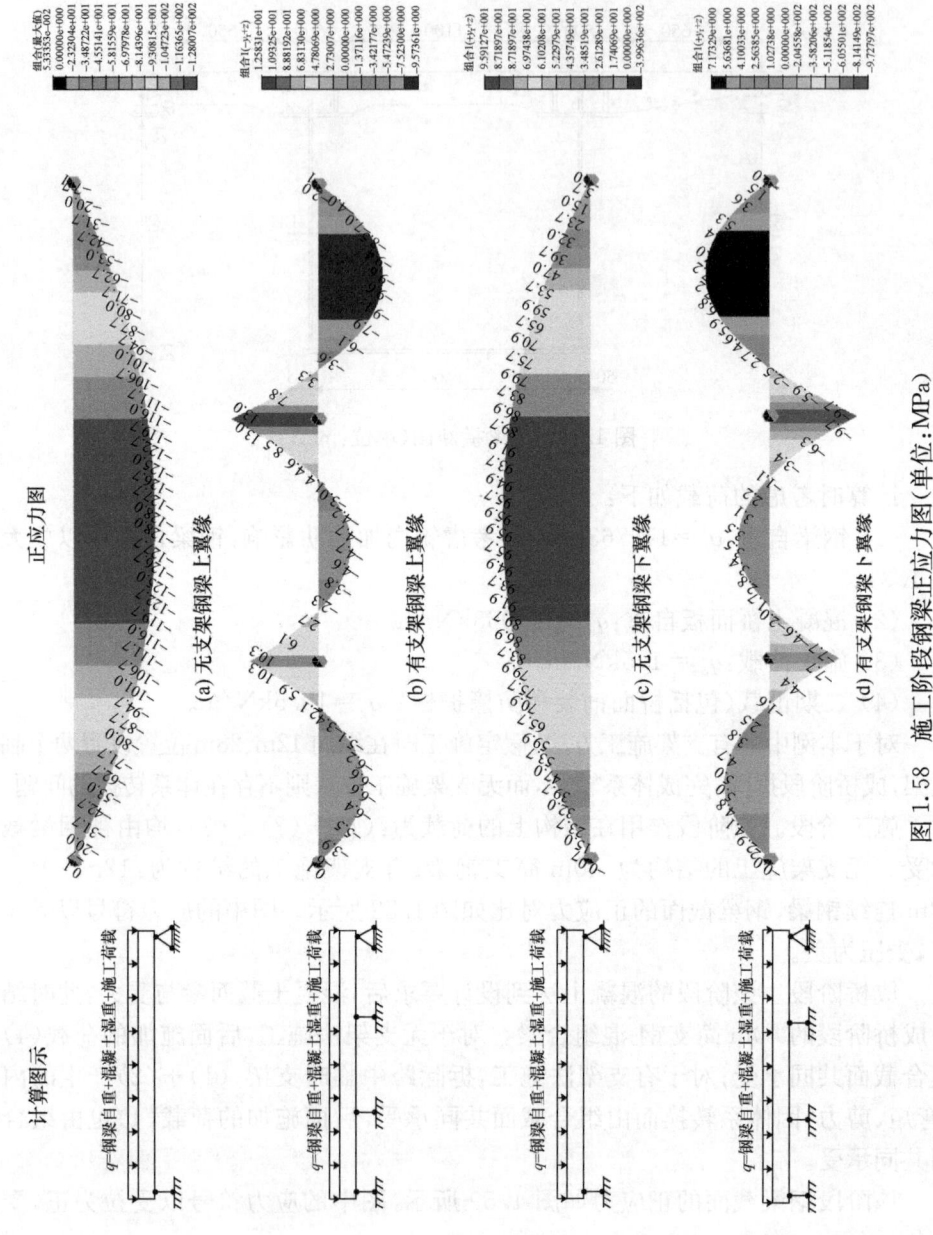

图1.58 施工阶段钢梁正应力图(单位:MPa)

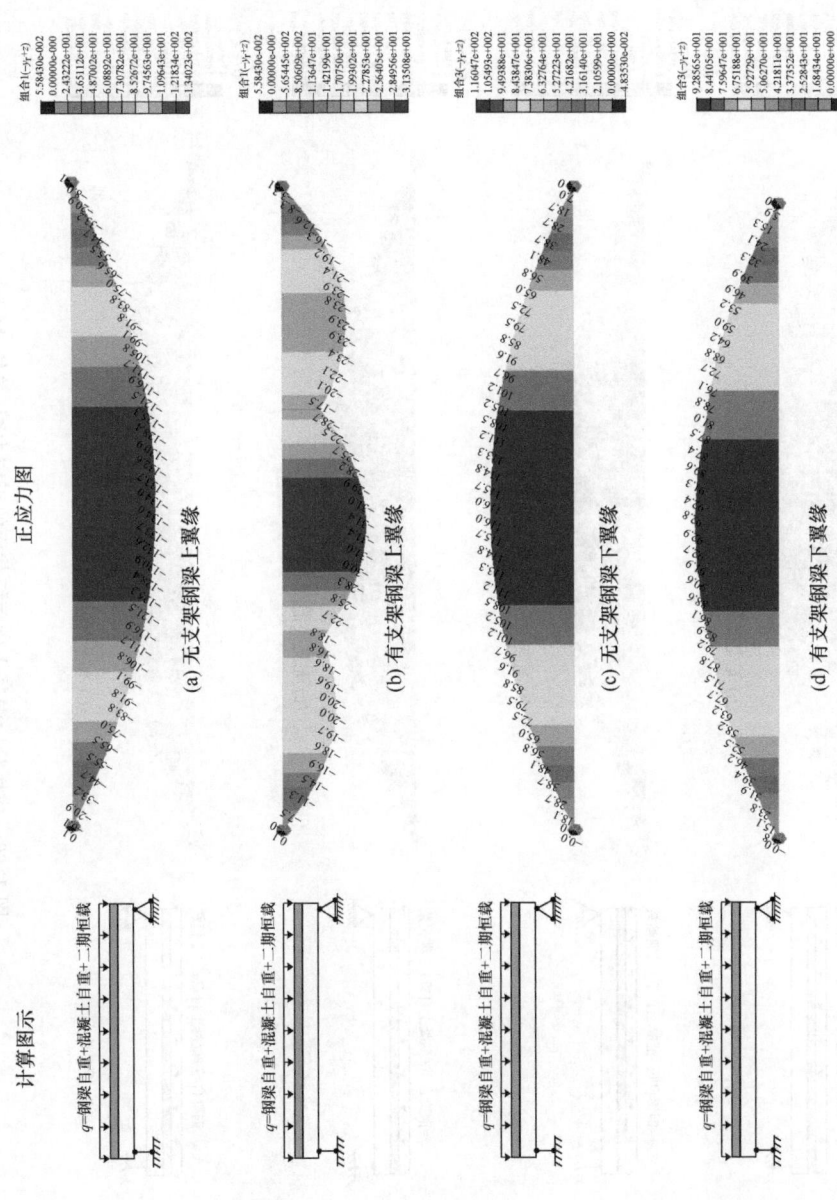

图 1.59 成桥阶段钢梁正应力图(单位:MPa)

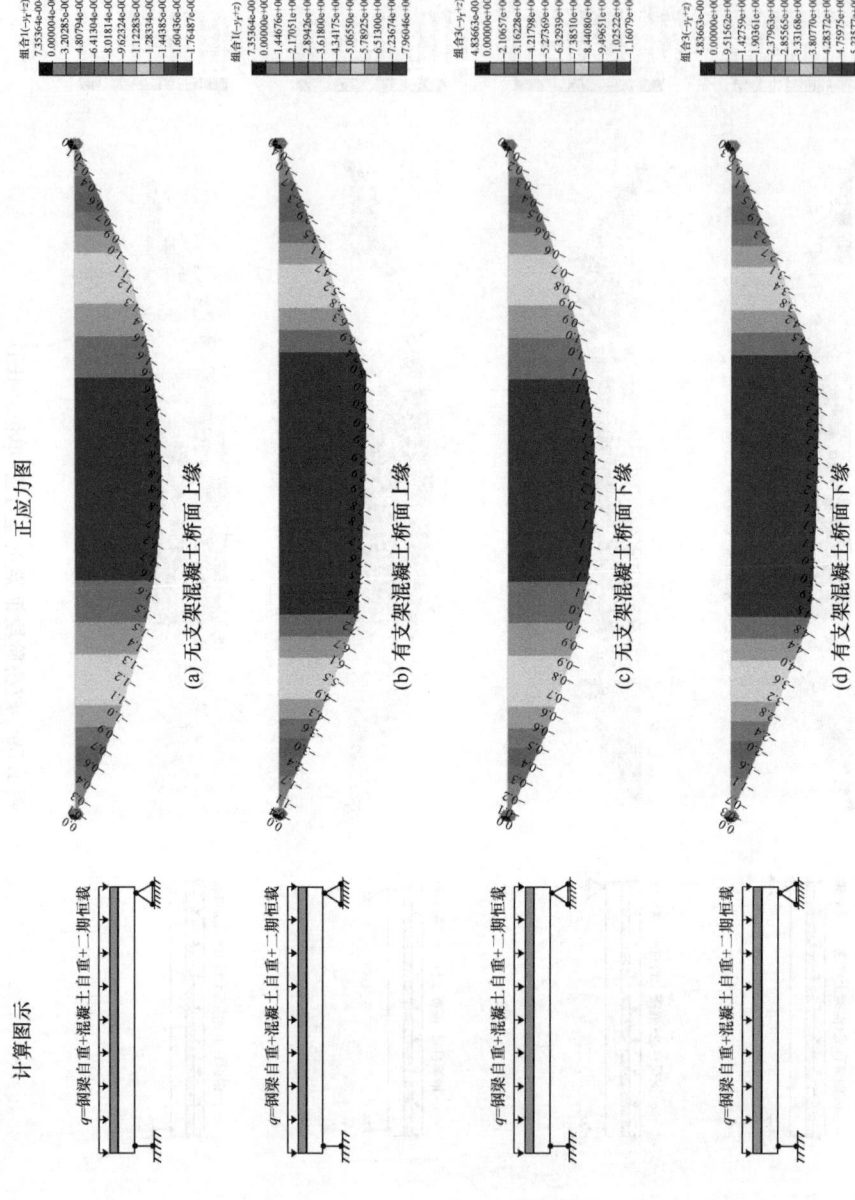

图1.60 成桥阶段混凝土桥面板截面的正应力图(单位:MPa)

通过上述实例可知,在施工阶段,虽然无支架、有支架施工时的荷载均由裸钢梁承受,但二者的边界条件不同,故钢梁截面的正应力也不同,且后者的应力要远小于前者;在成桥阶段,尽管边界条件及外荷载作用的内力(弯矩、剪力)相同,但有支架施工的钢梁、混凝土桥面板的截面正应力分布要优于无支架施工。

上述仅对有、无支架施工方法的主梁截面在施工、成桥阶段的正应力分布做了比较,很明显,挠度变形也是无支架施工的较大。

总之,钢-混组合梁桥的施工方法比较灵活。但成桥后的状况是与施工方法、工序密切相关的,有、无支架施工方法(临时支架在组合截面形成后、形成前拆除)产生的结果有着显著的差别。因此,施工时不能随意变更桥梁设计的施工方法、工序,否则成桥后的应力、挠度与设计严重不符,影响桥梁的正常使用,甚至会带来安全隐患。

1.21 为什么钢-混组合梁桥节段连接多采用摩擦型高强度螺栓

钢-混组合梁桥的钢梁受到制作、运输、施工吊装能力等施工条件的制约,大多采取纵向分段预制,现场吊装连接的方式进行施工。一般来说,钢梁连接处容易成为结构的薄弱点,其连接可靠与否,直接关系到桥梁的安全和正常使用年限。

钢梁节段间的连接常用的方式有两种:焊接连接和拴接连接。无论哪种连接方式,都应遵循安全可靠、传力途径明确、节约钢材、施工方便、构造简单、造价经济的原则。

焊缝连接是钢结构最主要的连接方法,其优点是任何形状的结构都可采用焊缝连接,具有构造简单、节约钢材、连接处密封性好、结构刚度大的特点,采用自动化作业可以提高焊接质量和工作效率。但其缺点是焊缝附近的区域受焊接时的高温影响,钢材的金属组织和力学性能发生了改变,某些部位的材质变脆,低温冷脆问题突出;焊接接缝结构对裂纹特别敏感,局部裂纹一旦发生,很容易扩展到整体;焊接过程中钢材受冷热不均的影响,使得结构产生焊接残余应力和残余变形,影响结构的稳定承载力、刚度和正常使用性能,其疲劳强度降低,发生脆性破坏的概率增大。

桥梁结构承受的是动荷载,钢梁节段连接往往处于应力交变和应力急剧变化的位置,焊缝连接的不足难以避免,且施工现场焊接条件较专业厂房差,焊缝的质量不易保证,故钢梁节段的连接较多采用高强螺栓连接的方式。

高强螺栓在抗剪连接时分为摩擦型和承压型,从单个螺栓受剪时的工作曲线(图1.61)可以看出:

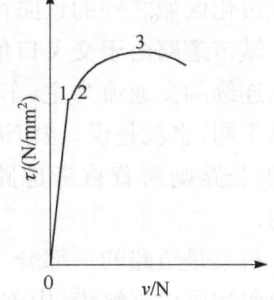

图 1.61 单个螺栓受剪时的工作曲线

(1) 当以曲线上的"1"作为连接承载力极限时,即仅依靠摩擦阻力传力,以剪力不超过接触面摩擦阻力作为计算准则,称之为摩擦型。但实际上此种连接尚有较大的承载潜力。

(2) 当以曲线上的最高点"3"作为连接承载力极限时,即以螺杆被剪断或连接板被挤压破坏作为计算准则,称之为承压型。此种连接充分利用了螺栓的承载能力,可节约螺栓用量。

从上述内容可以看出,摩擦型和承压型高强螺栓的设计准则是不同的,因而其对钻孔孔径的要求也不同:前者要求比螺栓公称直径大 1.5~2.0mm,后者要求比螺栓公称直径大 1.0~1.5mm。

由于摩擦型高强度螺栓连接的剪切变形小,弹性工作性能好,施工简单,耐疲劳,特别适用于承受动力荷载的结构。承压型高强螺栓连接的承载能力虽然高于摩擦型,但其剪切变形大,只适用于承受静力荷载或间接承受动力荷载的结构中。

需要注意的是,螺栓连接的钢梁需计入单个螺栓的受力折减,这是因为钢梁受力较大,都是采用螺栓群连接,加工制作精度上很难满足螺栓群同时受力,如不考虑单个螺栓的受力折减,有可能出现某单个螺栓受力较大剪切破坏,继而引发其他螺栓逐个破坏(解钮破坏)而使连接整体失效。

1.22 为什么说城市桥梁与公路桥梁有很多的不同

桥梁的种类有很多,不同种类的桥梁有不同的特点和功能,按照使用功能分类,桥梁可分为:城市桥梁、公路桥梁、铁路桥梁、水渠桥梁、管线桥梁等。从名称来看,铁路、水渠、管线等桥梁的名称已能明确桥梁的性质和用途,而城市桥梁与公路桥梁则因某些方面的交集,两者具有很多的相同点,但也存在着很多的不同点。

由于道路所在区域土地利用和土地开发强度的差异及管理体制的原因,我国道路的规划、建设、管理甚至设计标准,分为城市道路与公路两大类。尽管在空间上没有非常严格的限界,但通常将集中城市化区域内的道路称为城市道路,而将集中城市化区域之外的道路称为公路。

城市道路由于交叉口信号或标志等原因,车辆行驶以间断的交通流为主,而公路以连续的交通流为主,车辆一般不因外界因素干扰而停车。二者对路网的使用需求不同,也就是说,城市道路主要以满足不同集散需求,实现车辆"通"与"达"为目的;公路则需着重考虑路网对"高速集疏"的需求,以实现车辆"快速通过"为目的。

桥梁是道路的一部分,桥梁是道路为跨越障碍物而设置的带状建筑物。广义的障碍物可以理解为:山谷、河流、道路、管道等,其中河流包括天然河流、人工渠道、沟谷洪水、航道等;道路包括铁路、城市轻轨、公路、城市道路、农村机耕道等;管道包括给排水管道、燃气石油管道、电力通讯管道等。总之,一切与道路交叉且道路建设不得侵占、影响的障碍物均可视为需桥梁跨越,即必须设置桥梁工程。

城市桥梁与公路桥梁的不同,首先表现在桥梁所处的环境不同,其次是服务对象的不同及细节差异。

1) 城市桥梁和公路桥梁所处的环境不同

(1) 城市桥梁和公路桥梁所处的自然和地理环境不同。

除城区道路因跨越过境河流而需设置桥梁之外,城区内的桥梁更多是为适应城市建设需要而设置的立交桥梁,其跨越的主要目标是一些诸如既有与规划街道、铁路、轻轨及人工渠道等人工构筑物。相对而言,城市桥梁的地形、地貌条件较为简单,除城市高架桥之外的其他桥梁,桥梁规模一般较小。

公路桥梁一般处在野外,所处的地理环境或是丘陵、平原,或是山川、河流。不仅地形、地貌多变,地质情况复杂,而且面临着更加严酷的气象、气候条件。从公路的建设情况来看,除部分跨越公路、铁路的立交桥外,由于地形因素而设置的跨越沟谷、河流的桥梁不仅数量众多,且桥梁总长度在山区公路总里程中占据相当大比例,是控制工程规模、总体造价及施工进度的关键所在。

(2) 城市桥梁、公路桥梁所处的社会和人文环境不同。

城市桥梁是交通系统的重要节点,但其功能不仅限于为满足道路跨越障碍物,尤其是城市中心繁华地区的桥梁,其与城市的主要街道、城市广场及重要的公用建筑一起成为塑造都市的主要元素,是城市人文景观的重要组成部分。从设计者的角度来讲,不能把城市桥梁孤立在城市之外,而应该把其作为人类生活环境的一部分来考虑,使其成为彰显城市魅力与文化的窗口。如伦敦塔桥[图 1.62(a)],恰当地融入了当地的城市环境,被公认为是欣赏伦敦市景与泰晤士河风光的最佳地点,其建造的意义已经远远超出了其功能的需要。再如天津海河大沽桥[图 1.62(b)],桥型结构新颖独特,是一座美丽并与当地环境很和谐的桥梁,其建成的意义不仅在于加强了海河两岸的交通联系,更因其出色的造型和景观,体现了城市发展的时代气息,成为了当地的标志性建筑。

(a) 伦敦塔桥　　　　　　　　　　(b) 天津海河大沽桥

图 1.62　名桥风光

与公路桥梁相比,城市桥梁桥型样式明显偏多且异型结构也多,桥梁结构更易破陈出新,并能大胆采用新技术、新材料、新工艺,创造出功能、形式俱佳的建筑作品(图1.63)。

(a) 盖茨亥德千禧桥

(b) 阿拉米罗桥

图1.63 名桥鉴赏

此外,城市桥梁设计在景观塑造上,更加注重结合城市特点和地域文化,与周围环境、建筑环境和人文景观相协调,如"海河十八桥"的建设与改造即是明证。同时一些老桥诸如上海的外白渡桥、石家庄的大石桥等无不记录着城市的历史变迁和时代的演进,折射着不同时代的建筑特征,蕴含着丰富的文化。

因此,从狭义的概念来讲,城市桥梁又称为"城市景观桥",其设计不仅在于硬件方面的打造,更在于塑造景观的同时能够形成新的场所,满足人们对城市软环境的需求,以提升城市品质和文化内涵。

公路桥梁作为基础建设的一部分,量大面广且耗资巨大,应做到最大限度地满足公路建设的需求,因而桥型外观的选择滞后于实用性。公路桥梁一般处在人口密度较小的野外,甚至是崇山峻岭之中,桥型结构对人们日常生活影响远不如城市桥梁,除极个别桥梁对景观有较高需求外,绝大多数桥梁所做的各种桥型方案的比选,主要是经济性的比较,以达到投资效益的最大化,因此公路桥梁的标准化、工业化是重点。

(3) 城市桥梁、公路桥梁的制约因素不同。

城市桥梁不仅考虑地形、地质等自然状况,更多的是要考虑人工构筑物的影响。例如,埋在地下的给排水、燃气、供热、通信、电力线路等,成了城市桥梁选择的控制因素,如何在避让各种管线的同时,又能减少上部结构与墩台的类型,以方便施工和缩短工期是需要权衡的重点。公路桥梁的跨径选择更多的是受地形、地质条件影响,一般无地下管网的制约。

地上情况,城市桥梁既要满足桥梁下穿道路的建筑限界和使用需求,还要考虑对临街建筑物的影响及桥下行人的视觉心理。桥梁起终点位置的选择上,既要根据道路的设计高度对桥梁与引道的设置做经济比选,又要考虑引道的布设可能对两侧临近街区的交通影响,这不仅是给周边行人及非机动车的出行带来不便的问题,而且有可能因街道截断而影响消防、救护、抢险车辆的正常通行。

很显然,野外公路中,桥梁的长度、跨度、高度及上、下部结构的形式等一般不会受到周边人类活动环境条件的制约。

2) 城市桥梁、公路桥梁服务对象不同

(1) 主要功能需求不同,桥梁的横断面设计、设计荷载类型也不同。

城市道路中人行、非机动车、机动车的交通量均较大,尤其是城市主干道,为了避免三者间的相互干扰问题,设计一般采取机、非分离的方式,分块通行,故城市桥梁的典型横断面设计为机、非分离形式,分幅设置桥梁[图 1.64(a)],桥梁各板块按交通流的性质,确定相应的设计荷载。

公路桥梁主要是为了解决机动车辆的通行问题,横断面设计时,一般只考虑机动车辆的交通需求。高等级公路桥梁分幅设置[图 1.64(b)],是为了将上、下行车辆分开。

另外,城市主干道上的桥梁一般利用各板块间的空隙进行绿化,以便与道路分隔带的种植相衔接,而公路分隔带绿化一般在桥梁处不再设置。

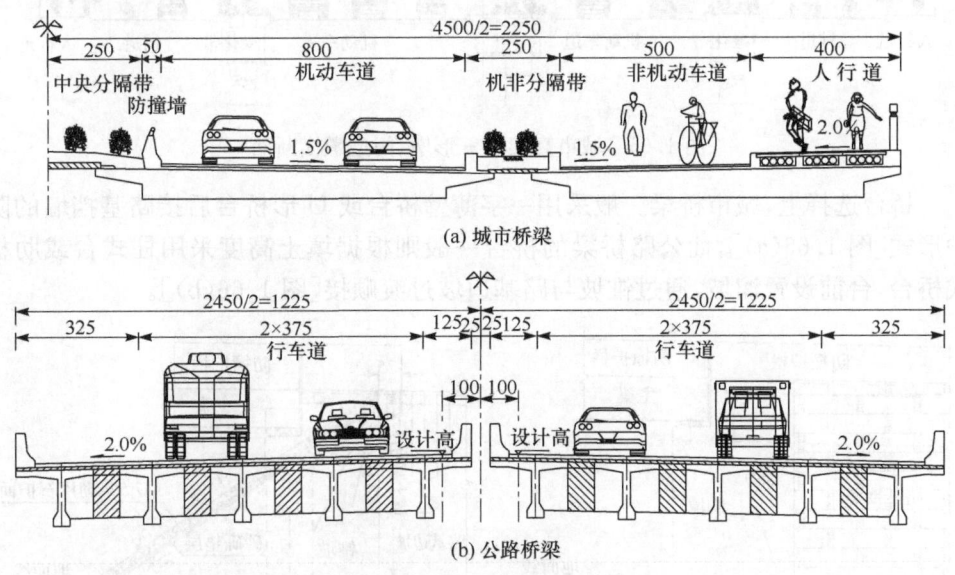

图 1.64 桥梁典型横断面(单位:cm)

(2) 桥梁的细节构造有区别,下面仅对装配式结构的梁桥进行细部的比较。

桥梁结构方面,桥梁上部结构确定为装配式结构之后,城市桥梁多采用简支结构(墩上设置伸缩缝),公路桥梁多采用先简支后连续的结构(伸缩缝设置在桥两端)。很显然,相同长度的桥梁中,城市桥梁的伸缩缝个数多于公路桥梁,从功能上说,这样的选择能够满足城市交通"通达"及公路交通"快速通过"的功能;从施工上说,城市桥梁采用简支结构,减少了现浇结构的施工对城区生活的影响,且施工速度更快。

桥梁材料方面,城市桥梁除采用混凝土的结构外,还有很多的钢结构桥梁,而公路桥梁中,混凝土结构的桥梁占大多数,钢结构的桥梁采用的较少。

桥墩选择上,城市高架桥为适应桥下机动车沿纵向行驶的需要,以及机动车频繁变换车道的要求,桥墩大量采用π形墩、门形墩(图1.65)。柱子的截面既有圆形的也有大量方形的,而公路跨线桥,桥下一般无纵向行驶车辆的需求,桥墩广泛采用柱式框架墩,柱间距按桥宽、交叉角度等确定,且柱子多为圆形的,总之城市桥梁的桥墩无论是布置方式还是样式明显多于公路桥梁。

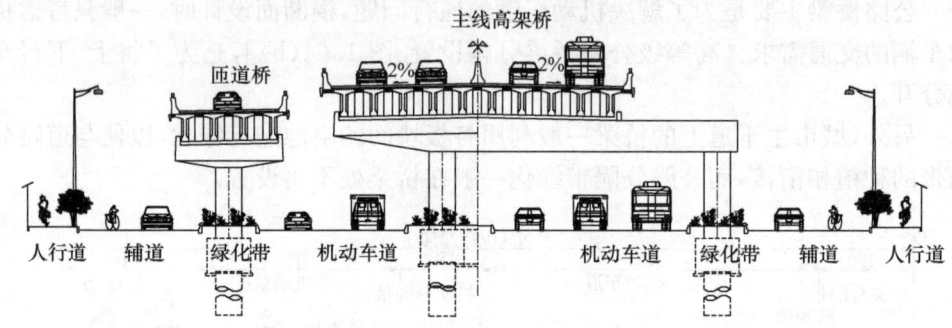

图1.65 城市高架桥π形墩、门型墩横断面

桥台选择上,城市桥梁一般采用一字薄壁桥台或U形桥台后接路基挡墙的防护形式[图1.66(a)],而公路桥梁的桥台一般则根据填土高度采用柱式台或肋板式桥台,台前设置溜坡,通过锥坡与路基边坡过渡顺接[图1.66(b)]。

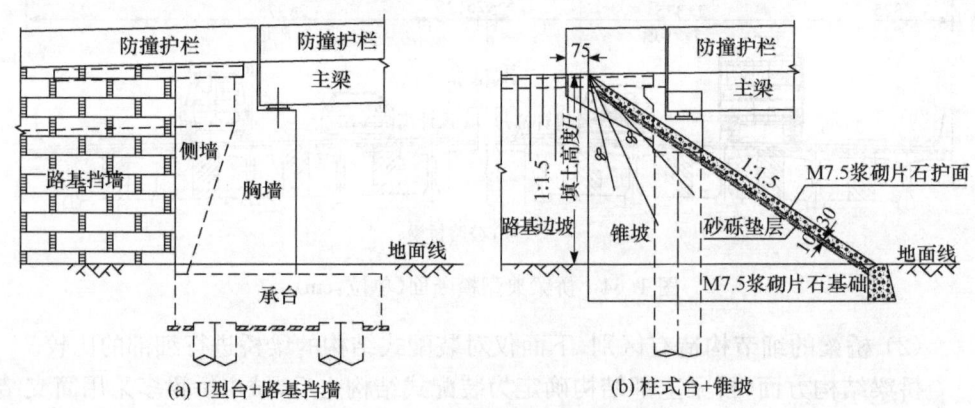

图1.66 桥台形式及防护示意图

桥头引道方面,城市桥梁为考虑路两侧辅道的设置,一般道路采用挡墙进行路基的防护[图1.67(a)],而公路桥梁的引道则多采用边坡进行路基的防护

[图 1.67(b)]。甚至有的城市桥梁没有明显的引道路基(桥台完全埋置在路面以下),而公路桥梁的桥头处一般均有明显的引道路基。

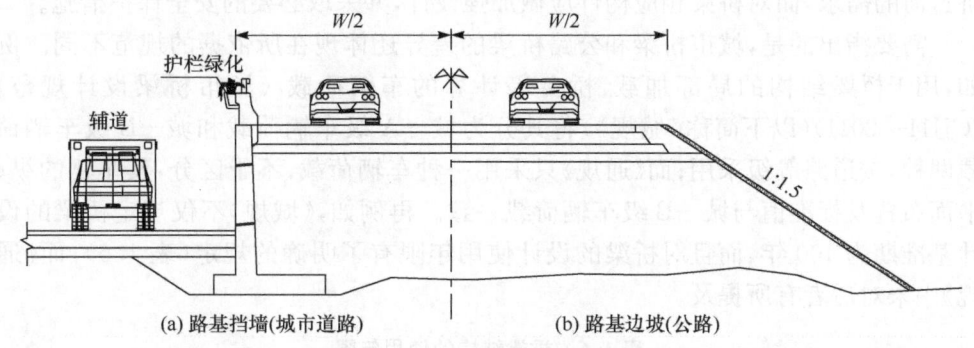

(a) 路基挡墙(城市道路)　　(b) 路基边坡(公路)

图 1.67　桥梁引道横断面示意图

附属设施方面,城市桥梁排水一般均采用集中排水,通过设置收集式雨水系统将雨水排至地下雨水管网,为了视觉的美观,常将雨水管设计在箱内或墩身之内[图 1.68(a)];而公路桥梁除跨线桥外,一般均采用直泄式或倾斜式排水管,直接将雨水排至桥外[图 1.68(b)]。

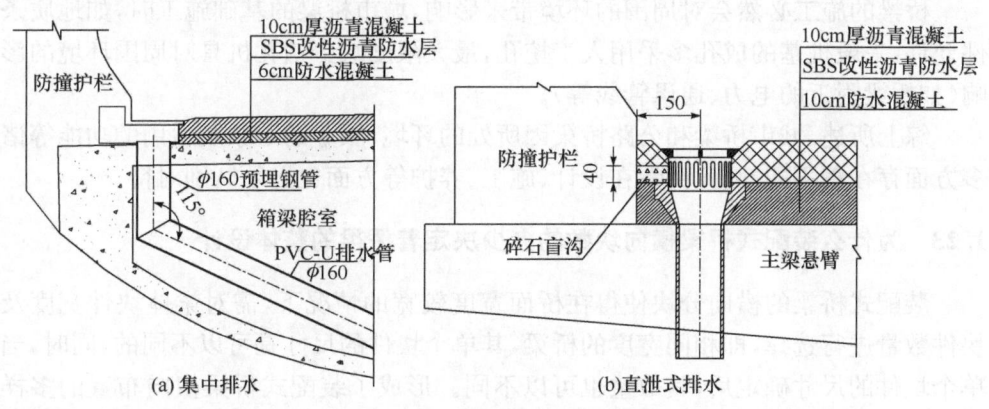

(a) 集中排水　　(b) 直泄式排水

图 1.68　桥梁排水部示意图(单位:mm)

城市桥梁的机动车道侧均设置防撞护栏,而人行道多采用栏杆进行防护;公路桥梁一般均采用防撞护栏。

城市桥梁一般均考虑照明问题,护栏设计时需考虑灯杆的固定措施及电力管线的设计;当城市桥梁两侧为住宅、医院、学校等声源敏感场所时,还应设置防噪声屏障等降噪设施;同时城市桥梁常对护栏进行绿化设计[图 1.67(a)]。以上这些附属设施均对护栏设计提出了更细致周到的需求。而公路桥梁一般只需按常规设计即可,即使是跨线桥,其护栏上的附属设施也远少于城市桥梁。

城市桥梁中的跨河桥梁,尚应考虑供热、给水、燃气管道,通讯、电力管线等借桥过河的需求,而对桥梁相应构件应做加强设计,并采取必要的安全保护措施。

需要指出的是,城市桥梁和公路桥梁的差异还体现在所依据的规范不同。例如,用于桥梁结构的局部加载、桥台等计算的车辆荷载,《城市桥梁设计规范》(CJJ11—2011)(以下简称《城规》)将其分为城—A级车辆荷载和城—B级车辆荷载两种,按道路等级采用;而《通规》只采用一种车辆荷载,不予区分,其车辆的纵、平面布置及标准值与城—B级车辆荷载一致。再例如,《城规》不仅规定桥梁的设计基准期为100年,而且对桥梁的设计使用年限有了明确的规定(表1.6),而《通规》中未对后者有所提及。

表1.6 桥梁结构的使用年限

类别	设计使用年限/a	示例
1	30	小桥
2	50	中桥、重要小桥
3	100	特大桥、大桥、重要中桥

桥梁的施工必然会对周围的环境带来影响,城市桥梁的基础施工时,如地质条件允许,一般桩基的成孔多采用人工挖孔,最大限度减少钻孔机具对周围环境的影响(如桥梁附近的电力、通讯管线等)。

综上所述,城市桥梁和公路桥梁因所处的环境、服务的对象及适用的功能等诸多方面存在着不同,因此两者在设计、施工、养护等方面也必须区别对待。

1.23 为什么装配式桥梁横向块数的多少决定着桥梁的整体设计

装配式桥梁的横向分块使得在桥面宽度较宽的情况下,需对梁体块件宽度及块件数量进行选择,即相同宽度的桥梁,其单个块件的尺寸是可以不同的,同时,当单个块件的尺寸确定后,其数量也可以不同。形成了装配式桥梁横向布置的多样性,造成不同地区、不同设计人员在设计同样宽度桥梁时,设计图纸的不同。

本节讨论的是当单个块件的尺寸确定后,就其数量的不同进行整体分析,单个块件尺寸的分析,见本章的1.8节。

下面以40m装配式预应力混凝土简支T梁桥为例进行分析比较,其桥面宽度为1650cm,梁高250cm(图1.69)。

标准图的主梁间距为6×235cm[图1.69(b)];当增加一片主梁后,其主梁间距7×201.43cm[图1.69(c)];减少一片主梁后,其主梁间距为5×282cm[图1.69(a)]。

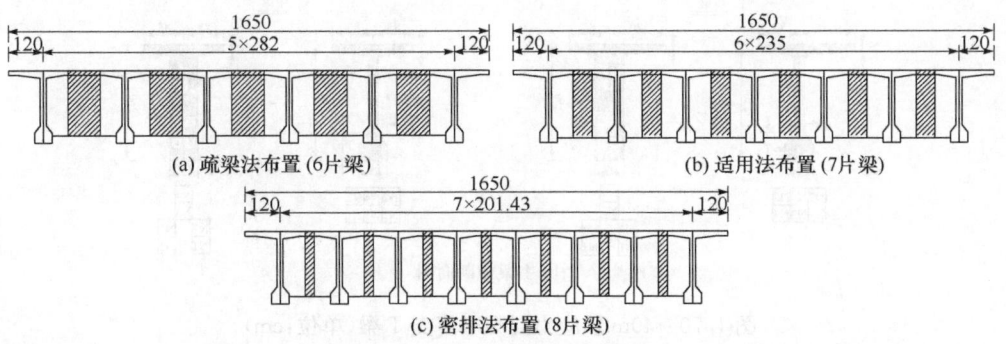

图 1.69 梁间距横断面示意图

就上述的三种布梁情况,主要从以下几个方面进行比较:横向分布系数、主梁钢束用量、主梁挠度与预拱度、横向桥面系钢筋用量及桥面材料综合用量。

(1) 横向分布系数的比较。

上述三种布梁,支点位置横向分布系数均采用杠杆法,跨中位置均采用刚性横梁法计算。计算结果见表 1.7。

表 1.7 横向分布系数比较表

位置 梁片数	支点处横向分布系数		跨中处横向分布系数	
	边梁	中梁	边梁	中梁
6 片梁	0.715	0.950	1.056	0.900
7 片梁	0.660	0.839	0.920	0.803
8 片梁	0.603	0.728	0.814	0.725

由表 1.7 可知,主梁横断面采用"疏梁法"(6 片梁)时,无论是支点还是跨中位置,边梁和中梁的横向分布系数均比标准梁间距(7 片梁)的要大,采用"密梁法"时则相反。因此,对于重载交通的桥梁,宜采用"密梁法"的横断面设计,以获得良好的荷载横向分布效果。

(2) 主梁钢束用量的比较。

图 1.70 是 40m 预应力混凝土简支 T 梁的钢束示意图及边、中梁的横断面图。

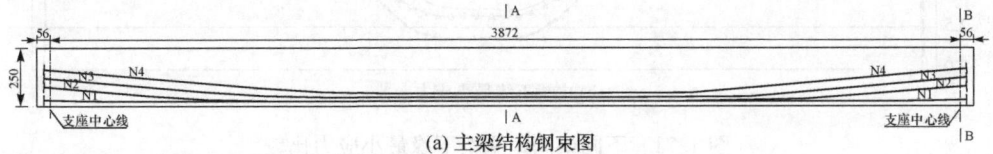

(a) 主梁结构钢束图

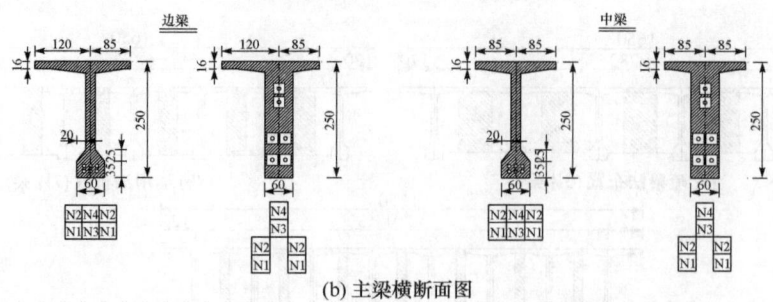

(b) 主梁横断面图

图 1.70　40m 预应力混凝土简支 T 梁(单位:cm)

　　计算分析采用单片梁配合上述的活载横向分布系数进行,并采用梁格法进行验算校核。分析比较时,以三种梁间距的主梁应力均能满足规范要求为前提,对其各自的钢束用量进行比较(图 1.71)。

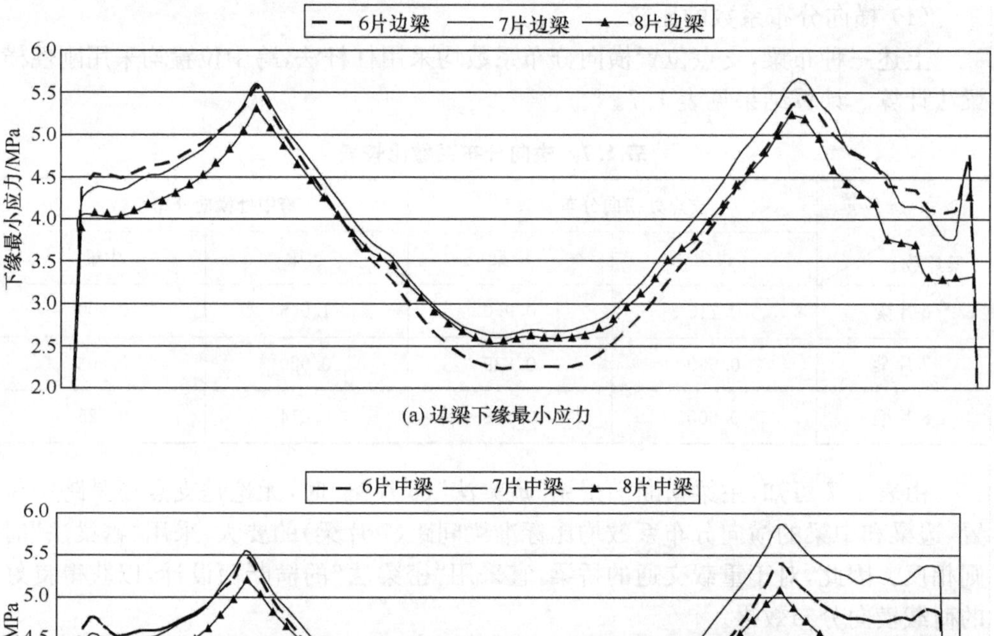

(a) 边梁下缘最小应力

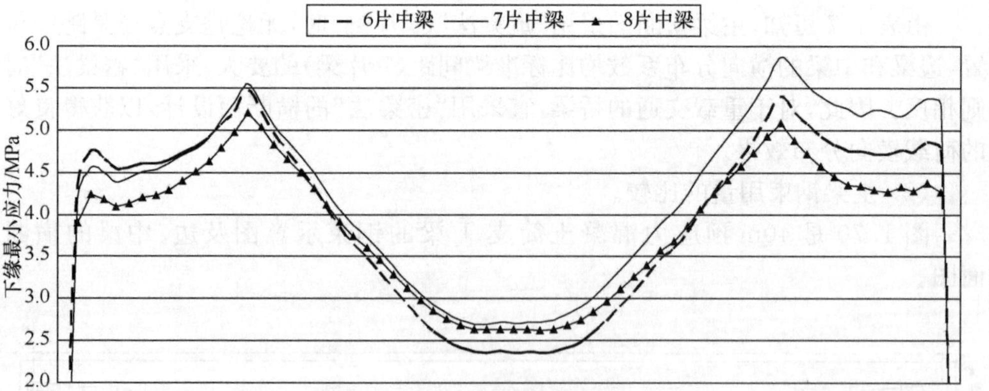

(b) 中梁下缘最小应力

图 1.71　不同梁间距主梁下缘最小应力比较

从上述主梁的下缘最小应力图可以看出,三种梁间距的布梁方式均能满足要求,但采用6片梁的布置方式,跨中应力储备最小(边梁2.26MPa,中梁2.35MPa),而8片梁的布置方式与标准图中的7片梁的结果较为接近。表1.8是三种布梁方式时各自钢束用量比较表。

表1.8 单片主梁钢束用量的比较

梁片数	位置	边梁 规格	边梁 根数	中梁 规格	中梁 根数
6片梁	N1	$\phi^s 15.2-9$	18	$\phi^s 15.2-9$	18
	N2		18		18
	N3		9		9
	N4		9		9
7片梁	N1	$\phi^s 15.2-9$	18	$\phi^s 15.2-9$	18
	N2		16		16
	N3	$\phi^s 15.2-8$	8	$\phi^s 15.2-8$	8
	N4		8		8
8片梁	N1	$\phi^s 15.2-8$	16	$\phi^s 15.2-8$	16
	N2		16		16
	N3	$\phi^s 15.2-7$	7	$\phi^s 15.2-7$	7
	N4		7		7

(3) 主梁挠度与预拱度的比较。

根据《桥规》第6.5.3条规定,受弯构件在使用阶段的挠度按短期荷载效应组合计算,并考虑荷载长期效应的影响。主梁采用C50混凝土,对应的挠度长期增长系数 $\eta_\theta = 1.425$,在消除结构自重产生的长期挠度后,主梁的最大挠度不应超过计算跨径的 $L/600$,不同梁片数的主梁挠度及预拱度设置情况见表1.9。

表1.9 主梁挠度及预拱度设置表

跨中挠度 \ 主梁片数	6	7	8
消除结构自重短期挠度 f/mm	−8.4	−7.0	−6.3
长期挠度 $f \times \eta_\theta$/mm	−12.0	−10.0	−9.0
规范允许值 $\dfrac{L}{600}$/mm	−64.5	−64.5	−64.5
短期荷载效应的长期挠度/mm	−102	−96.1	−87.2
预加应力产生的长期反拱值/mm	126	118	110
是否需要设置预拱度	否	否	否

由表 1.9 可知,主梁的挠度均满足规范要求,但 6 片梁的挠度较 8 片梁时大 3mm,增大约 33%。根据《桥规》第 6.5.5 条规定,三种梁间距主梁的预加应力的长期反拱值大于按荷载短期效应组合计算的长期挠度,可不设预拱度。

(4) 桥面系钢筋用量的比较。

桥面板计算时,横向宽度按 1m 考虑,然后根据其各自对应的板跨中弯矩来求得桥面系每米钢筋的用量。

三种梁间距的桥面系单位板宽的钢筋用量结果见表 1.10。

表 1.10 桥面系钢筋用量的比较

参数 主梁片数	梁间距/cm	板跨中弯矩/(kN·m)	钢筋型号	钢筋用量/(根/m)
6	282	43.9	Φ12	14
7	235	36.5	Φ12	11
8	201.43	34.1	Φ12	10

由表 1.10 可知,6 片梁时的钢筋根数较 8 片梁时多 4 根,增加 40%。

(5) 桥面材料综合用量的比较。

三种梁间距情况下的一孔桥梁上部结构的主要材料用量见表 1.11。

表 1.11 一孔桥梁上部结构主要材料用量比较表

参数 主梁片数	混凝土/m³	钢束/kg	钢筋用量/kg	支座/个	锚具/套		
					9—15.2	8—15.2	7—15.2
6	364.5	14454.8	72661.4	12	72		
7	399.6	15613.9	69561.8	14	28	56	
8	434.6	16416.8	68798.5	16		64	32

由表 1.10 和表 1.11 可知,除桥面系钢筋的用量外,其余材料的用量,6 片梁的方案均为最小。因此,当遇到车辆组成以客车为主,重载交通偏小的桥梁,为提高经济效益,可以采用疏梁法,反之,重载交通较多时,应采用密梁法。在一般设计中,应尽量采用标准图,切忌在没有详细计算的情况下随意更改梁片数或梁间距。

1.24 为什么要对城市高架桥下的安全考虑得更多

随着城市立体化的发展,城市中的高架桥、立交桥日益增多,其桥下空间已逐渐成为城市功能的一部分,例如,北京市二、三、四环路立交桥下的可利用面积达 39 万 m²,接近一座天安门广场;南京现有的 300 多座市政桥梁,桥下可开发空间的面积达 10 万 m² 以上;宁波市绕城公路东段项目,经初步调查桥下的可利用面积约 2200 亩,如充分利用,可为社会节约用地 2200 亩,若按当时的征地价格 15 万/亩,合 3.3 亿元人民币。

从上述资料显示的数据来看,城市桥梁下的空间确实蕴藏着巨大的开发与使用价值。但城市桥梁中,人的活动影响及干扰程度远大于公路桥梁,因此在利用桥下空间的同时,也应注意人的活动对桥梁安全的影响。许多城市高架桥下的空间利用存在着比较混乱的现象:桥下空间被一些没有规划的商业经营性质场所占据,如商店、水果摊等。这些无序的使用情况,不仅造成了桥下市场泛滥而扰乱了正常的交通秩序,而且易将该部分区域逐渐演变成消防、卫生的死角。近年来,这方面的惨痛教训屡有发生:2008 年 6 月 2 日凌晨三时,南京长江大桥的南引桥第一桥孔下方的小商品摊位发生火灾,导致引桥受损严重,限行两个月(图 1.72)。

(a) 桥下火灾后的状况

(b) 火后桥面开裂

图 1.72 南京长江大桥南引桥桥下火灾

2005 年 7 月 21 日凌晨 4 点 30 分左右,北京四惠桥西侧桥下仓库及平房突起大火[图 1.73(a)],二十多米高的浓烟笼罩着四惠桥,造成桥下居住的 60 位工人两人重度烧伤,桥梁结构受到严重损毁[图 1.73(b)]。

(a) 火灾现场

(b) 桥下火灾后的状况

图 1.73 北京四惠桥西侧桥桥下火灾

此外,城市桥梁建成使用后,需对桥梁结构进行周期性的养护、检测及维修工作,因此桥下空间的使用必须不能妨碍上述工作。

高架桥下的空间作为一种公共空间,与一般的城市空间有着较大的区别,这主要源自于其三个重要特性:派生性、边角性、劣势性,在桥下空间规划利用时要充分注意生态性、整体性、人性化、景观融合四个原则,对于具体的应用,提出以下策略:

(1) 对于既有高架桥的桥下空间利用,首先需由市政工程行政主管部门作出专项规划,并委托具有相关资质的单位进行统一规划;而对于新建的项目,在规划及设计阶段即应考虑桥下空间的利用问题。确定规划后,应在设计阶段增加必要的防护、安全设计。

(2) 对于经批准设置的各类临时设施,要与桥台、桥墩和桥底面保持足够的安全距离,不得妨碍桥梁的维修养护和安全检测工作。

(3) 高架桥下的空间利用要结合与道路的位置关系考虑。道路中央式高架桥[图1.74(a)],一般为延伸性的高架桥,由于两侧机动车道的存在,吸引人进入高架桥下的可能性较小,且人流的横向穿越也会影响辅道的交通安全,桥下隔离带的空间宜按绿化类考虑。道路单侧式高架桥[图1.74(b)],主要存在于高架桥交汇处,由于非机动车道内的交通压力小,人流容易进入,此类桥下空间除净空受限的区域采取绿化外,宜结合周边居住区的人口密度,适当建设休闲设施及艺术小品等,以加强软质环境和景观效果。

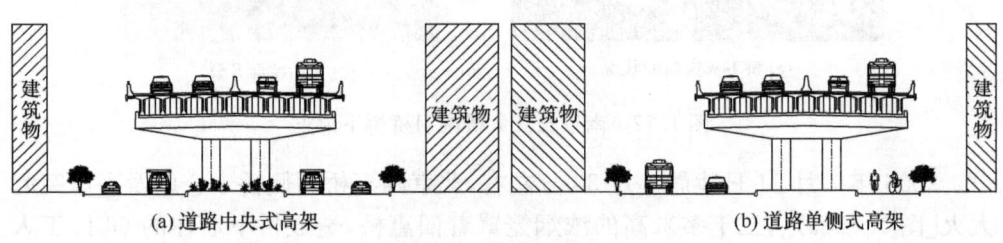

(a) 道路中央式高架　　　　　　　(b) 道路单侧式高架

图1.74　高架与桥下道路位置关系

(4) 高架桥下的利用应考虑突发因素有可能对桥梁结构造成的损伤。例如,火灾、车辆撞击。《城市桥梁设计规范》(CJJ11—2011)第8.2.5条对桥下消防作了明确规定。

当立交、高架道路桥下设置停车场时,不得妨碍桥梁结构的安全,应设置相应的防火设施,并应满足有关消防的安全规定。

桥下车辆对桥梁结构撞击的防护问题,包括桥墩防撞和主梁防撞。桥墩防撞的一般做法是将其设置在绿化分隔带内或在其周围设置一定宽度的路缘,必要时还可在桥墩四周设置防撞体。主梁的防撞设计,一般是在跨越机动车道的桥孔两侧设置限高标志及限高架,而往往忽略了非机动车道桥孔,尤其是城市中的地道桥,非机动车道桥孔的净空本身较低,导致特殊情况下一些机动车辆通过时对主梁产生撞击而损坏(图1.75)。

图 1.75　非机动车桥孔主梁底被撞损坏

城市高架桥下的空间利用涉及城市路政、交通管理、规划管理、工商及社区等多个部门的利益,而这些部门间的利益取向又存在一定的差异,因此创新管理机制,打破部门间条状分隔的僵局是确保桥下空间利用,管理走向有序化、合理化的关键。

1.25　为什么说装配式连续-刚构体系桥梁,区域温差的影响不大

我国地貌类型较为多样,地势西高东低,大致呈阶梯状分布,山区面积占全国总面积的 69.24%。山区高速公路的桥梁线位一般受控于路线布设,沿溪流、陡边坡行进或桥隧相连的情况时常出现。因此,曲线、大纵坡、高墩、长桥成为山区高速公路桥梁的一大特点。

桥梁选用时,一般首选先简支后连续的结构体系,而随着墩身高度的增加,也可取消中墩上的支座而形成连续-刚构体系(图 1.8)。

连续-刚构桥在体系上亦属于连续梁桥,具有连续梁及刚构桥的优点,如结构变形小、结构刚度好、行车平顺、抗震能力强、伸缩缝及支座少,后期的维护工作简单。该体系适应于较高的桥墩,可利用高墩的柔度来适应结构预应力混凝土的收缩、徐变和温度变化所引起的位移。此外,其抗震性能优良,水平地震可摊到各个刚接墩上来承担,以提高结构整体的稳定性。

基于上述设计理念,连续-刚构体系的装配式桥梁,在山区桥梁的选择中无疑是一种较优的结构体系。

但在实际工程中,有的地区提出了当地温差较大,对墩梁刚接点处的受力不利,认为本地区不宜采用连续-刚构体系。

从地理位置来看,我国地域辽阔,地形复杂,加上其他原因,使得各地区气温的差异十分明显,我们选用严寒地区的哈尔滨市与温热地区的海口市作为对比计算分析的两个极端地区。两地区的气候条件分别如下。

哈尔滨是我国纬度最高、气温最低的大都市。四季分明,冬季漫长寒冷,而夏季则显得短暂凉爽。年平均温度3.6℃。最冷的1月份,平均气温为-30~-15℃,最低气温曾达-52.3℃;最热的7月份,平均气温为18.1~22.8℃,最高气温达38℃。

海口地处低纬度热带北缘,属于热带海洋性季风气候,年平均气温23.8℃,最高平均气温28.6℃,最低平均气温17.7℃。极端气温最高38.7℃,最低4.9℃。

据上述两地区的气候条件,计算分析时,温差选取分别为:哈尔滨:-30~38℃;海口:18~28℃。

下面以工程中常见的结构对照计算分析,论证其可行性。

桥梁基本情况:5×30m T梁,桥梁宽度12.0m,梁高2.0m,单排桩柱式桥墩,柱径1.8m,其主筋配筋率按0.92%考虑(图1.76),横向分布系数按刚性横梁法计算。

对于连续-刚构体系的桥梁来说,墩身的刚度是一重要的参数,为便于比较,计算分析时,对墩高分别按20m、30m及40m考虑。

全桥共分315个节点,310个单元,采用杆系计算程序分析。

施工步骤如下:

(1) 下部及基础工程施工,临时支承(台座模拟)及桥台支座安装。

(2) 台座上预制T梁混凝土,张拉主梁预应力钢束,结构为简支体系。

(3) 存梁期60天。

(4) 进行架梁及梁墩之间的连续施工(墩梁固接),永久支座为钢板支座焊接而成。

(5) 钢束张拉负弯矩钢束,形成多跨墩梁固结的连续-刚构体系。

(6) T梁二次截面(即桥面现浇层浇注施工)形成,桥梁建成。

(7) 运营期间,收缩徐变按365天考虑,基础变位按5mm考虑。

成桥时的温度按20℃考虑,因此,哈尔滨地区的升降温差为:升温38-20=18℃,降温-30-20=-50℃;海口地区的升降温差为:升温28-20=8℃,降温18-20=-2℃。

计算结果的分析从以下两方面考虑:

(1) 选取使用阶段升、降温温差效应单项作用下,两地区主梁正应力及桥墩的名义应力进行比较(图1.77~图1.79)。

(2) 选取作用短期效应组合(结构重力、预加力、混凝土收缩徐变、基础变位、温度梯度)时,两地区主梁的正应力及桥墩的裂缝宽度进行比较(图1.80~图1.82)。

图1.76~图1.82中数值顺序如下:主梁上缘数值自上而下为20m、30m、40m墩高所对应的数值,下缘数值相反;桥墩墩顶数值自上而下为20m、30m、40m墩高所对应的数值,墩底数值相反。

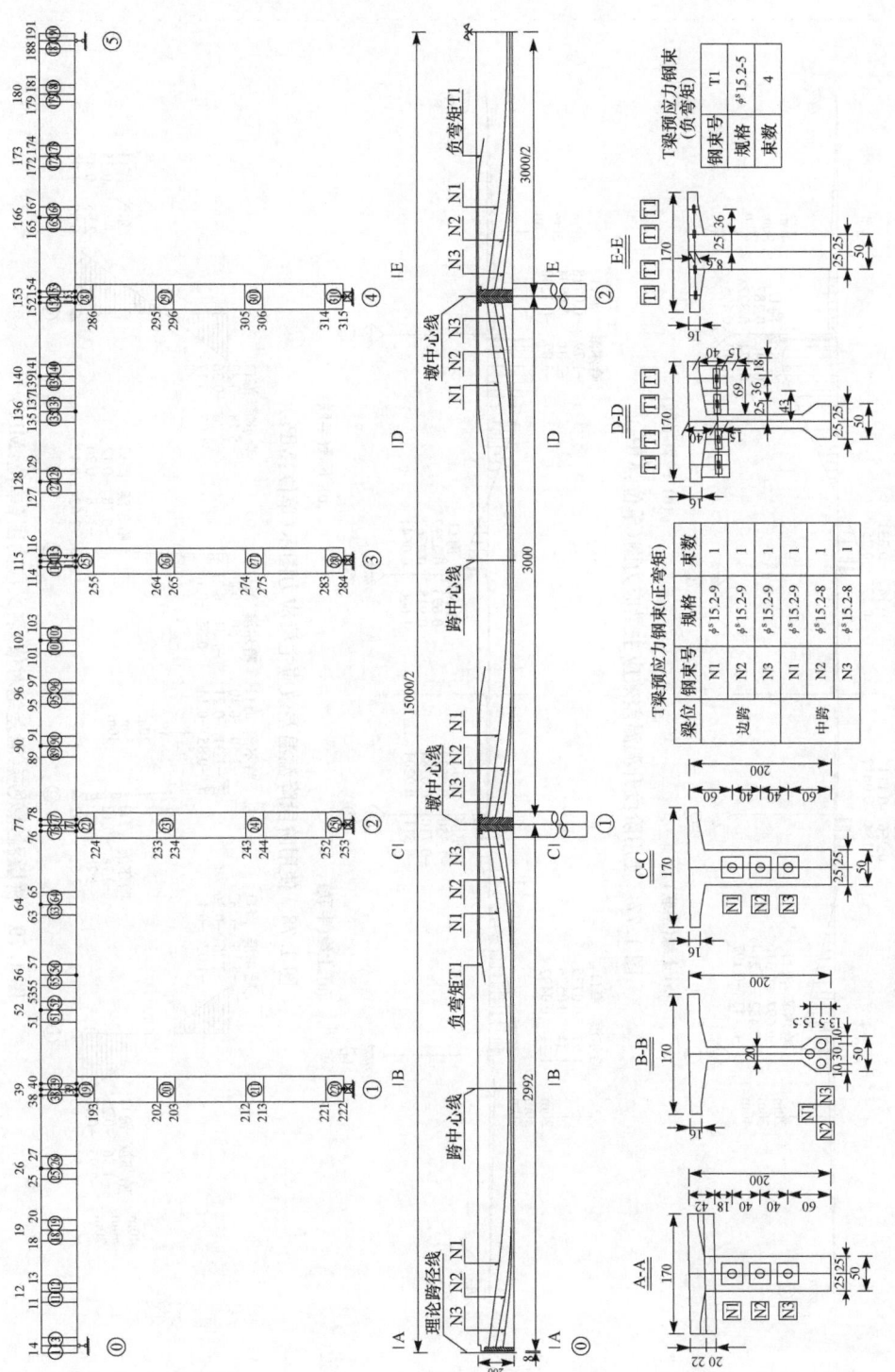

图1.76 5×80m预应力混凝土T梁计算图示(单位:cm)

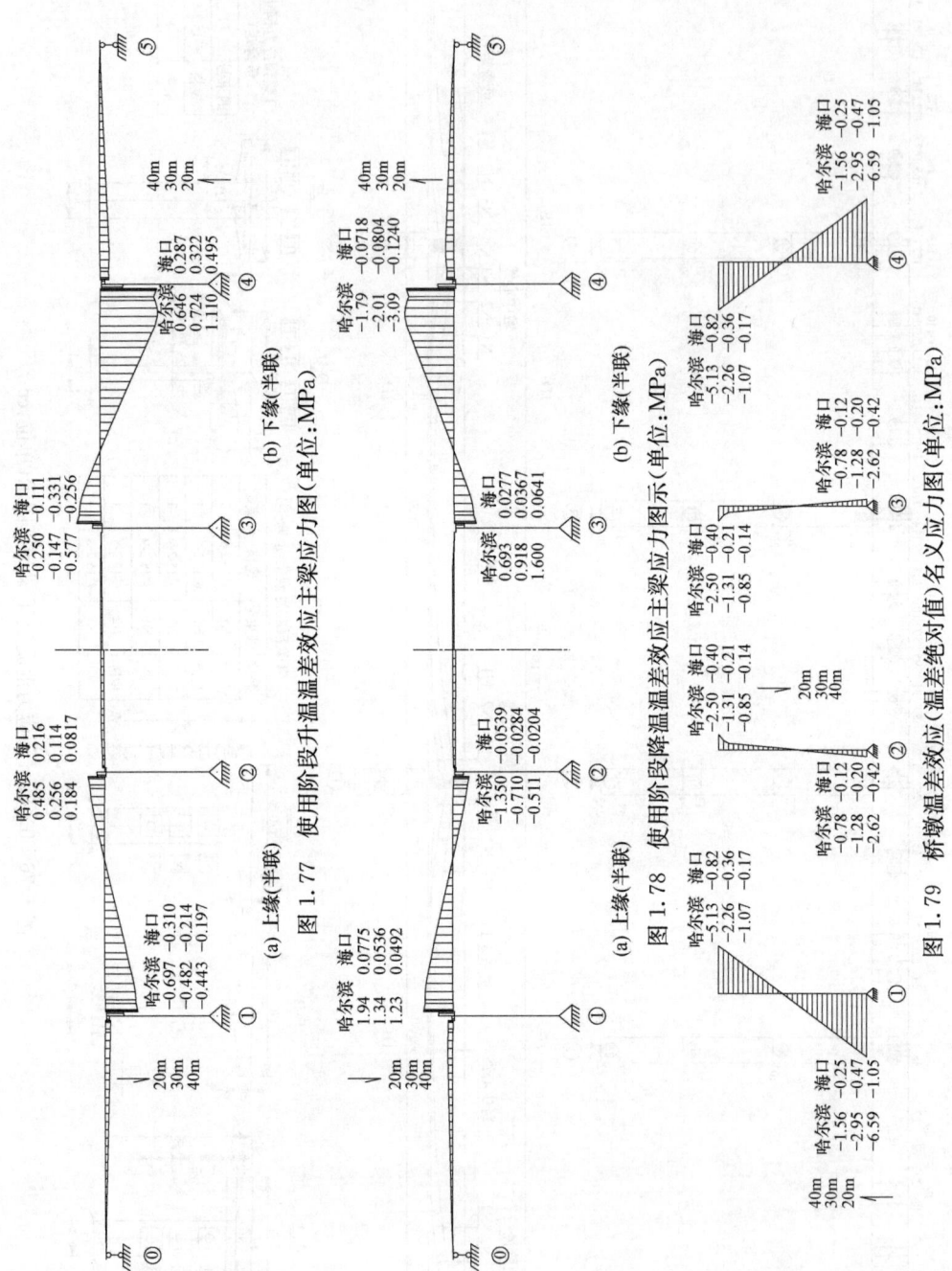

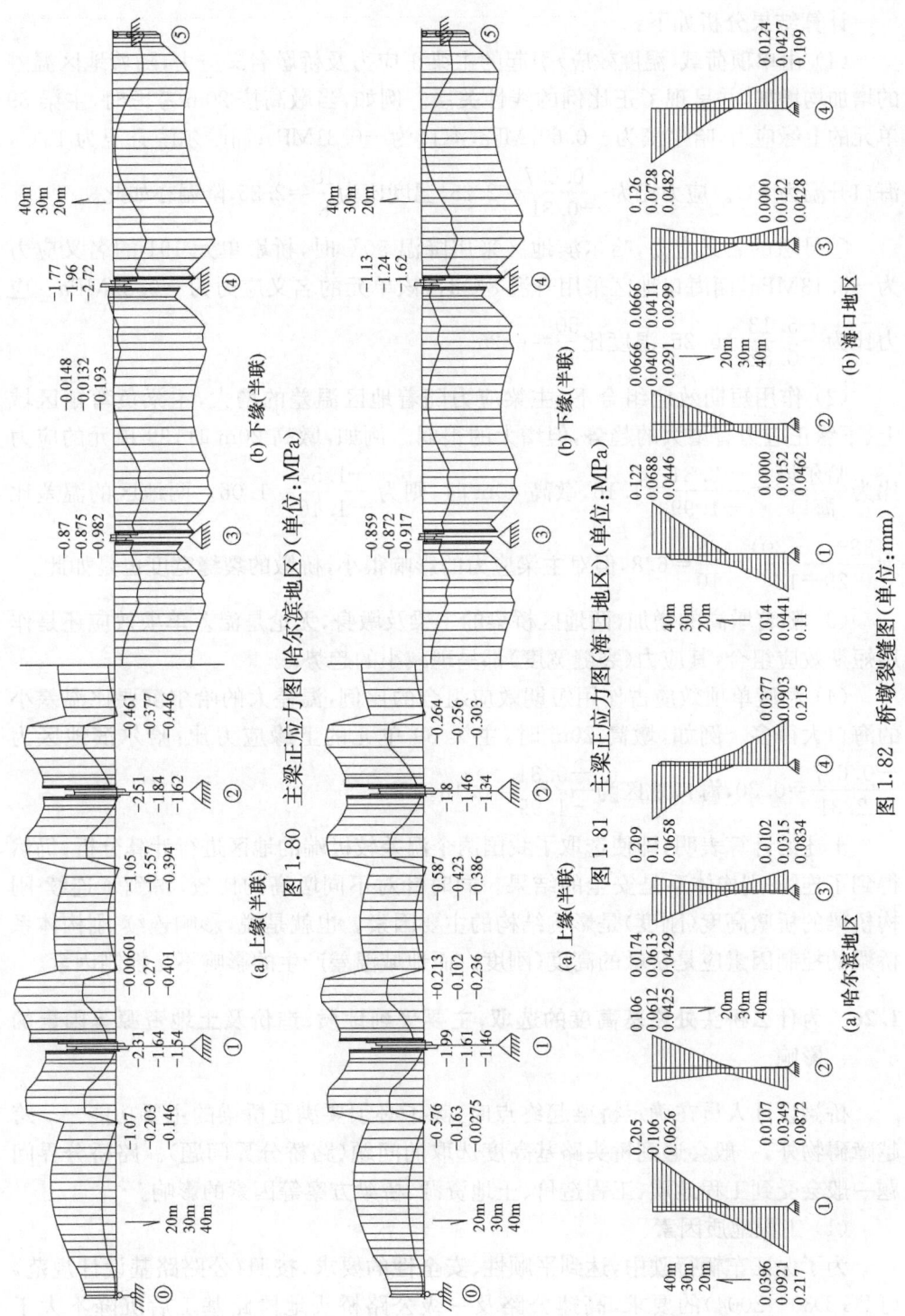

图 1.80 主梁正应力图(哈尔滨地区)(单位:MPa)

图 1.81 主梁正应力图(海口地区)(单位:MPa)

图 1.82 桥墩裂缝图(单位:mm)

计算结果分析如下:

(1) 由单项荷载(温度效应)引起的主梁正应力及桥墩名义应力,随着地区温差的增加均增加,并呈现了正比例的线性关系。例如,当墩高按 20m 考虑时,主梁 39 单元的上缘应力,哈尔滨为 -0.697 MPa,海口为 -0.31 MPa;而哈尔滨升温为 18℃,海口升温为 8℃。应力比为 $\frac{-0.697}{-0.31}=2.25$,温度比为 $\frac{18}{8}=2.25$,降温亦如此。

①号墩的名义应力,哈尔滨地区采用降温 50℃时,桥墩单元 191 的名义应力为 -5.13 MPa,而海口地区采用升温 8℃时,该单元的名义应力为 -0.82 MPa。应力比为 $\frac{-5.13}{-0.82}=6.25$,温度比 $\frac{50}{8}=6.25$。

(2) 作用短期效应组合下,主梁应力随着地区温差的增大,主梁负弯矩区域上、下缘正应力有增大的趋势,但增大的很弱。例如,墩高 20m 时,39 单元的应力比为 $\frac{哈尔滨}{海口}=\frac{-2.31}{-1.99}=1.16$,墩高 40m 时,则为 $\frac{-1.54}{-1.46}=1.05$。两地区的温差比为 $\frac{38-(-30)}{28-18}=\frac{68}{10}=6.8$,但对主梁应力的影响很小,桥墩的裂缝宽度也是如此。

(3) 随着墩高的增加,两地区桥梁的主梁及墩身,无论是温差单项效应还是作用短期效应组合,其应力(裂缝宽度)都呈现减小的趋势。

(4) 温度单项效应占作用短期效应组合的比例,温差大的哈尔滨要比温差小的海口大得多。例如,墩高 20m 时,主梁 39 单元的上缘应力比:哈尔滨地区为 $\frac{-0.697}{-2.31}=0.30$,海口地区为 $\frac{-0.31}{-1.99}=0.16$。

上述的计算表明,即使选取了我国两个温差较极端的地区进行计算分析,仍然得到了连续-刚构体系是安全的结果。同时针对不同墩高的比较,得到了连续-刚构桥梁的桥墩高度(刚度)是影响结构的主要因素。也就是说,影响连续-刚构体系桥梁的控制因素应是桥墩的高度(刚度),而地域温差产生的影响不是控制因素。

1.26 为什么桥头处路基高度的选取,主要受到地质、造价及土地资源等因素的影响

桥梁设计人员在确定桥梁起终点时,除了必须要满足桥梁的主要功能——跨越障碍物外,一般会遇到桥头路基高度选取的问题(路桥分界问题)。路桥分界问题一般会受到工程地质、工程造价、土地资源、桥梁方案等因素的影响。

(1) 工程地质因素。

为了保证车辆行驶中,达到平顺性、安全性的要求,按照《公路路基设计规范》(JTG D30—2004)的要求,高速公路及一级公路桥头地段路基工后沉降不大于

10cm。为了保证桥头路基的沉降量满足规范要求,必须对沉降量予以验算,以防止桥头跳车。路基工后沉降主要分两部分:一是路基填方本体的沉降,二是地基沉降。

当路基填方本体压实度达到规定要求时,工程时间和理论分析表明,工后沉降仅为路堤高度的 0.1‰~0.3‰,且工后沉降大部分在一年之内完成。因此,路基沉降的问题主要受地基变形的影响。

影响地基沉降的主要因素:一是填土荷载的大小;二是地基岩土性质。填土荷载大,作用在地基上的附加应力大,地基变形也大;地基岩土承载力大,则在相同填土荷载作用下的变形相对较小。对地基岩土较差地段,如软土地基,应控制填土高度。在不良地质条件下修建路堤,不利于沉降及稳定的控制。

当软土地基工程性质不能满足沉降、稳定要求时,需要进行特殊路基处理。路基处理以工后沉降及稳定作为控制目标,首先考虑浅层处理,然后选择深层处理,强调综合处理。随着路基填土高度的增加,地基处理技术难度不断加大,地基处理费用不断增加,地基处理效果不断减弱。

对某软土地基路段不同填土高度下路基沉降及稳定进行了计算分析,计算分析表明,4.0~5.0m 填土高度的路基经过地基处理基本满足桥头处对路基工后沉降和稳定性的要求,路基填土高度超过 4.5m 时,特殊路基处理的工艺及费用明显增加。此外考虑工期要求,尽量不进行预压处理,最终确定填土高度不宜大于 4.5m。因此,桥头地基岩土较差时,应尽量控制其填土高度。

(2) 路基、桥梁方案工程造价因素。

路基工程造价包括土地占用、地基处理、路堤填筑、路面及路堤边坡防护工程五部分。地基处理工程主要与软弱地基深度和路堤高度有关,土地占用、路堤填筑及边坡防护工程主要与路堤高度有关。

以长度 100m,路基宽度 26m 的高速公路为例,路基填土高度分别按 3m、4m、6m、8m、10m、12m,同时路基软基处理分别按 3m、6m、8m、10m、12m、14m,分析如下:

假设工后沉降满足规范要求时,采用路基和桥梁方案分别进行经济分析比较。当软基深度不大于 3m 时,采用换填碎石土处理;当软基深度大于 3m 时,需进行粉喷桩复合地基处理。桩距 1m,当软基深度不小于 14m 时,需进行高压旋喷桩处理。

表 1.12 反映的是上述方案的经济技术指标的比较。

表 1.12　每百米软土路段路桥方案经济技术指标比较表

路基填土高度/m	3	4	6	8	10	12
土石方/万元	27.5	38.4	63.0	91.2	127.5	162.7
拱形骨架防护/万元			27.9	37.2	49.0	58.8

续表

路面/万元			72	72	72	72	72	72
路基处理费用/万元	处理深度/m	3	57.8	62.7	72.6	82.5	100.7	112.2
		6	83.7	90.0	102.6	115.2	129.9	144.6
		8	111.6	120.0	136.8	153.6	173.2	192.7
		10	139.5	150.0	171.0	191.9	216.5	240.9
		12	167.4	180.0	205.2	230.3	259.7	289.1
		14	1269.2	1364.7	1555.8	1746.7	1969.7	2192.5
路基方案造价/万元	处理深度/m	3	157.2	173.1	235.5	282.9	349.2	405.7
		6	183.1	200.4	265.4	315.5	378.4	438.1
		8	211.0	230.4	299.6	353.9	421.7	486.3
		10	238.9	260.4	333.8	392.3	465.0	534.5
		12	266.8	290.4	368.0	430.7	508.3	582.7
		14	1368.6	1475.1	1718.7	1947.0	2218.2	2486.0

从表1.12可以看出,当路基软基处理深度达到14m时,处理费用明显有很大的增加(本例中,软基处理采用了高压旋喷桩),工程造价大大提高,此时不应在该路段上设置路基,宜按桥梁方案跨越。当然,一般情况下,路基方案与桥梁方案比较,造价明显经济(桥梁上部按等跨30m装配式预应力混凝土箱梁,下部为桩柱式墩台,桩基础,桥梁造价按0.45万元/m^2考虑,总造价为1170万元)。

(3) 土地资源因素。

土地为不可再生资源,节约用地有着重大意义,应尽量降低路堤设计高度。路桥方案确定中应综合考虑土地资源因素,尽量少占耕地,节约用地(表1.13)。

表 1.13 路基方案与桥梁方案占地比较表

填土高度/m	3	4	6	8	10	12
路基方案占地/亩	6.7	7.1	8.0	8.9	10.0	11.0
桥梁方案占地/亩	3.9	3.9	3.9	3.9	3.9	3.9

从表1.13中可以看出,路基方案占地面积随着填土高度的增大而增加:当路基填土高度超过8.0m后,由于路基采用折线边坡,路基占地显著增加。

随着我国基础建设设施的大量发展,土地资源呈现迅猛增值的形势,土地费用对公路工程造价的影响越来越显著。经济发达地区土地资源珍贵,应尽量降低桥头高度或采用挡土墙防护少占土地,僻远山区桥头高度可适当提高,以减少桥梁的规模。

(4) 桥梁方案的影响。

为便于施工,一般桥台盖梁底宜露出地面,随着桥梁跨径和上部结构的不同,对桥头处最低路基高度要求也不同(图1.83和表1.14)。

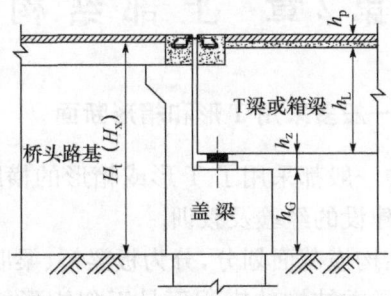

图1.83 桥头处构造示意及最小填土高度

表1.14 装配式T梁(箱梁)桥头路基高度参考表

跨径/m	T梁高 h_L/m	箱梁高 h_L/m	盖梁高 h_G/m	支撑高 h_z/m	铺装厚 h_p/m	桥头路基最小高度 H_t/m	桥头路基最小高度 H_x/m
20	1.5	1.2	1.2	0.3	0.2	3.2	2.9
25	1.7	1.4	1.3	0.3	0.2	3.5	3.2
30	2.0	1.6	1.4	0.3	0.2	3.9	3.5
35	2.3	1.8	1.5	0.3	0.2	4.3	3.8
40	2.5	—	1.5	0.3	0.2	4.5	—

此外,山岭重丘区的桥梁,当跨越冲沟、峡谷时,桥梁长度在布孔时宜适当加长,建议桥台深入挖方段不少于3m,并对桥头处进行防护,以保证桥台的稳定。

从路基景观效果看,根据以往高速公路生态防护的建设经验,当路基填土高度 $H \leqslant 5m$ 时,防护效果与景观效果能较好地相结合,随着路基高度的增加,防护圬工量加大,防护效果与景观效果难以兼顾。同时,填土高度过高还会带来行车安全隐患等问题。

桥头路基高度的选择应兼顾不同的地域、地形、地质。对路基工后沉降的变形、工程造价、土地征用、桥梁结构、环境保护及后期养护维修等多方面因素进行综合分析。例如,软土路基时,当软土层厚度超过14m或填方超过5m时,为控制工程造价和工后沉降及处理的难度,宜采用桥梁方案。

第2章 上部结构

2.1 为什么装配式桥梁一般多采用T形和箱形断面

装配式桥梁在设计中一般都采用了T形或箱形的横断面,其原因涉及横断面的类型及受力特点、桥梁建设的经验及教训。

装配式桥梁按承重结构横截面划分,分为板梁桥、梁肋式桥和箱梁桥三类。

板梁桥简称板桥,其承重结构的横截面是近似矩形的截面(图2.1)。一般为实心板桥、空心板桥等。由于其截面形式简单明确,在小跨径梁桥中应用广泛。

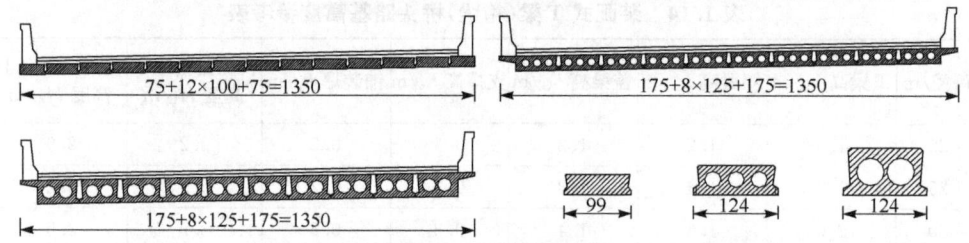

图2.1 板桥典型横断面(单位:cm)

梁肋式梁桥简称肋梁桥,其承重结构的横截面具有明显的梁肋结构。可细分为Π形梁、I形梁、T梁及带马蹄形截面的T梁等。梁肋的存在大大增加了主梁的高度,使受压区和受拉区间力偶臂增加,从而具有较大的承受弯矩的能力。同时,截面得到很大程度的挖空。

Π形梁。块件之间常用穿过腹板的螺栓相连。这类梁体的优点是:截面形状稳定,横向抗弯刚度大,便于安放、装卸。缺点也有很多:①受力不好。主梁梁肋被分成两片薄腹板,难以安装刚度大的钢筋骨架。②预制较复杂。它需要制作和固定内模板。因此,一般只用于小跨桥或人行道板上,在常规桥梁中应用较少。

I形梁。这类梁的横向抗弯刚度小,在预制、运输、吊装阶段的稳定性较差,且上缘受压混凝土面积小,与桥面板的连接整体性差,故目前较少应用。

T梁。这类桥梁应用最广泛,无论钢筋混凝土还是预应力混凝土梁桥均适用。它的优点很多:①主梁梁肋能够配刚度较大的钢筋骨架;②下部混凝土很少,混凝土基本集中在上部受压区,主钢筋则集中在下部;③通过横隔梁将主梁联结起来,能保证其整体性。不足之处是:截面形状不够稳定,运输、安放都需要临时支架固定。

一般说来，装配式钢筋混凝土 T 梁常用如图 2.2(a)所示的截面形式，它的常用跨径为 7～20m。装配式预应力混凝土 T 梁常用如图 2.2(b)所示的截面形式，它的常用跨径为 20～50m。图 2.2(b)中的马蹄形截面加宽是为了预应力的需要而设的。

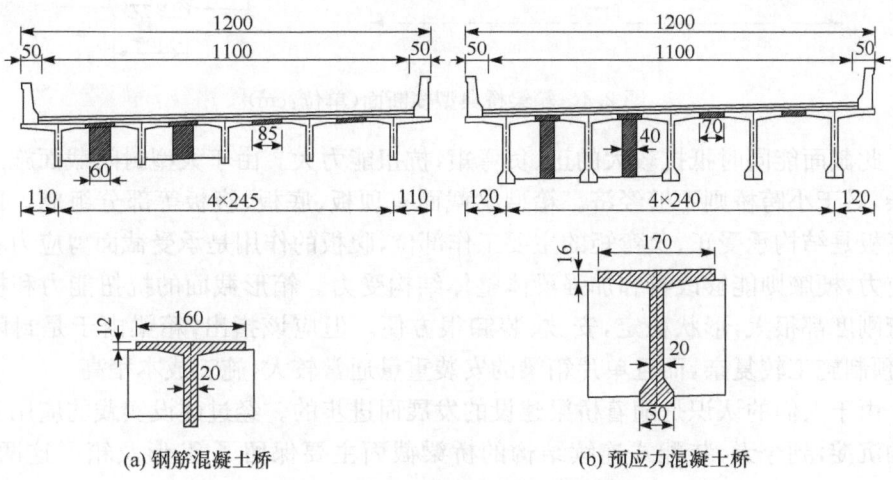

图 2.2　T 梁桥典型横断面(单位:cm)

早期的桥梁建设中多采用 T 梁桥，但由于其建筑高度较高，在早期的平原区公路中，为减少路基高度，出现了后张预应力混凝土装配式连续空心板桥(图 2.3)，这类桥梁在 20 世纪 90 年代的建设中达到了顶峰。但由于空心板之间的联系仅是铰接，施工时铰缝的质量差别很大，在超载情况下，铰缝失效造成单板受力，进而造成板的破坏，20 世纪 90 年代修建的高速公路上，这类问题最为普遍，因此空心板除用在小跨径(<20m)的简支结构外，连续结构有减少的趋势。

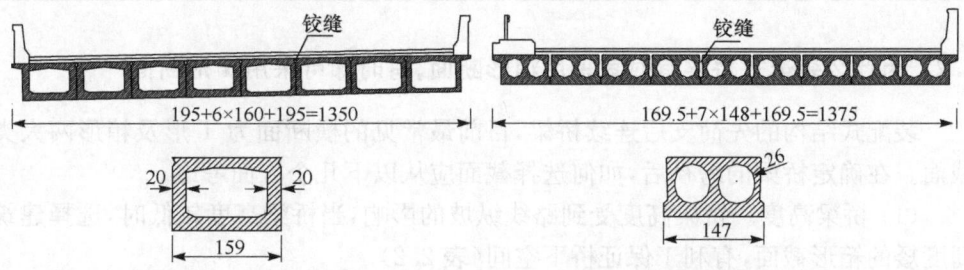

图 2.3　后张空心板桥典型横断面(单位:cm)

在空心板桥应用的过程中，结合 T 梁及空心板的优点，逐步诞生了箱梁桥。箱梁桥的承重结构横截面是封闭箱形(图 2.4)，为单室箱形的组合形式，习惯上称为组合箱梁。

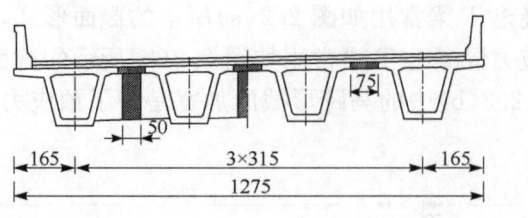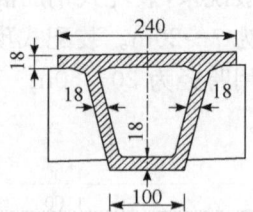

图 2.4 箱梁桥典型横断面(单位:cm)

此截面能同时抵抗较大的正、负弯矩,抗扭能力大。由于大型封闭截面施工较复杂,对于小跨桥则不够经济。箱型梁截面有顶板、底板、腹板等部分组成。顶板和底板是结构承受正、负弯矩的主要工作部位,腹板的作用是承受截面剪应力和主拉应力,梗腋则能够改善和加强梁体整体结构受力。箱形截面的抗扭能力和横向抗弯刚度都很大,形状稳定,安放、装卸很方便。但应该指出,箱梁由于是封闭截面,预制施工较复杂,而且单片箱梁的安装重量通常较大,施工成本稍高。

由于人们的认识是随着桥梁建设的发展而进步的。经过建设实践的应用及时间的沉淀,到今天,装配式连续结构的桥梁截面主要保留了 T 形及箱形这两类。表 2.1 给出了现阶段中小跨径装配式桥梁的相关信息。

表 2.1 中小跨径的装配式桥梁相关参数表

跨径/m	横断面形式	结构体系	横向联系类型	材料性质	备注
≤10	实心板	简支	铰接	普通钢筋混凝土	有现浇的趋势
10~20	空心板	简支或桥面连续	铰接	预应力混凝土	正在应用
10~40	T 形及箱形	先简支后连续	刚性湿接	后张预应力混凝土	应用最广
40~60	箱形	简支或连续	刚性焊接	钢-混组合	正在应用

2.2 为什么装配式桥梁有时宜采用箱形断面,有时却可采用 T 形断面

装配式结构的先简支后连续桥梁,目前最常见的横断面为 T 形及箱形两大类截面。在确定桥梁的跨径后,如何选择截面应从以下几个方面考虑。

(1) 桥梁高度。桥梁高度受到路线纵坡的影响,当桥梁高度较低时,选择建筑高度矮的箱形截面,有利于保证桥下空间(表 2.2)。

表 2.2 T 梁与箱梁参数表

跨径/m	截面类型	梁高/m	梁肋间距/m	备注
20	T 梁	1.5	2.1~2.4	
	箱梁	1.2	2.9~3.4	

续表

跨径/m	截面类型	梁高/m	梁肋间距/m	备注
25	T梁	1.7	2.1~2.4	
	箱梁	1.4	2.9~3.4	
30	T梁	2.0	2.1~2.4	
	箱梁	1.6	2.9~3.4	
35	T梁	2.3	2.1~2.4	
	箱梁	1.8	2.9~3.4	
40	T梁	2.5	2.1~2.4	
	箱梁	—	—	暂无成熟设计

（2）桥梁所处平面。桥梁处在较小半径的平曲线上时，宜选择抗扭效果好的箱形截面。当桥梁为斜交桥时，宜选择箱形截面。

（3）桥梁的预制、运输、吊装。箱梁由于是封闭截面，预制施工较复杂，尤其是20m跨径的箱梁，拆除芯模较麻烦，单片箱梁的安装重量通常较大（可见表1.2中相关梁的吊装重量参数），会受到运输、吊装等的限制。

（4）经济指标。以交通部专家委员会编制的2008版《公路桥梁通用图》（简称"08通用图"）为例，将同等跨径的T梁与箱梁进行比较可以看出，T梁的材料用量较多，经济指标稍差。图2.5给出了24.5m路基宽度的不同跨径T梁与箱梁的经济比较（主梁部分），T梁的经济指标高出箱梁约10%~20%。

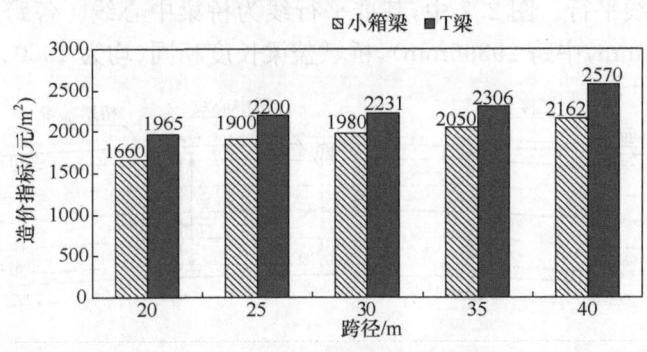

图2.5 T梁与箱梁的经济比较

（5）桥梁的美观要求。由于T梁的横隔板较多，仰视梁底时纵横梁密布，比较凌乱，景观效果较差。

（6）桥梁所处地区情况。桥梁所处地区的设计、施工、管理等对选择截面也有一定的影响，各地在桥梁建设中都有自己擅长、喜好的方面，往往也决定着主梁截面的选择。

另外，单片T梁的稳定性较差，施工安放时，应特别注意增加保证稳定性的措施，尤其是跨径大的梁（如40m），工程实际中发生过T梁在安放时失稳落梁的事故。

2.3 为什么当桥梁处在平曲线上时,同一跨的各片梁的跨长有时不相同

装配式桥梁处在平曲线(圆曲线或缓和曲线)上时,桥梁的布孔一般有径向法和平行法两种。径向法适用的范围较广,但有时平行法也很方便。

下面以一个具体实例介绍,桥梁为 3×30m 的先简支后连续的 T 梁桥,桥梁宽度 12.0m,处在 $R=500$m 的圆曲线上,其横向布置如图 2.2(b)所示。图 2.6 是采用径向布置的桥梁平面,所谓径向布置是指桥梁各墩台的中心线均指向圆心(斜桥时,各墩台中心线均与其半径方向旋转相同角度)。图 2.6 中,中跨梁的长度差最大为:29683－29107＝576(mm),各墩台盖梁长度相同(均为 10800mm)。

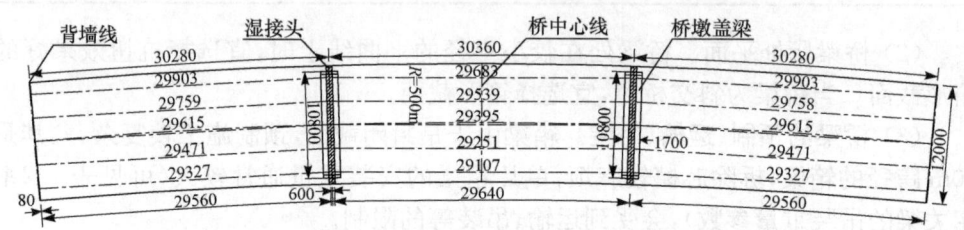

图 2.6 径向布置的 3×30m 桥梁平面(单位:mm)

就本桥来说,梁片种类为 10 类长度(端跨 5 类,中跨 5 类),桥墩及桥台各一类。

图 2.7 是采用平行布置的桥梁平面,所谓平行布置是指桥梁各墩台的中心线与基准的中心线平行。图 2.7 中,基准平行线为桥梁中心线。各跨梁的长度均相同(端跨 29614mm,中跨 29396mm),桥墩盖梁长度相同(均为 10805mm)。

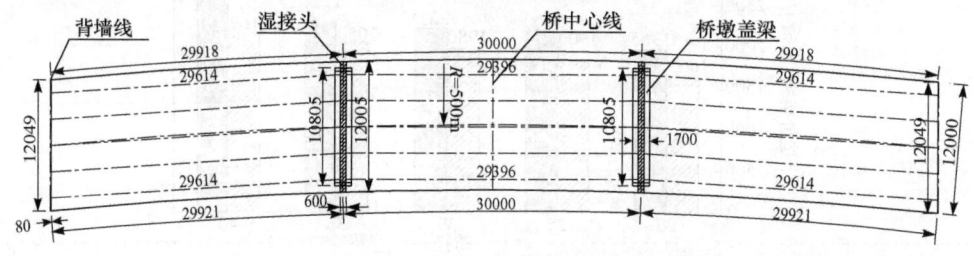

图 2.7 平行布置的 3×30m 桥梁平面(单位:mm)

就本桥来说,梁片种类为 2 类长度(端跨 1 类,中跨 1 类),桥墩及桥台各一类。

当桥梁跨数为 3 跨时,选择平行布置是很方便的,极大减少了梁长方面的种类,随着跨数的增多,平行法的缺点也显现出来:虽然可以在很大程度上保证梁长相等,但这种方法最终也会导致墩台尺寸的变化,造成桥墩种类增多,反而不利于设计与施工,同时桥墩位置开始"跑偏"[图 2.8(b)]。

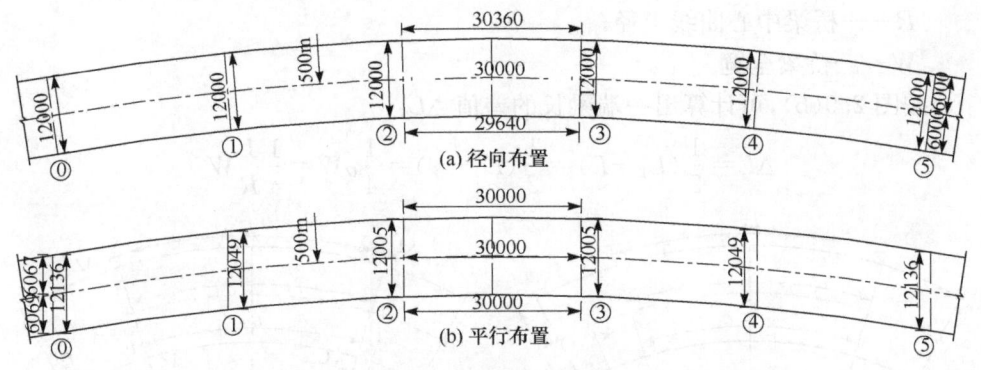

图 2.8 7×30m 桥梁布孔图(单位:mm)

对于采用径向法布置的梁,由于墩顶湿接头的存在,为主梁预制增加了灵活性,将较短的梁长增加,较长的梁长缩短,这样就可以保证同跨各片梁长一致。但其前提要求是湿接头应在一个合理的范围之内(2.4 节讨论的就是这种办法)。

选择哪种布梁方式,应从跨数、横向梁片数综合考虑:跨数越少、横向梁片数越多,趋向选择平行法;跨数越多、横向梁片数越少,趋向选择径向法。

对于曲线半径不大,跨数为 5 跨以上的装配式桥梁来说,往往采用图 2.6 的方式布置梁片,同一跨各片梁的跨长不相同,但墩台尺寸相同,尤其对于同时处在圆曲线及缓和曲线的桥来说,该方法应用的最多。

2.4 为什么当桥梁处在曲线上时,为了保证梁长一致,可对湿接缝进行调整

装配式结构的先简支后连续桥梁,当其平面处在曲线(圆曲线或缓和曲线)上时,由于预制梁是按直线制作的,桥梁实际上是以折线趋近圆弧的方式来实现的,必然会有直线与曲线的长度差。那么是否预制梁均应制成不等长度的呢?由于墩顶现浇段的存在,会出现梁长可按相同预制,其长度差可在现浇段(湿接头)调整的情况。

如图 2.9 所示,按弧长替代梁长,寻求桥梁跨径与桥梁宽度及曲线半径之间的关系。由图 2.9(a),有下列公式成立:

$$L = \alpha R$$
$$L_1 = \alpha\left(R + \frac{W}{2}\right)$$
$$L_2 = \alpha\left(R - \frac{W}{2}\right)$$

式中,L——标准预制梁长;

  L_1——桥梁曲线外侧梁长;

  L_2——桥梁曲线内侧梁长;

  α——标准预制梁长对应的圆心角;

R——桥梁中心曲线半径；
W——桥梁全宽。

按图 2.9(b)，可计算出一端梁长的差值 ΔL：

$$\Delta L = \frac{1}{2}(L_1 - L) = \frac{1}{2}(L - L_2) = \frac{1}{4}\alpha W = \frac{1}{4}\frac{L}{R}W$$

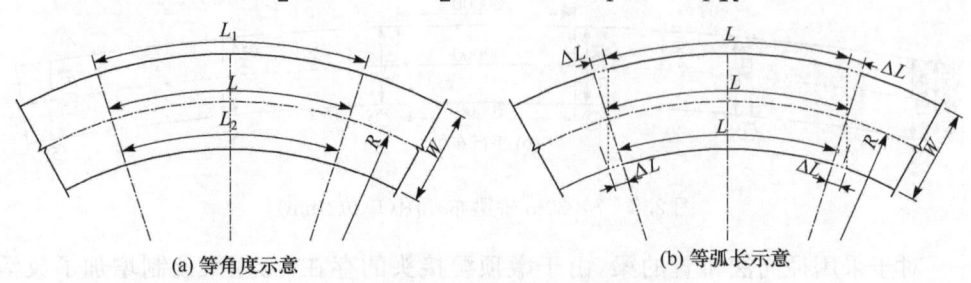

(a) 等角度示意　　　　　　(b) 等弧长示意

图 2.9　跨径、桥宽及曲线半径关系图

考虑到 ΔL 可以由现浇段来实现，而装配式桥梁的现浇段(湿接头)宽度一般均为 0.6m，最大调整宽度假定为 ±0.25m，也就是说，当采用湿接头变宽度调整时，应考虑盖梁宽度的限制及湿接头钢筋的连接，其可允许的宽度为(0.6±0.25)m。由此 ΔL 限制在 $\frac{1}{2} \times 0.25 = 0.125$(m)范围内。即 $\Delta L = \frac{1}{4}\frac{L}{R}W \leqslant 0.125$，由此得到

$$\frac{L}{R}W \leqslant 0.5 \tag{2.1}$$

式(2.1)反应的是当预制梁长相同，桥跨长由湿接头调整时的标准跨径(L)与曲线半径(R)及桥梁宽度(W)之间的限制关系。按照式(2.1)给出了常见跨径，采用预制梁长相同而湿接头调整时的 $\frac{W}{R}$ 的限值表(表 2.3)。

表 2.3　跨径与桥梁宽度 W 及曲线半径 R 的关系表

跨径/m	13	16	20	25	30	35	40	50
$\frac{W}{R} \leqslant$	0.0384	0.0312	0.025	0.02	0.0166	0.0142	0.0125	0.01

该关系表明当跨径确定后，桥梁宽度越窄、曲线半径越大时，则这种调整的方式越可行，但由于预制梁长是按直线制作的，仍然存在弦弧差，设计时仍应在实际的平面线位图上布置板梁，以取得正确的定位参数。

下面以一个具体实例说明。桥梁标准跨径为 30m，预制梁长为 $30 - 2 \times 0.3 = 29.4$(m)，桥梁宽度为 12.0m，曲线半径为 1000m。

桥梁跨径为 30m，$\frac{W}{R} = \frac{12}{1000} = 0.012 \leqslant 0.0166$，可采用预制梁长相同，湿接头调整的方式实现桥梁的曲线(图 2.10)。

此时计算的 $\Delta L = \frac{1}{4}\frac{L}{R}W = \frac{1}{4} \times \frac{30}{1000} \times 12 = 0.09(\text{m})$。由于弦弧差的存在,图中实际的 ΔL 为 89mm 及 91mm。

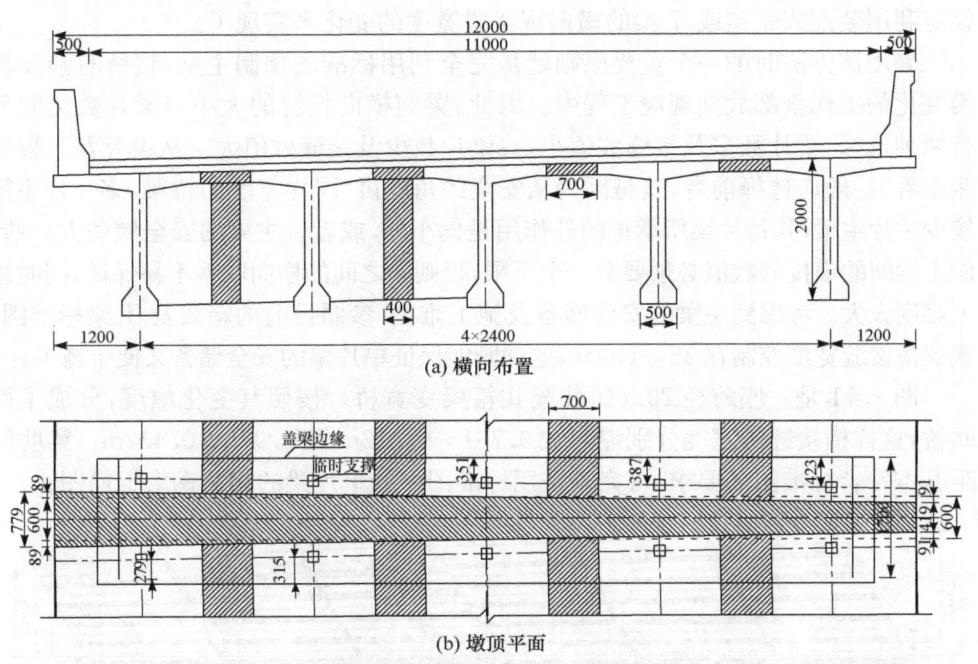

图 2.10 湿接缝调整曲线桥示意图(单位:mm)

从本例看到,曲线桥当 L、W 及 R 关系在一定范围内时,采用预制梁完全一致而对湿接头进行调整是完全可行的。本例中,湿接头缝宽度最大为 779mm,最小为 419mm。但需要注意的是,各梁片在墩台盖梁上的临时支撑位置与盖梁中心线的距离是不相同的。

预制梁长一致使得梁体模板相同,钢筋加工一致,极大发挥了装配式桥梁的优点,但盖梁上临时支撑的位置在变化,湿接缝的连接钢筋在变化。一般来说,当 L、W 及 R 关系确定后,设计应首选该方法,如果当桥梁参数关系不符合表 2.3 时,不建议采用这种方法。

2.5 为什么箱梁及 T 梁桥的横向湿接缝宽度一般控制在 35～110cm 的范围内为宜

由于互通立交加减速车道的原因,如需要在该位置设置桥梁,则会出现加宽桥、变宽桥。从经济和施工角度来说,变宽度桥梁首先应选用装配式的桥梁,如果确实不适用再选择整体浇筑的。

采用装配式的变宽度桥,当变化范围不大时,可在一片梁体上进行调整,如改变单片梁体的尺寸大小或悬臂尺寸等。

当平面线形变化的范围较大时,大多数的情况仅靠一片梁是不能完成的,此时就应利用装配式箱梁或 T 梁的横向现浇段宽度的变化来实现了。

采用该方法时的一个重要原则就是完全利用标准的预制主梁,将所有涉及桥梁变化的工作全部放到现浇工程中。因此,梁间横向接缝的大小与梁片数之间就有两种选择:梁片数多及接缝数值小,或梁片数少及接缝数值大。从设计及工程实践来看,一般应选择前者,这是因为从安全的角度讲,同样宽度的桥梁,多一片主梁较少一片主梁,其每片梁所承担的外作用是偏小的,或者说主梁的安全储备大一些。但主梁间的横接缝数值必须要有一个下限,否则梁之间的横向联系不易保证,同时施工难度太大。考虑到主梁的安全储备及施工难度,参照目前的箱梁及 T 梁标准图,建议横接缝宽度控制在 35~110cm,这样既能保证单片梁的安全储备又便于施工。

图 2.11 是一座跨径 20m 的装配式箱梁变宽桥。按照其变化幅度,分成了两联桥,这样横接缝的宽度分别控制在 0.761~0.412m 及 0.975~0.432m。梁肋间距基本符合标准图的要求,可完全采用标准图中的单片梁的相关钢束钢筋图。

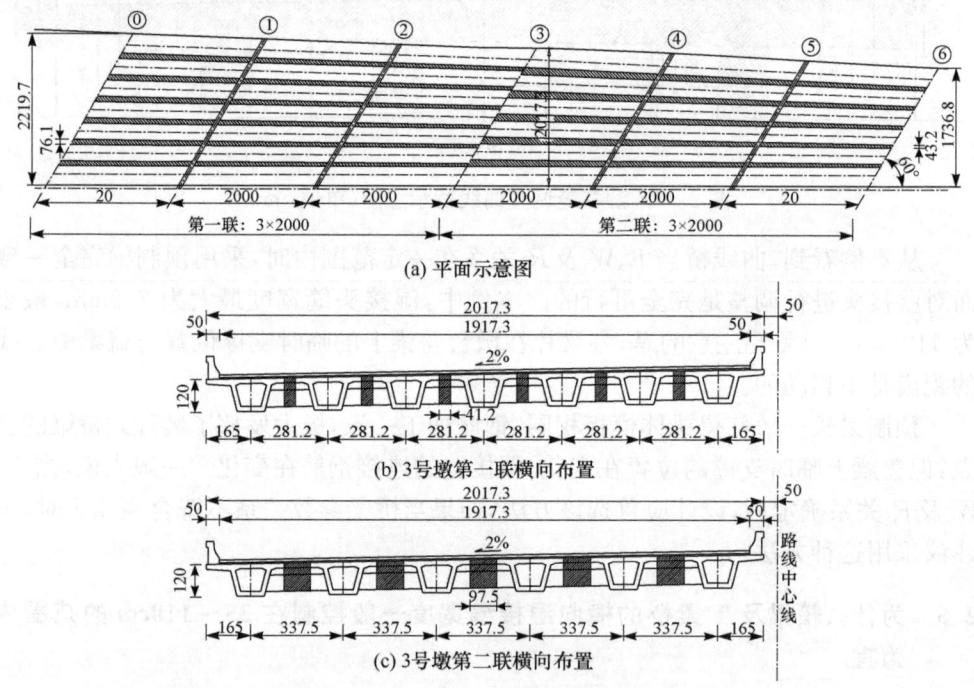

图 2.11　横接缝变宽实现桥梁变宽的布置示意图(单位:cm)

图 2.12 是箱梁桥典型的横向接缝连接构造。当主梁间的横接缝宽度发生变化时,应保持预制梁翼缘伸出的钢筋长度不变,便于工厂化制作,而将其间的连接

钢筋变化长度,同时纵向的构造钢筋一般成辐射状,最大间距控制在 10~12cm 为宜。

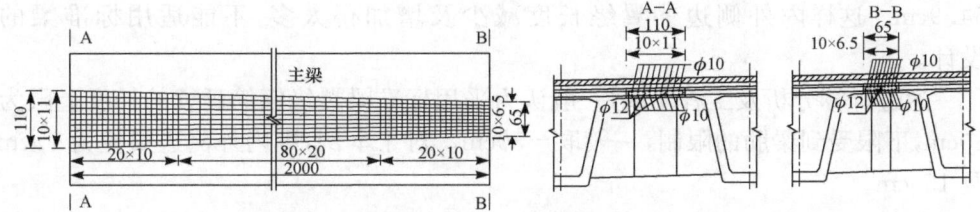

图 2.12 横向接缝连接构造示意图(单位:cm)

采用装配式的箱梁及 T 梁变宽桥,当宽度变化的幅度不大时,结合桥梁分联,将横接缝的宽度控制在 35~110cm 范围内是完全可行的。当间距大于标准时,应注意预应力钢束的配置。

2.6 为什么曲线桥布梁时,当边梁翼缘矢高较大时,要考虑梁体的平移

曲线桥采用装配式结构时,其板梁横向布置一般与直线桥相同,但当曲线半径较小,跨径较大时,会出现内、外侧边梁差别很大:外边梁的翼缘将增加而内边梁将减少。这种情况的出现会引起两个问题:一是外侧边梁的翼缘长度(矢高)超过标准梁设计的范围,桥面板需重新计算而不能完全利用标准梁的桥面板钢筋了;二是内侧边梁的翼缘长度被"吃掉"较多,甚至切入梁肋。

这两种情况如果不考虑细节的话,就会使得内外侧的边梁增加相当多的工作量,而采用装配式构件的优点就是减少各构件的非标准化。此时采用梁体整体向曲线外侧平移的处理方式,可解决上述的两个问题。

下面以一个具体实例说明,桥梁曲线半径 $R=200$m,桥梁宽度 12.0m,标准跨径 $L=30$m,其标准横向布置如图 2.2(b)所示。

当采用标准横断面布置时,其布置情况如图 2.13 所示,可以看到在各桥墩(支点)处,梁中心布置在路线的中心,其在各墩顶处的横向布置完全与标准的横断面一致。

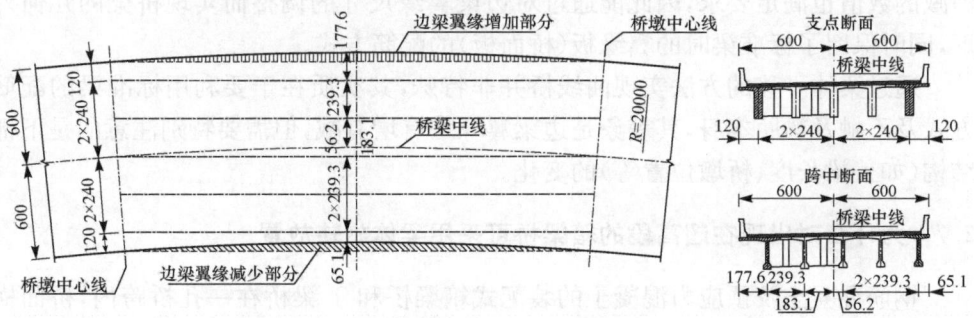

图 2.13 梁体按标准横断面布置(单位:cm)

但这样带来的问题是：在跨中处，外侧边梁的翼缘长度将达到177.6cm，比标准梁增加了57.6cm；而内侧边梁的翼缘长度减少为65.1cm，比标准梁减少了54.9cm。这样内外侧边梁翼缘长度减少及增加得太多，不能适用标准梁的设计。

通过计算分析及工程实践，一般认为采用标准梁翼缘钢筋延续的长度上限为30cm，下限受到梁肋的限制，一般取一30cm。对于本例，则内外侧边梁应为90cm及150cm。

按照上述思路，把桥梁整体在墩顶处向外侧平移30cm，得到如图2.14所示的布置。

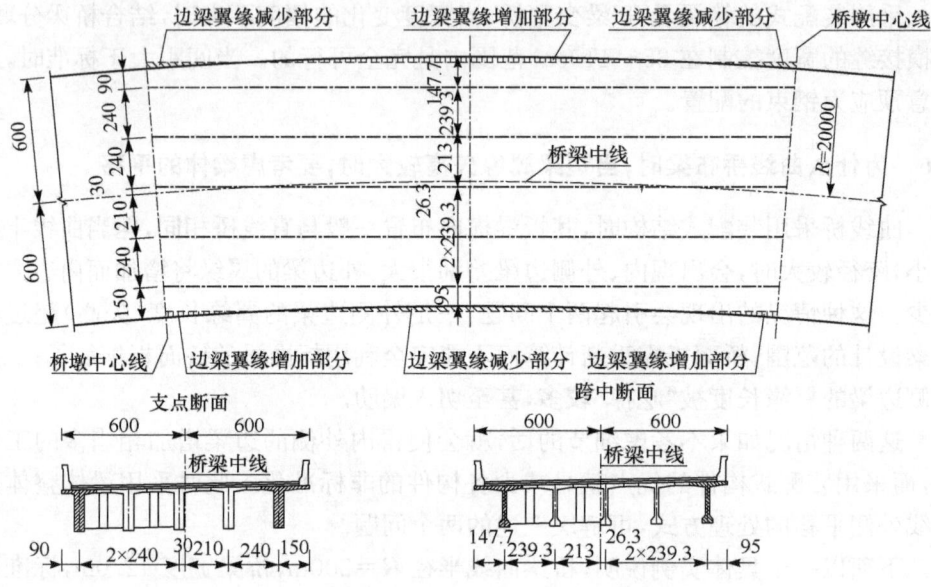

图2.14　梁体横向平移后的布置(单位:cm)

采用这样的布置方式，内外侧边梁的翼缘均有增加及消减部分，并且其增加或消减的数值也满足要求，因此能通过对边梁翼缘尺寸的调整而实现桥梁的几何外形，同时保留了标准梁时的翼缘板（桥面板）的配筋方式。

通过梁体平移的方法实现曲线桥并非特殊，其实质在于要利用标准梁的配筋方式及不触及梁肋本身，其表象是边梁翼缘均有增有减，但需要特别注意的是下部结构（如盖梁长度、桥墩位置等）的变化。

2.7　为什么对出现在超高段的箱梁桥可采用梁体旋转放置

钢筋混凝土及预应力混凝土的装配式箱梁桥和T梁桥在一孔桥跨内，桥面横坡可能出现以下四种情况：①标准段的2%；②等超高段上；③同一方向的变坡度段上;④反方向的变坡度段上。

在 1.10 节中,对装配式桥梁的横坡进行了较详细的讨论,其中提到了"梁体旋转式"的横坡调整方式[图 1.22(a)]。对于箱梁桥来说,由于其腹板为斜腹板及截面为封闭箱型的特性,即使旋转了较大的角度,对桥梁的整体受力不会产生很大的影响,因此工程实践中可采用。但对于肋式结构的 T 梁来讲,当旋转角度过大时,会影响到 T 梁的稳定及受力(图 2.15)。

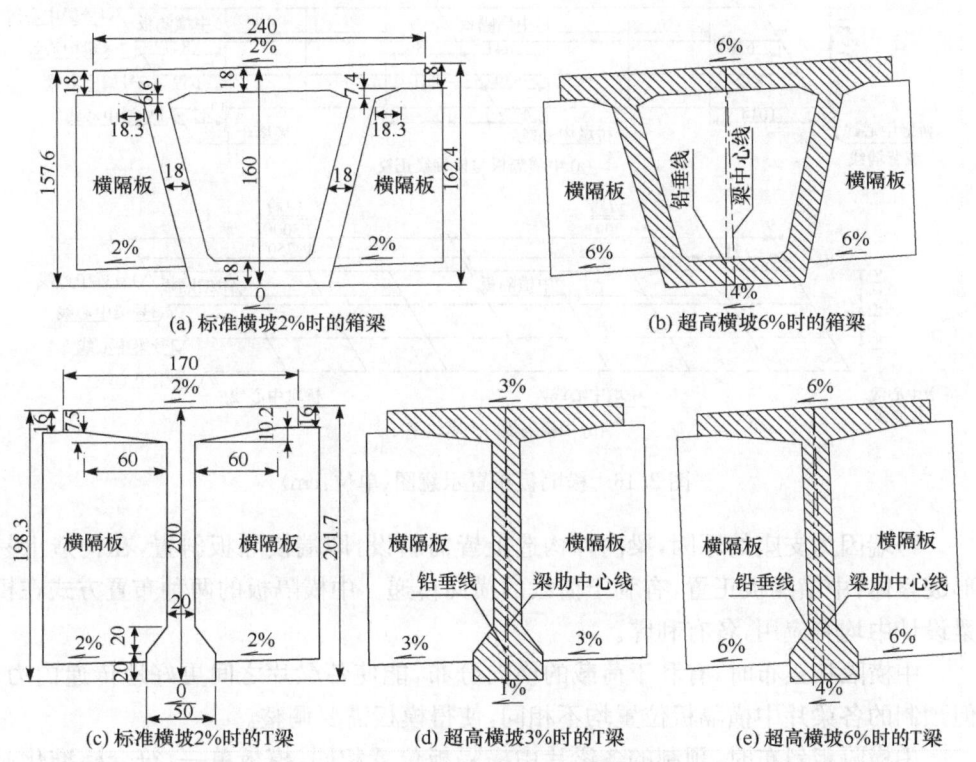

图 2.15 30m 箱梁及 T 梁旋转图式(单位:cm)

对于图 2.15(e)的情况来说,选择这样调整横坡的方法是不合适的。因此对出现在超高段的桥梁,在保证铺装层厚度满足要求的前提下,对不够稳定的 T 梁来说,应采用梁体平置式;对较稳定的箱梁来说,梁体平置式、梁体旋转式均可采用,尤其是出现大的横坡时箱梁桥仍可采用旋转放置。

2.8 为什么斜交桥梁的横隔板可采用正布也可采用斜布

装配式结构桥梁中,一般均设置了连接各主梁的横隔板,它主要起着保证各片主梁相互连成整体,以使得全部主梁共同承担外荷载的作用。它的刚度越大,各梁片之间的变形传递越好,桥梁的整体性越好。从横隔板在主梁纵向的位置来看,有端横隔板和中横隔板之分。对于薄壁的箱梁,中横隔板能起到增加截面横向刚度及限制畸变的作用,支点附近的端横隔板还起着分布支点反力的作用。

在斜交桥梁中,端横隔板宜采用与支承线平行的布置方式,中横隔板通常的布置方式有两种:与桥轴线正交[图 2.16(a)];与支承线平行[图 2.16(b)]。

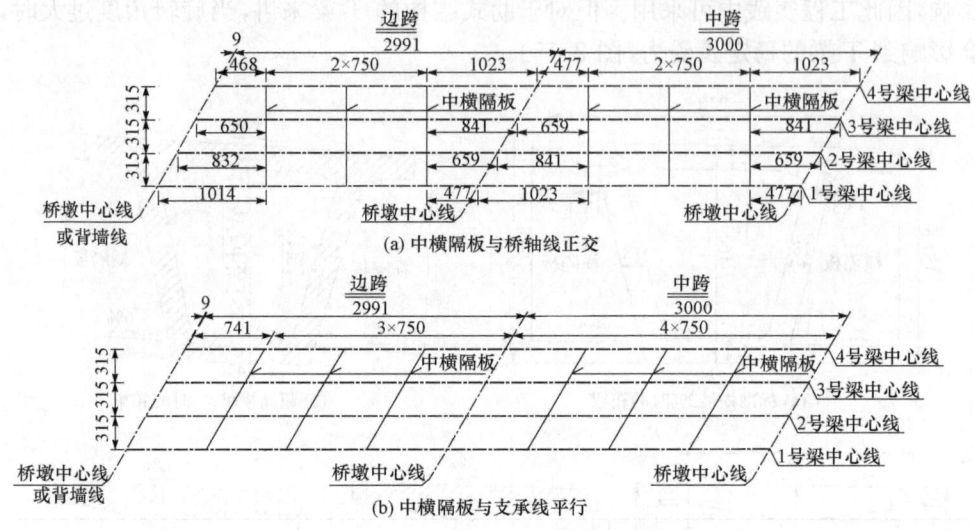

图 2.16　横隔板布置示意图(单位:cm)

跨端因为支座的原因,梁内外构造上皆需斜设,即端横隔板斜置,在构造上易形成整体;中横隔板正置,有利于荷载的横向传递。中横隔板的两种布置方式在桥梁设计中均有应用,各有利弊。

中横隔板正布时,有利于荷载的横向分布,能使各梁片之间更好地传递内力;但预制的各梁片中横隔板位置均不相同,使得模板需要调整。

中横隔板斜布时,预制的各梁片中横隔板位置相同,模板单一,符合标准化制作。但对于荷载的横向传递及受力上不理想。

通常的做法是:斜交角度不大时,一般≤15°时,可采用斜布方式;斜交角度>15°时,应结合横桥向的梁片数量、纵向跨径等因素综合考虑。一般来说,当桥梁斜交角度≥15°,跨径≥25 m 时,最常用的是横隔板正布的方式。

2.9　为什么桥梁的横隔板连接目前多采用湿接,而很少采用干接

在装配式桥梁横隔板的连接构造中,连接处要有足够的强度和刚度,以保证结构的整体性,并使其在运营过程中不致因荷载反复作用和冲击作用而发生松动。

横隔板的连接形式有干接和湿接两种。干接形式主要有:钢板连接和螺栓连接;湿接就是现浇混凝土连接,以 T 梁为例予以说明。

钢板连接。预制主梁时,在横隔板靠近下部边缘的两侧和顶部的翼板内均埋有钢板,预埋钢板的连接钢筋预先与横隔板的受力钢筋焊接在一起做成安装骨架。当 T 梁安装就位后,在横隔板的预埋钢板上再加焊接钢板连成整体。端横隔板的焊接钢板接头构造与中横隔板相同,但由于其外侧(靠近墩台一侧)不好施焊,故焊接接头只设于内侧。相邻横隔板之间的缝隙一般用水泥砂浆填满,所有外露钢板也应用水泥灰浆封盖(图 2.17)。

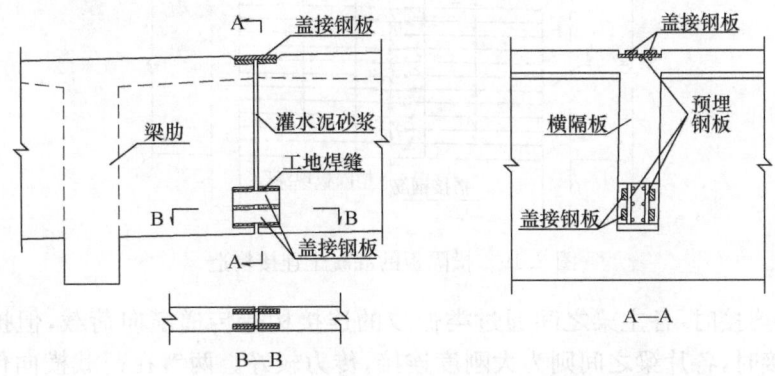

图 2.17　横隔板的钢板连接构造

这种接头焊接后立即能承受荷载,但连接处的预埋钢板定位的准确性不易保证,并且现场需要焊接设备,而桥下的焊接施工也有一定的难度。最主要的是该种接头在动荷载作用下焊接部位易疲劳破坏而失效。

螺栓连接。该方法的原理与钢板连接相同,不同之处在于使用螺栓与预埋钢板连接。为此预埋钢板上要焊接螺栓,盖接钢板上要留螺栓孔。这种接头简化了施工工序,由于现场无需焊接工艺,有拼装迅速的优点,但在运营过程中螺栓易于松动(图 2.18),且由于施工误差,对孔特别困难。

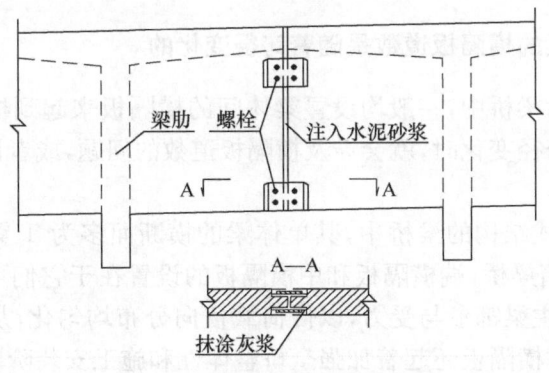

图 2.18　横隔板的螺栓连接构造

现浇混凝土连接。预制主梁时,横隔板在接缝处伸出钢筋,当 T 梁安装就位后,相邻两片梁间横隔板处伸出的钢筋直接焊接或用短筋搭接焊接,安放模板,就地浇筑混凝土连成整体。这种连接方式,强度更可靠,且不需要特殊机具,但需要另增模板,现场浇筑工作量大,混凝土也需要养护,施工后不能立即承受荷载(图 2.19)。

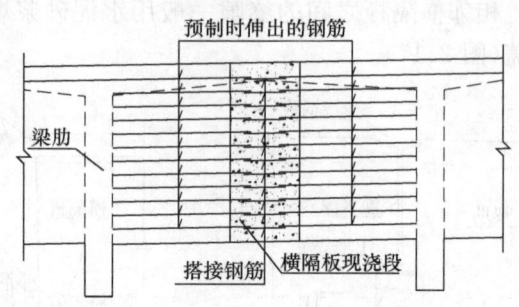

图 2.19　横隔板的混凝土连接构造

干接连接时,各主梁之间通过类似铰的连接构造传递横向荷载,但抗剪能力差;而湿接时,各片梁之间则为大刚度连接,传力较好。两者在荷载横向传递上的作用不同,在计算横向分布系数时有区别。

对于斜弯桥及稍有变宽的装配式桥梁,上部主梁采用湿接法连接,既减少了横隔板连接施工的复杂性,又利于主梁结构标准化制作。而干接连接则显得较烦琐:除了传递横向荷载作用较弱外,还有预埋钢板与盖接钢板(或螺栓孔)的对应、对齐等问题,增加了施工准确性上的难度。

近年来,由于超载车辆的增加,横隔板的整体性作用显得更加重要。较早期的装配式桥梁横隔板连接一般采用了干接,焊接接头易于锈蚀和损坏,养护难度较大。目前,横隔板的连接更多的是采用预留钢筋进行现场浇注混凝土的方式,即湿接方式。

2.10　为什么桥梁的横隔板道数是随着跨径变化的

装配式结构的梁桥中,一般均设置梁体间的横隔板来起到横向连接各梁片的作用。当桥梁的跨径变化时,就会涉及横隔板道数的问题,或者说是横隔板间距的问题。

目前,在装配式结构的梁桥中,其单体梁的横断面多为 T 梁和箱梁两种。无论是 T 梁桥还是箱梁桥,端横隔板和中横隔板的设置在于它们可以起到横向的传力作用,能使所有主梁都参与受力,以使荷载横向分布均匀化,从而避免单梁承受较大的荷载。同时横隔板还起着加强全桥整体性和施工安装阶段构件稳定性的作用(图 2.20)。

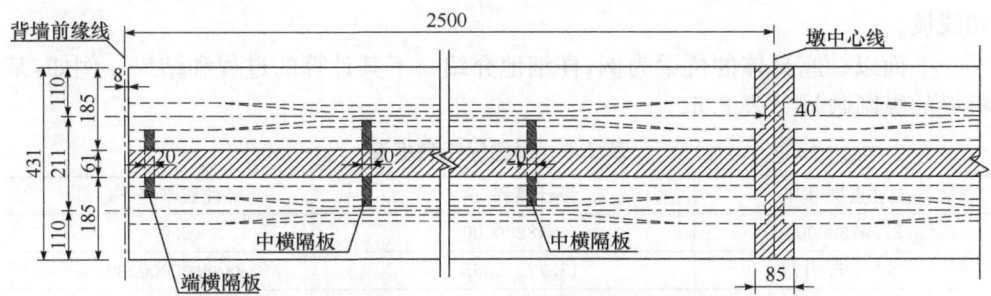

图 2.20 25m T 梁横隔板布置示意图(单位:cm)

倘若桥梁不设置或少设置横隔板,那么桥梁荷载横向分布的均匀性、成桥之后的整体性、施工阶段梁体的稳定性(尤其抗扭刚度明显小于箱梁的 T 梁)都将难以得到保证。某些梁桥不设置横隔板或少设置横隔板,实践表明,这些桥梁不但行车不平稳,产生左右、上下晃动,而且在两梁之间的桥面板上易产生纵向裂纹。

通常来说,当单体梁的横截面确定后,横隔板的道数是随着梁桥跨径的增大而有所增加的,但这并不意味着横隔板道数越多桥梁质量越高,这也就是横隔板间距的问题。当桥梁跨径一定时,总有一合适、合理的横隔板间距,它既能满足各梁体之间内力和变形的传递,又不会因为设置太多的横隔板增大桥梁自重(尤其自重本来就很大的箱梁桥),导致梁桥内力的增大及材料的浪费。

根据设计经验和已建成的桥梁,推荐横隔板设置时采用表 2.4 的数据。

表 2.4 T 梁及箱梁的横隔板设置参数推荐表

跨径/m	端横隔板/道	中横隔板/道		横隔板间距/cm	
		T 梁	箱梁	T 梁	箱梁
20	1	2	1	400	952
25	1	3	1	620	1202
30	1	3	3	720	750
35	1	3	3	845	875
40	1	5	—	650	—

需要指出的是表 2.4 中 T 梁横隔板道数与 T 梁标准图(交通部专家委员会编制的 2008 版《公路桥梁通用图》)一致,箱梁横隔板道数是根据设计和施工经验及各省院的习惯来取值的,相比箱梁标准图,横隔板道数多 1~2 道。

2.11 为什么当桥梁纵断处在竖曲线上时,计算梁底纵坡时不能简单用切线坡来替代

若桥梁的纵断面处在竖曲线段上,在计算调整梁底纵坡的楔形块时不应简单地以纵断图上的坡度来计算。这是因为由于竖曲线的存在,实际桥梁的坡度不是

切线坡。

下面以一座具体的桥梁为例,详细地介绍一下其计算的过程和结果。例如,某桥梁的纵断数据见表 2.5。

表 2.5 桥梁纵断数据表

变坡点桩号/m	设计高程/m	竖曲线半径/m
85.97300000	16.48200000	0.0
192.23560177	13.77230365	2848.00000000
377.00000000	19.50000000	3000.00000000
700.00000000	7.05192920	3000.00000000
750.51700000	6.66800000	0.0

桥梁起点桩号为 K0+300,桥跨布置为 5×30m,各墩台对应的桩号及设计高见表 2.6。

表 2.6 墩台桩号及计算高程表

墩台编号	0号	1号	2号	3号	4号	5号
桩号/m	+300	+330	+360	+390	+420	+450
设计高/m	16.9887	17.4956	17.7025	17.6095	17.2164	16.5233

各墩台对应的切线坡度如下:0号及1号为+3.1%,2号~5号为-3.8539%。

如果按切线坡度计算梁底的楔形块数据,则与桥梁的实际情况相差太大,尤其是近变坡点处的2号桥墩。实际上各墩台两两之间的绝对坡度是不等的:如1号墩顶,按0~1号的计算为 $\dfrac{17.4956-16.9887}{30} \times 100\% = 1.6987\%$,而按1~2号则为 $\dfrac{17.7025-17.4956}{30} \times 100\% = 0.6987\%$。

因此,设计时应采用两两之间计算坡度的平均值,这样能最大限度地模拟实际的桥梁纵坡。那么1号墩顶实际采用的纵坡应是 $\dfrac{1.6987+0.6987}{2} \times 100\% = 1.1942\%$。

表 2.7 是按上述思路计算的各墩台顶实际采用的纵坡表。

表 2.7 墩台计算纵坡与实际采用纵坡表

墩台编号	设计高/m	计算纵坡/%	采用纵坡/%	切线纵坡/%
0	16.9887	1.6987	1.6987	3.1
1	17.4956	0.6987	1.1942	3.1
2	17.7025	-0.31	0.1899	
3	17.6095	-1.3103	-0.8102	-3.8539
4	17.2164	-1.3103	-1.8103	-3.8539
5	16.5233	-2.3103	-2.3103	

诚然，上述的方法也不是完全正确的，仅是解决该问题的一种便捷的方法，实际上，可利用竖曲线的抛物线与圆曲线接近的方法，将路线竖曲线以圆曲线替代，然后通过该墩台的切线点，求得的切线坡度是最趋向实际坡度的。从图2.21可以看到，除0号、5号桥台处的纵坡数值两种方法有所差别外，其余的各桥墩处纵坡的求解，两种方法得到的结果基本相同。因此，给出如下建议：

（1）当桥梁处在竖曲线上时，各墩台处的纵坡不得用路线的切线纵坡替代。

（2）采用数值计算或图表计算时，除首尾桥台的纵坡不一致外，其余桥墩则基本相同。

（3）在计算桥梁各墩台处的纵坡时，首先要确定各墩台是否处在竖曲线上，针对不同的情况计算或求解。

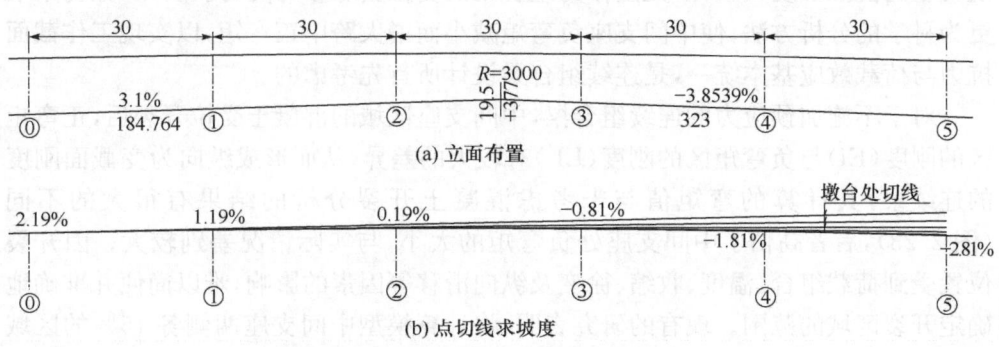

图2.21 墩台纵坡求解图示（单位：m）

2.12 为什么连续钢-混组合梁的负弯矩区是设计考虑的重点

对于连续组合梁桥，其正弯矩区的设计与简支组合梁基本相同，但中支点附近的负弯矩区，由于上部的混凝土桥面板受拉、下部的钢梁受压，受力较为不利。在设计施工时，连续组合梁的负弯矩区重点需解决钢梁的受压稳定问题及混凝土桥面板的开裂问题。

对于负弯矩区的钢梁受压稳定问题，一般是采取双重组合结构技术，即在钢梁的下缘也设置混凝土，使其与钢梁形成组合截面共同受力，这样既能显著改善钢梁下缘的受压稳定性能，又能兼顾工程造价，实现增大结构刚度的目的（图2.22）。

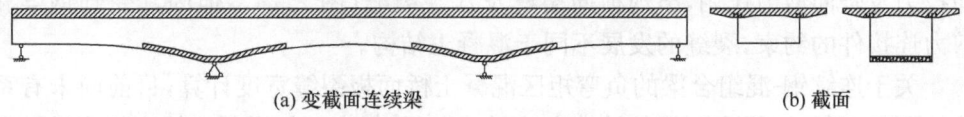

图2.22 双重组合结构桥示意图

对于负弯矩区的混凝土桥面板开裂问题存在以下两种处理方式：一是采用预应力来预防；二是允许裂缝出现但限制其宽度。

目前，我国在组合梁设计时多采用第一种方式，但由于钢梁具有很大的刚度，施加的预应力大部分由钢梁直接承担，而且随着时间的推移，混凝土的收缩、徐变还将导致预应力的进一步损失。随着对混凝土桥面板损伤及混凝土开裂对结构耐久性影响等方面研究的深入，取消支点负弯矩区混凝土桥面板的纵向预应力，增加普通钢筋来减小裂缝宽度的设计方法日渐得到认同，但应用时需要注意以下问题。

首先是内力求解方面的问题。因为连续组合梁在正弯矩作用下，混凝土桥面板处于纵向受压状态，有效宽度范围内的混凝土桥面板作为组合梁的受压翼缘共同工作，起到抵抗外荷载的作用；负弯矩区的混凝土桥面板则处于纵向受拉状态，混凝土的抗拉强度又很低，无法作为组合梁的受拉翼缘参与受力。所以，如何采取更为科学的分析方法，使中间支座负弯矩减小而增大跨中正弯矩，以实现工作截面抗力与荷载效应基本统一，是连续组合梁设计所首先考虑的。

对于不施加预应力的连续组合梁，中间支座区域的混凝土受拉开裂后，正弯矩区的刚度(EI)与负弯矩区的刚度(EI')有较大的差异，从而形成纵向为变截面刚度的连续梁，其计算的弯矩值与未考虑混凝土开裂分析的结果有很大的不同（图2.23），后者高估了中间支座处负弯矩的大小，与实际情况差别较大。因开裂位置受到荷载组合、温度、收缩、徐变及纵向滑移等因素的影响，难以简便并准确地确定开裂区域的范围。现有的研究表明，将计算模型中间支座两侧各15%的区域假定为开裂区域，其带来的误差是可以接受的。欧洲规范4规定，在距中间支座0.15L 范围内确定梁截面刚度时，不应考虑混凝土翼板的存在，但翼板中有效范围内的钢筋应计入，即承认图2.23中的 $\beta=0.15$。

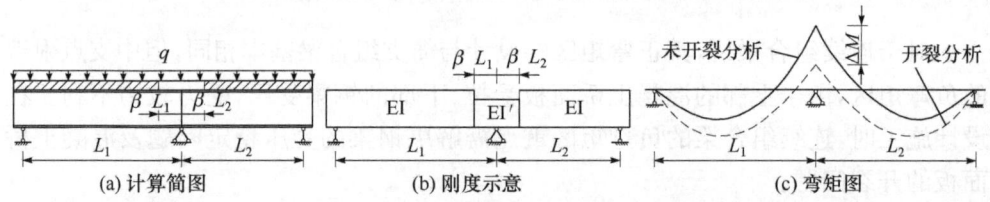

(a) 计算简图　　(b) 刚度示意　　(c) 弯矩图

图2.23　考虑混凝土板开裂的内力计算

其次是混凝土裂缝的计算问题。连续组合梁的负弯矩区混凝土桥面板受到纵向拉力及竖向剪力作用，出现横向裂缝及八字裂缝（图2.24），但因其受到钢梁和剪力连接件的约束，裂缝的发展不同于混凝土结构。

关于连续钢-混组合梁的负弯矩区混凝土桥面板裂缝宽度计算，目前尚未有系统的研究资料，当没有更好的计算方法时，可以偏保守地把混凝土桥面板当做轴心受拉构件考虑。然而在设计阶段通过控制以下几个因素，可以有效地控制裂缝的

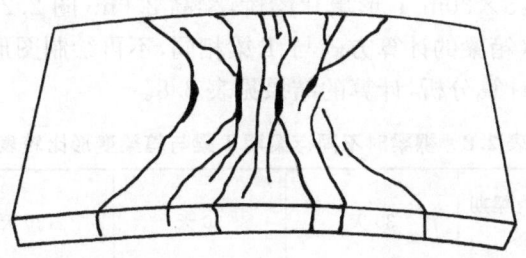

图2.24 组合梁负弯矩混凝土桥面板裂缝示意图

产生和发展。

(1) 在满足构造要求及保证施工质量的前提下,尽量使用直径较小的带肋钢筋,采用较高的配筋率,减小钢筋的拉应力,增强钢筋和混凝土之间的黏结作用。

(2) 减少混凝土的收缩,如采用较小的水胶比、湿布覆盖养护等,避免收缩进一步加大裂缝宽度。

(3) 保证钢梁和混凝土之间的抗剪连接程度,减小滑移的不利影响。

(4) 在施工方法上,可以采取有支架法施工,先浇筑跨中的桥面板混凝土,待其达到设计要求之后,拆除支架完成体系转换,最后浇筑墩顶范围内的桥面板混凝土,以减小该部分桥面板所承受的弯矩作用。

连续钢-混组合梁的负弯矩区设计较为复杂,下缘需着重考虑钢梁的受压稳定问题,上缘则需考虑桥面板的开裂问题及相应的处理措施,而采用限制混凝土裂缝宽度的设计理念逐渐被认同。

2.13 为什么装配式桥梁存梁期长短会影响成桥后的状况

装配式先简支后连续的桥梁从单片梁体预制完成到桥梁体系转换完成之前,一般称为存梁期,对于装配式先简支后连续结构的桥梁可以认为存梁期是指单片梁体预制完成到二期荷载(铺装、护栏)施工之前的这段时间。对于预应力混凝土梁来说,由于预加应力的原因,一般梁体会随着时间的变化而不断上拱(也就是混凝土的徐变特性)。因此,讨论存梁期的长短对裸梁本身、桥面铺装层的施工厚度及成桥后桥梁状态的影响是有必要的。

下面以装配式先简支后连续的预应力混凝土 T 梁及箱梁为例来量化分析。

本例计算时的施工顺序大致可以简化如下:

(1) 预制主梁、张拉钢束,并考虑存梁期。

(2) 架设梁体,张拉负弯矩钢束,将简支体系转换为连续梁桥。

(3) 浇注二期荷载(铺装)。

为便于量化分析,对存梁期考虑四种情况,分别按 30 天、90 天、180 天、360 天。

桥梁基本情况：5×30m T 形单片梁桥，梁高 2.0m（图 2.25），5×35m 箱形单片梁桥，梁高 1.8m（箱梁的计算方式与 T 梁相同，不再绘制图形）。

采用杆系程序计算分析，计算的结果见表 2.8。

表 2.8　裸梁时不同存梁期 T 梁与箱梁变形比较表　（单位：mm）

梁形种类	位置＼存梁期	30 天	90 天	180 天	360 天
T 梁	端跨跨中	42.1	46.4	49.7	54.4
	中跨跨中	36.6	40.3	43.1	47.2
箱梁	端跨跨中	32.8	35.4	37.3	40.0
	中跨跨中	18.9	20.2	21.2	22.6

从表 2.8 中的计算结果可知，梁体的变形（上拱）大小是随着存梁期的增加而有所增大的，也就是说存梁期间越久，T 梁的变形越大。最大差值为端跨梁，差值分别为 T 梁（360 天－30 天）＝54.4－42.1＝12.3(mm)；箱梁（360 天－30 天）＝40.0－32.8＝7.2(mm)。

当桥梁进行体系转换完成后，将 T 梁及箱梁分别按 30 天及 360 天的存梁期考虑，成桥后各自的变形比较见表 2.9。

表 2.9　成桥后不同存梁期 T 梁与箱梁变形比较表　（单位：mm）

梁形种类	位置＼存梁期	30 天	360 天	差值
T 梁	端跨跨中	47.0	58.5	11.5
	中跨跨中	44.3	54.2	9.9
箱梁	端跨跨中	39.7	45.9	6.2
	中跨跨中	28.5	31.3	2.8

表 2.9 反映出体系转换完成后，对梁体的变形（上拱）仍是增大的情形，这主要是由于墩顶湿接头的浇注及负弯矩钢束的张拉引起的：一方面结构体系变成了连续体系，使得梁跨的荷载减少了；另一方面负弯矩钢束的张拉也进一步引起梁上拱的趋势。本例中，存梁期为 360 天时，较裸梁分别增大了 58.5－54.4＝4.1(mm)（T 梁），45.94－40＝5.9(mm)（箱梁）。但 360 天的存梁期与 30 天的存梁期相比，成桥后的上拱趋势是减弱的(11.5＜12.3)。

第 2 章 上部结构

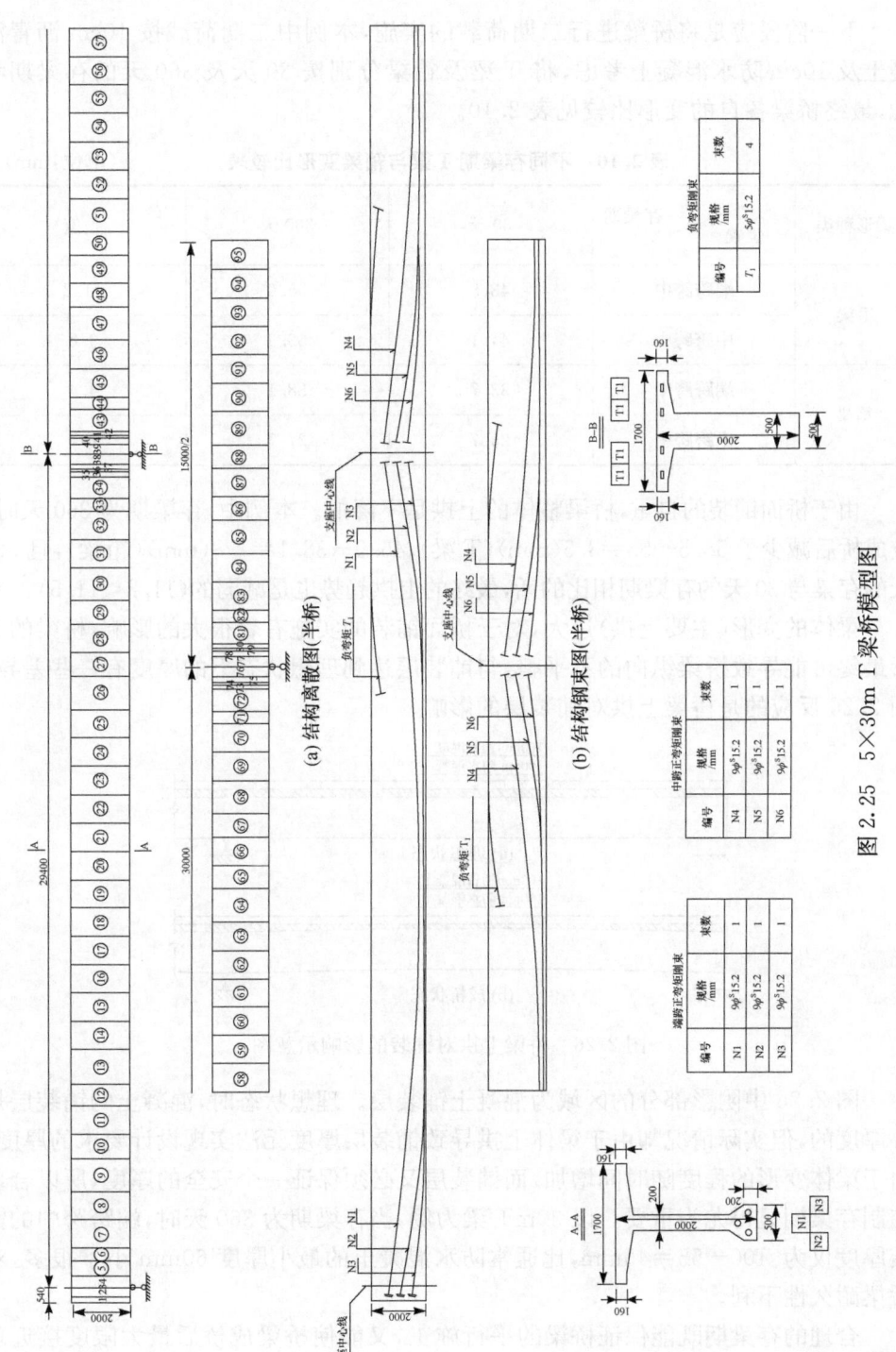

图 2.25 5×30m T 梁桥模型图

下一阶段应是将桥梁进行二期荷载的实施,本例中二期荷载按 10cm 沥青混凝土及 10cm 防水混凝土考虑,将 T 梁及箱梁分别按 30 天及 360 天的存梁期考虑,最终桥梁各自的变形比较见表 2.10。

表 2.10　不同存梁期 T 梁与箱梁变形比较表　　　（单位:mm）

梁形种类	存梁期 位置	30 天	360 天	差值
T 梁	端跨跨中	43.8	55.0	11.2
	中跨跨中	44.1	53.9	9.8
箱梁	端跨跨中	33.7	38.1	4.4
	中跨跨中	25.7	27.7	2.0

由于桥面铺装的自重,桥梁整体的上拱是下降的。本例中,存梁期为 360 天时,较成桥后减少了 58.5－55＝3.5(mm)(T 梁),45.9－38.1＝7.8(mm)(箱梁),且 360 天的存梁与 30 天的存梁期相比的话,最终的上拱趋势也是减弱的(11.2＜11.5)。

梁体的变形(主要上拱)过大,对于桥面铺装的实施有着很大的影响,桥梁的变形最终可能导致桥梁纵向的不平整,与铺装层达到理想状态下的厚度有一些差异。图 2.26 反应的是桥梁上拱对铺装层的影响。

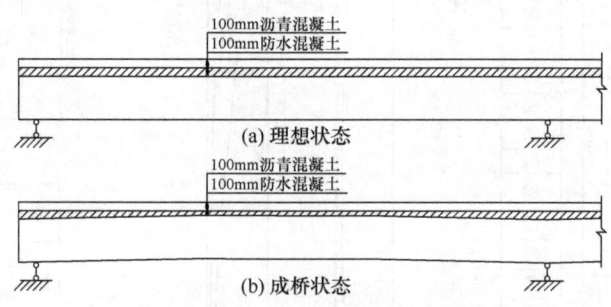

图 2.26　桥梁上拱对铺装的影响示意图

图 2.26 中阴影部分的区域为混凝土铺装层。理想状态时,混凝土的铺装层是等厚度的,但实际情况却由于梁体上拱导致铺装层厚度无法实现设计要求的厚度。由于梁体变形的程度随时间增加,而铺装层又必须保证一个安全的厚度,所以合理控制存梁期显得尤为重要。以 30mT 梁为例,当存梁期为 360 天时,端跨跨中的铺装厚度仅为:100－55＝45mm,比通常防水混凝土的最小厚度 60mm 小了很多,对桥梁耐久性不利。

合理的存梁期既能保证桥梁的平行施工,又能使桥梁成桥后最大限度接近理想状态。大量的工程实践证明,存梁期控制在 3 个月(90 天)之内为较好。

2.14 为什么装配式桥梁在采用上部标准图时，要注意桥梁宽度和斜度的影响

当桥梁设计人员遇到装配式桥梁结构时，一般均会采用"08通用图"或一些地方的相关标准图（通用图）。但标准图（通用图）针对的桥梁情况很多，既有宽度的不同，也有斜度的不同，但当设计人员在遇到桥梁的宽度或斜度与标准图（通用图）不同时，该如何处理呢？举个例子，如标准图（通用图）出版了路基宽度24.5m、26m的，但设计人员遇到了桥梁宽度30m的情况，还有标准图（通用图）出版了斜度0°、15°的，但设计人员遇到了斜度12°的。

因此，有必要对标准图（通用图）中宽度和斜度对桥梁的影响进行分析。下面以"08通用图"中的T梁为例来计算分析其中的差别和影响。

（1）宽度的影响。

标准图（通用图）中的梁间距均存在上、下限制。梁间距的下限值是确保湿接缝的最小宽度，一般按40cm左右控制，其目的是便于湿接缝的浇筑施工；而梁间距的上限值是在预制主梁尺寸、普通钢筋（包括主梁纵向、横向钢筋，这里主要指桥面板的横向钢筋）设置不变的情况下，仅通过调整钢束的形状和用量，以满足主梁在施工、成桥、使用阶段的一系列内力及变形要求为前提，并考虑车辆荷载的变化发展而适当留有一定安全度所确定的某一数值。

为了便于标准化施工，提高模板的使用效率，标准图（通用图）的预制梁宽尽可能相同，不同的梁间距通过湿接缝宽度来实现。以"08通用图"中的T梁为例，公路-I级的预制宽度：中梁均为170cm，边梁内悬臂为85cm，外悬臂$c=100\sim120$cm。梁间距$a=210\sim240$cm，湿接缝宽$b=40\sim70$cm（图2.27），翼板的形式和尺寸、腹板宽度也相同，只是梁高h和马蹄尺寸因跨径的不同有差异。

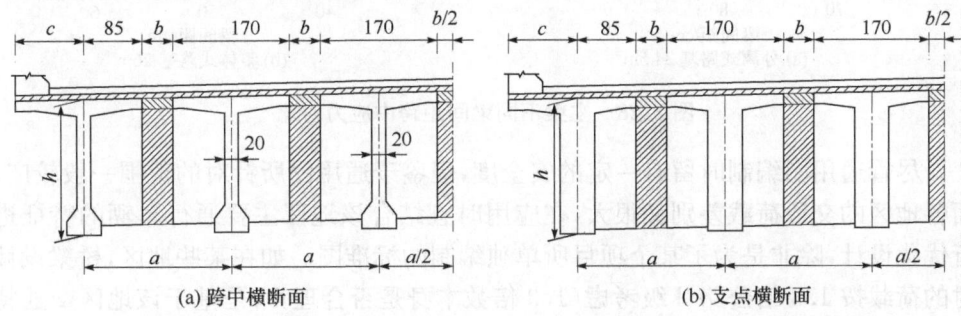

图2.27 T梁横断面示意图（单位：cm）

"08通用图"中的T梁系列，除23m路基宽度外，分离式路基的梁间距均比整体式路基的大5cm。表2.11是24.5m分离式路基和26m整体式路基的30m简支T梁通用图中的梁间距及配束等情况一览表，钢束沿主梁高度从上至下依次为：N1、N2、N3。

表 2.11 30m 简支 T 梁极值梁间距一览表

路基类型及宽度/m	桥宽 W/m	梁间距 a/cm	湿接缝 b/cm	主梁片数 N/片	行车道数	边梁钢束/束			中梁钢束/束		
						N1	N2	N3	N1	N2	N3
分离式 24.5	12	240	70	5	2	11	11	11	11	10	10
整体式 26	12.5	210	40	6	2	10	10	10	10	9	9

从表 2.11 可知,二者在配束上存在一定的差异,这是由于路基宽度的不同所造成的。从主梁承担的恒载来看,梁间距相差 30cm,折算到每片梁上的恒载差值为+12.5%;从活载的横向分布系数来看,尽管行车道数相同,但因梁片数不同,数值也有较大的差别,两者的差值分别为:边梁+15%,中梁+10%。

图 2.28 是分离式路基 24.5m 和整体式路基 26m 在标准梁间距分别加大 10cm、20cm 梁间距时的跨中应力柱状图(浅色的为边梁,深色的为中梁),从图中可以看出,标准梁间距时主梁跨中的压应力储备较大,分别为 3.21MPa(24.5m 宽)、2.93MPa(26m 宽)。尽管随着梁间距的增大,压应力值在下降,但仍有较大的安全度。因此,在使用标准图时,可根据桥梁的重要性及承受的荷载做相应的优化设计,以降低桥梁的经济指标。

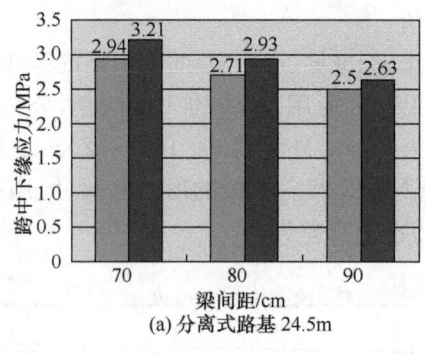
(a) 分离式路基 24.5m

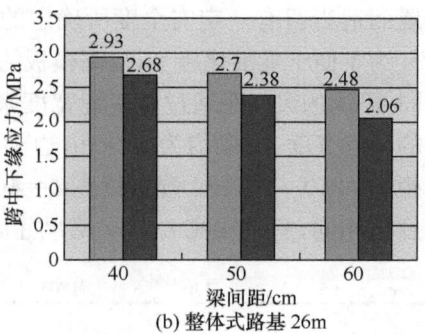
(b) 整体式路基 26m

图 2.28 主梁不同梁间距跨中应力对比

尽管通用图编制时留有一定的安全度,但鉴于通用图所针对的范围一般较广,而各地区的交通荷载差别又很大,在应用时宜结合该地区主要通行车辆的特征进行优化设计,除非是为了某个项目所单独编制的标准图。如在某些地区,桥梁设计时的荷载按 1.3 倍公路-I 级考虑(1.3 倍数本身是否合理?),是基于该地区交通特征所采取的技术措施。

对于非标准路基宽度的桥梁横断面设计时,存在采用 n 片梁,还是 $n+1$ 片梁的问题。例如,以本节中提到的 30m 宽的桥梁为例,若桥梁处在以通行小汽车、客车为主的地区时,横断面可选用梁间距为 230cm,湿接缝宽 60cm 的 11 片中梁、2 片边梁的方案,即"疏梁"方案,钢束设置可在梁间距 240cm,路基宽度 34.5m 的标准图基础上进行优化设计,以照顾经济性;若桥梁处于运输煤炭、矿石等重型物资为主的通道上,桥梁的横断面则可选用梁间距 215cm,湿接缝宽度 45cm 的 12 片中梁、2 片边梁的方案,即"密梁"方案,钢束设置可在梁间距为 210cm 标准图的基础上进行验算校核,并确定是否调整钢束的形状及用量。

需要指出的是,即使梁间距相同(可认为折算到每片梁上的恒载是相同的),如 30m 简支 T 梁分离式路基:23m 与 28m、24.5m 与 34.5m,梁间距分别为 225cm、240cm,但主梁的配束仍存在差异,较窄桥宽的配束用量要大一些,这是由主梁的活载横向分布系数不同所致,这一点对于重载车辆较多的地区尤其要注意。

一般桥梁设计时,标准路基宽度的桥梁可直接采用相关的图纸,但宜根据地区的交通荷载特点,利用已有的标准图进行优化设计,在确保结构安全的情况下,照顾经济性;非标准路基宽度的桥梁,应先根据已有标准图的梁间距范围,确定合理的梁片数量,即首先使得每片主梁的恒载与标准图的设计相当,然后再考虑活载因素,套用合适的标准图或在此基础上进行优化设计。

(2) 斜度的影响。

以最常见的 24.5m 整体式路基为例,选用 3×30m 先简支后连续 T 梁进行分析。为更好地体现结构的横向联系作用,分别对正交 0°及斜交 30°的 T 梁,建立空间杆系有限元模型(空间梁格法)进行分析,正、斜交桥梁在承载能力及正常使用极限状态下的差异见表 2.12 和表 2.13。

表 2.12 主梁弯矩及抗力

部位		正交 0°			斜交 30°		
		内力 S/(kN·m)	抗力 R/(kN·m)	比值 R/S	内力 S/(kN·m)	抗力 R/(kN·m)	比值 R/S
端跨跨中	边梁	10200	10800	1.06	9960	10800	1.08
	中梁	8660	9760	1.13	8480	9760	1.15
中支点	边梁	1480	1680	1.14	1570	1680	1.07
	中梁	1550	1620	1.05	1540	1660	1.08
中跨跨中	边梁	9700	9900	1.02	9760	9900	1.01
	中梁	8300	8980	1.08	7980	8980	1.13

从主梁的弯矩数值来看,对于常规的梁桥而言,斜度对主梁纵向内力的影响不大,斜交桥梁的纵向配筋可采用正交桥的计算结果。但需注意斜交桥在对称荷载的作用下,同一根主梁上的弯矩不对称性,正弯矩峰值随斜度增大,有向钝角方向逐渐靠拢的趋势,跨中下缘的内力峰值出现在跨中向两侧各 $L/8$ 范围内分布,因此钢束布置时要兼顾正、斜交梁的受力特点,钢束过跨中向两侧各 $L/8$ 范围后再起弯。

表 2.13　短期效应组合正截面应力

边梁/中梁	正交 0°			斜交 30°		
	端跨跨中/MPa	中支点/MPa	中跨跨中/MPa	端跨跨中/MPa	中支点/MPa	中跨跨中/MPa
边梁	2.02	−1.21	1.97	2.05	−1.28	2.20
中梁	2.43	−1.07	2.29	1.88	−1.27	1.77

从主梁正截面的抗裂验算结果来看，斜交与正交相比，边梁的应力值变化较小，不需要增加钢束；中梁应力变化稍大，采用正交计算结果时留有一定的压应力储备时可不增加钢束。当斜度不大于 15°时，可直接采用正交桥计算的结果，但当斜度大于 15°时，正交桥计算的结果亦可应用于斜交桥，但钢束配置需注意斜交桥的特点，并按《通规》第 9.2.7 条的要求对上部结构进行处理。如本节开始部分提到的斜度 12°，其钢束、普通钢筋的用量及设置方式可参照斜度 15°的进行。

标准图考虑了最常见的路基宽度和斜度进行设计，其目的是为了提高常规桥梁的设计效率和图纸的实用性，但对于非标准图涵盖范围内的路基宽度及斜度，以及不同荷载特点的情况下，设计人员应科学、合理地套用标准图进行设计，必要时仍需进行验算。

第3章 下部结构

3.1 为什么装配式桥梁的下部一般多采用桩柱式墩台

桥梁墩(台)主要由墩(台)帽、墩(台)身和基础三部分组成(图3.1)。桥梁墩、台的主要作用是承受上部结构传来的荷载,并通过基础又将此荷载及本身自重传递到地基上。桥墩一般是指多跨桥梁的中间支承结构物,它除承受上部结构的荷载外,还要承受流水压力、水面以上的风力及可能出现的冰荷载、船只、排筏或漂浮物的撞击力;桥台不仅是支承桥跨结构的结构物,又是衔接两侧接线路堤的构筑物,既要能挡土护岸,又要能承受台背填土及填土上车辆荷载所产生的附加侧压力。

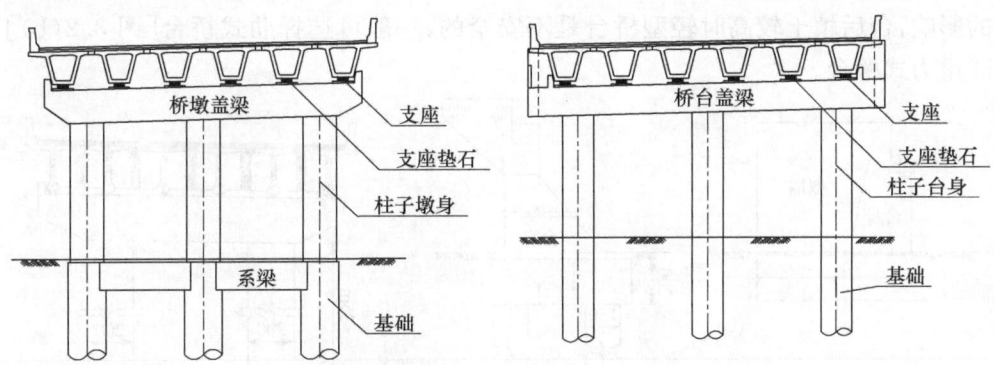

图 3.1 圆柱式墩台示意图

因此,桥梁墩、台不仅本身应具有足够的强度、刚度和稳定性,而且对地基的承载能力、沉降量,地基与基础之间的摩阻力等也有一定的要求,以避免在这些荷载作用下有过大的沉降、水平位移或转动的发生。

从墩台的受力及传力来分,大体可归纳为重力式墩台和轻型墩台;从墩台的材料来分,可分为圬工墩台、钢筋混凝土墩台、预应力混凝土墩台及钢墩台。

重力式墩、台的主要特点是靠自身重量来平衡外力而保持其稳定,因此墩台比较厚实,可以不用钢筋,而用天然石材或片石混凝土砌筑,适用于地基良好的大、中型桥梁,或流水、漂流物较多的河流中的桥梁。在砂石料方便的地区,小桥也往往采用重力式墩台。重力式墩、台的主要缺点是圬工体积较大,因而其自重和阻水面积也较大。由于公路桥梁一般都很宽,目前除特殊桥梁外,一般很少采用重力式桥墩,但重力式桥台仍然在使用[图 3.2(a)]。

所谓轻型墩台是与重力墩台相比较来说的。一般来说刚度小、受力后允许在一定的范围内发生弹性变形的墩台均可称为轻型墩台。其所用的建筑材料大都以钢筋混凝土为主。其中钢筋混凝土的柱式墩台应用最成熟、最普遍,施工也最方便。

柱式桥墩由分离的两根或多根立柱(或桩柱)所组成,是公路桥梁中采用较多的桥墩之一。它的外形美观,体积小,而且重量较轻。

图 3.1 所示为三柱式桥墩(台),它由三个圆形柱和设置在柱顶上的墩帽及连系梁所组成,柱的底端被连成整体。这种桥墩的刚度大,适用性较广,并可与桩基配合使用。钻孔桩柱式桥墩适合于许多场合和各种地质条件。对于宽桥还可采用多柱式,通过增大桩径、桩长或用多排桩加建承台等措施[图 3.2(c)],也能适用于更复杂的软弱地质条件及较大跨径和较高的桥墩,缺点是水平刚度小,抵抗侧向撞击能力弱,在有侧向冲击要求时,应加强相应的保护措施。

装配式结构的桥梁较之大跨径的桥梁来说,传递到桥墩的内力不是很大,一般采用钢筋混凝土的轻型桥墩是完全能够满足要求的。桥台由于还受到台后土压力的影响,台后填土较高时轻型桥台是不安全的,一般可选择肋式桥台[图 3.2(b)]或重力式桥台。

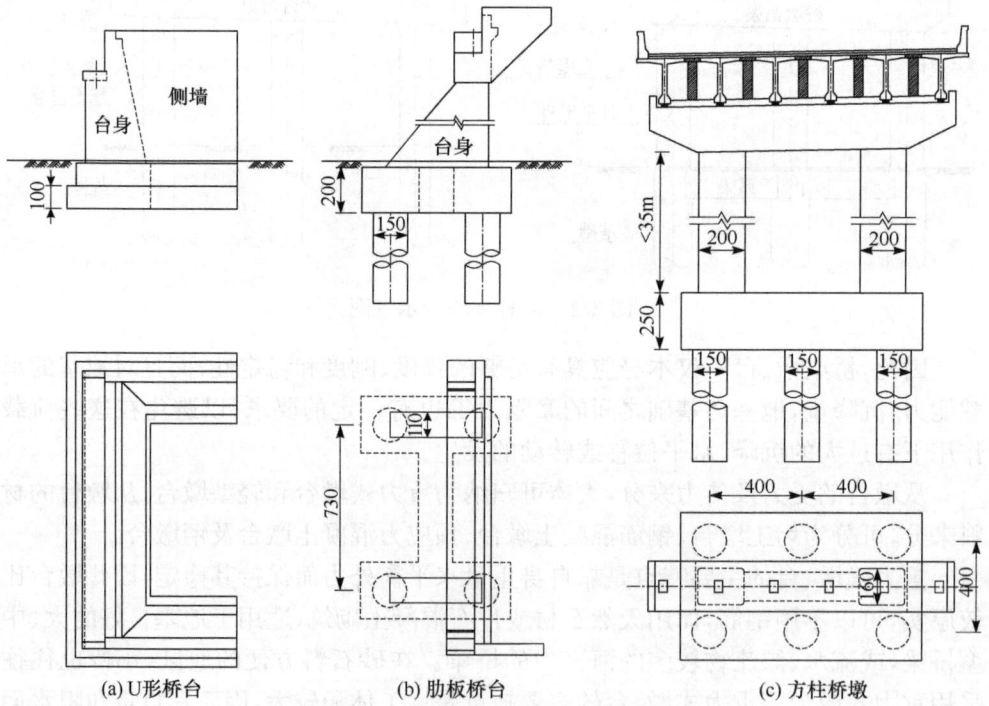

(a) U形桥台   (b) 肋板桥台   (c) 方柱桥墩

图 3.2 桥台及双柱矩形墩示意图(单位:cm)

目前公路及城市桥梁中,应用最广泛的桥墩是圆柱或方柱式桥墩,材料为钢筋混凝土或钢材,对于装配式的桥梁来说,工程界一般按高度决定其形式;应用最广泛的桥台是柱式或肋板式桥台,地基特别好的也有采用重力式桥台的。表 3.1 列出了墩台的相关高度及对应的参考形式。

表 3.1　墩台高度及形式参考表

类别	高度/m	形式	备注
桥墩	<25m	圆柱式	
	<35m	双柱矩形	
	<45m	整体矩形	沿高度变截面
	45m 以上	箱形截面的空心墩	一般是变截面的
桥台	<5m	圆柱式	
	>5m	肋板式	
	地质条件好的	重力式	一般称为 U 形桥台

3.2　为什么对梁体平移的桥梁应注意对下部结构的影响

山区高速公路的线形受地形、地貌的影响,存在着大量较小半径的平曲线,桥梁的特征表现为弯、坡、斜。桥梁采用装配式的结构施工时,既要利用预制结构,又要满足较为复杂的平曲线要求,最大限度实现"以直代曲"的目的,其上部主梁一般以 T 梁、箱梁为主。

平曲线上的桥梁[图 1.2(a)],由于受曲率半径的影响,内外梁梁长不等,半径越小,内外梁梁长相差越大,主梁一般预制成"不等长"的直线梁,通过直线梁安放位置或悬臂长度的变化来实现桥面的曲线。

(1) 当平曲线半径较大而桥梁跨径较小,矢高 f 值较小时(一般为±5cm),可采用调整防撞护栏位置的方式,将处在弧段的防撞护栏向外平移,形成桥面曲线。

(2) 当平曲线半径较小而桥梁跨径较大,矢高 f 值较大时(一般为±5~30cm),可采用将外侧边板(梁)外缘按实际曲线预制成平曲线,形成桥面曲线;当矢高 f 值较大(一般>30cm)时,此时,将该跨梁体向外弧侧平移(外边梁的悬臂长度减短,内边梁的悬臂长度增长),这样平移后的内外侧边梁的悬臂长相近,避免了边梁的特殊设计。这样的处理方式既能利用预制梁设计也能实现桥面的平曲线。

梁体平移后,梁体中线与桥面中心必然存在差值 $e\left[e\approx\dfrac{1}{2}(f_外-f_内)\right]$。此时,应注意其对下部结构的影响,具体处理方式有以下三种。

方式 1:挡块变化。桥面中心线(桥梁设计线)与桥墩中心线一致,通过将左右侧挡块按不等宽制作[图 3.3(a),$g<h$],满足梁体平移后的安放。但应注意保证挡块最小宽度的要求。

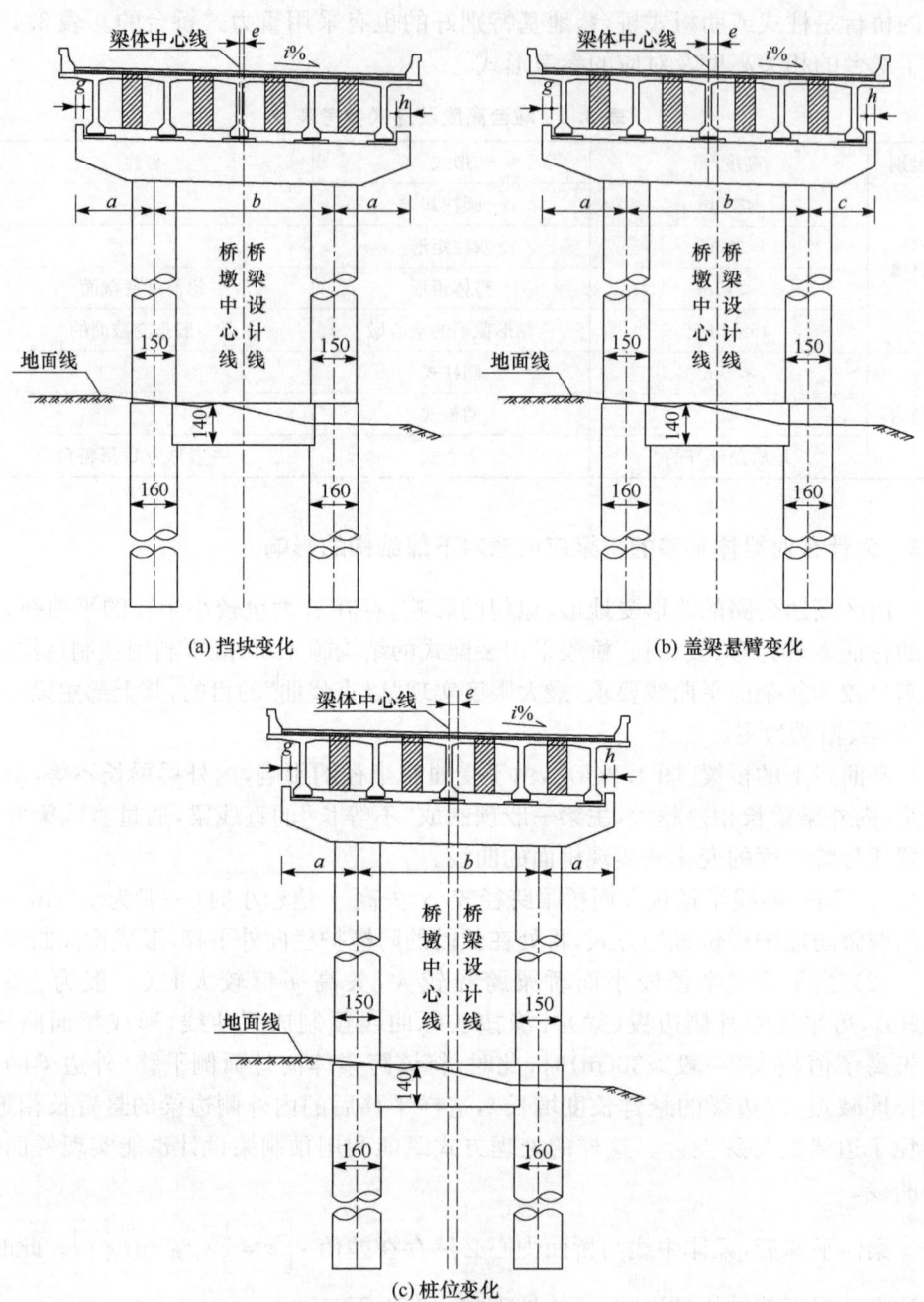

图 3.3 梁体平移后对下部结构的处理方式(单位:cm)

方式2：盖梁悬臂变化。桥面中心线与桥墩中心线一致，通过将盖梁的左右侧悬臂按不等长制作[图3.3(b)，$a>c$，$g=h$]，满足梁体平移后的安放，但应注意大悬臂的尺寸。

方式3：桩位变化。桥墩中心线与桥面中心线不一致，但与梁体中心线一致[图3.3(c)，$g=h$]，那么，此时下部构造与上部梁体的相对关系与其他不平移的桥跨的桥墩保持了一致，且满足梁体安放、曲线形成的要求。

方式1及方式2中，桥墩盖梁的挡块或盖梁的配筋均应特殊设计，而方式3仅是将下部整体进行了"移动"，盖梁的构造不需要特殊设计，但要特别注意移动后桩位的变化。

考虑到下部结构的定型、标准化，推荐采用方式3。

需要注意的是，上述的三种方式中，均应特别注意支座横向布置（方式1及方式2）的变化及相关高程的计算，避免主梁安放时出现偏差。

3.3 为什么桥台处的垫石高度与支撑总高度的位置有关

支撑总高度是指板梁底到盖梁顶的竖向距离，其作用是保证支座的安放、平置及更换，其包含的构件由上到下依次是：板梁调平钢板（混凝土楔形块）、支座、支座垫石。桥墩处由于墩中心线一般与支座位置重合，其支撑总高度的位置也是确定的，但桥台处由于存在两个均可采用的位置，就会涉及相关构件的尺寸问题。在桥台处支撑总高度的位置有以下两个：

（1）支撑总高度的位置定在跨径线处，即通常所说的桥台背墙前缘线处。

（2）支撑总高度的位置定在桥台支座中心位置处。

如图3.4所示，背墙前缘线到支座中心线距离为L，支撑总高度为H，外露调平钢板厚度为h_g，支座构造总厚度为h_z，梁纵坡为$i\%$，垫石高度为h_d（h_d'）。h_d为支撑总高度的位置选择在桥台背墙前缘线时的垫石高度；h_d'为支撑总高度的位

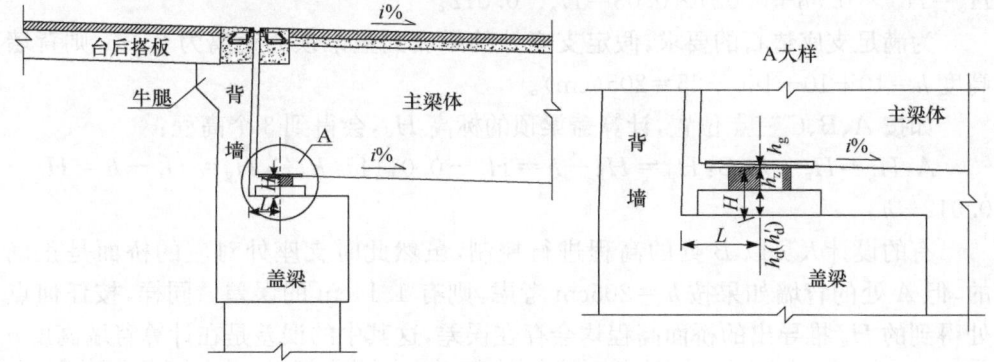

图3.4 支撑总高度与垫石高度示意图

置选择在支座位置处时的垫石高度,则存在

$$H = h_g + h_z + h_d(h'_d)$$

显然

$$h_d = H - i\% \times L - h_g - h_z, \quad h'_d = H - h_g - h_z$$

通过对上述两种情况垫石高度的计算发现,当支撑总高度位置选择在桥台背墙前缘线处时需要考虑背墙前缘线到支座中心线的距离 L 和桥梁纵坡 $i\%$。当桥梁纵坡 $i\% < 0$ 时,即桥梁沿前进方向为下坡,那么 $h_d > h'_d$;当纵坡 $i\% > 0$ 时,即桥梁沿前进方向为上坡,那么 $h_d < h'_d$。

可见,精确计算垫石的高度会受到其支撑总高度 H 位置的影响。

一般情况下,为简化设计,可将支撑总高度 H 位置设定在背墙前缘线处,这样更加方便背墙高度的取值(取整)。

3.4 为什么在计算桥台各处高程时,应以背墙前缘处的高程控制为宜

图 3.5(a)是 30m 跨径箱梁桥桥台处的纵向剖面图。设计时关心的问题主要是:桥面高程、支座垫石高程及盖梁顶高程。

当桥梁处在平坡段上时,这三项高程的计算很简单,即三项位置对应的桥面高程是一致的。但桥梁往往是处在有纵坡的路段上,一般还伴随有竖曲线,很多情况下还是斜交的桥梁。这时如何保证桥梁施工后最大限度接近设计要求,同时减少设计工作量成了一个问题。

有的设计人员分别按三项位置计算桥面高程,然后推导出相应需要的高程。以图 3.5(b)为例,为简单计算,假定桥梁为正交桥,桥梁纵坡为 3%,且不在竖曲线上。

A 处(背墙前缘线处)的桥面高程为 H_a(m),则 B 处(支座中心线处)的桥面高程为 $H_b = H_a - 0.38 \times 0.03 = H_a - 0.0114$。$C$ 处(盖梁中心线处)的桥面高程为 $H_c = H_a - (0.38 + 0.02) \times 0.03 = H_a - 0.012$。

为满足支座垫石的要求,假定支座处的梁底到盖梁顶的距离为 25cm,则背墙高度 $h = 10 + 10 + 160 + 25 = 205$(cm)。

如按 A、B、C 三点位置,计算盖梁顶的标高 H_g,会得到 3 个高程:

$A: H_g = H_a - h; B: H_g = H_b - h = H_a - 0.0114 - h; C: H_g = H_c - h = H_a - 0.012 - h$。

有的设计人员以 B 处的高程进行控制,虽然此时支座处对应的桥面是正确的,但 A 处的背墙如果按 $h = 205$cm 考虑,则有 1.14cm 的误差。同样,按任何点处得到的 H_g 推导出的桥面高程均会存在误差,这其中的误差是在计算背墙高度 h 时产生的,但设计制图时却完全允许存在这样的误差,消除的方法是调整桥面铺装层(整体化混凝土、混凝土调平层)。

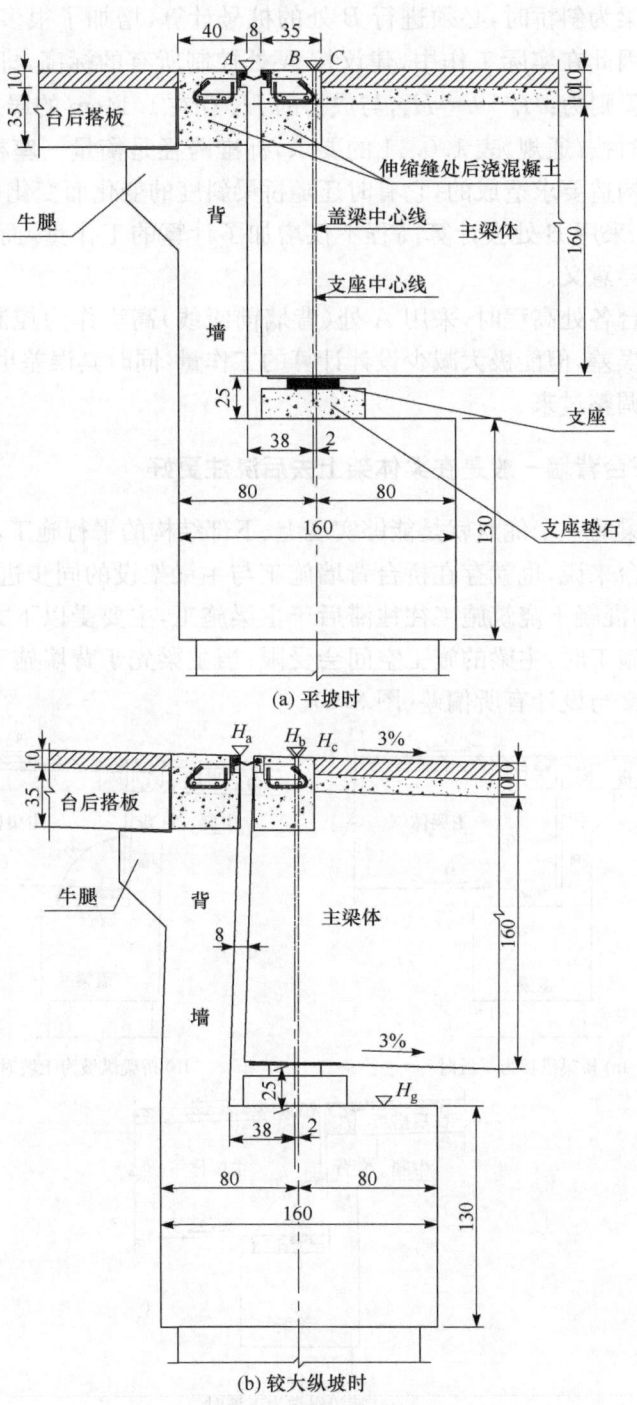

图 3.5 桥台处桥梁纵向剖面示意图(单位:cm)

而且当桥梁为斜桥时，必须进行 B 处的桩号计算，增加了很多的工作量但并未消除误差。因此在实际工作中，建议按 A 处控制所有的标高，即 $H_g=H_a-h$。B 处此时的高程则为：$H_g+h=H_a$，与成桥的 H_b 存在 1.14 cm 的误差，通过桥面铺装层调整。同时按《通规》表 1.0.11 的要求，标准跨径是衡量一座桥梁的指标，而计算跨径仅是构造要求造成的，它有时还随桥梁斜度的变化而变化，没有明确的要求和规定，因此采用 B 处去计算高程不仅增加了计算的工作量，而且对实际工程也没有任何指导意义。

在计算桥台各处高程时，采用 A 处（背墙前缘线）高程作为控制高程，虽然不能消除高程的误差，但能极大减少设计计算的工作量，同时其误差也能在施工时通过桥面铺装层调整过来。

3.5 为什么桥台背墙一般是在梁体架上去后浇注更好

装配式桥梁的一个优点就是能够实现上、下部结构的平行施工，减少施工的工期。因此就桥台来说，也就存在桥台背墙施工与主梁架设的同步进行。一般情况下，桥台背墙的混凝土浇筑施工往往滞后于主梁施工，主要受以下方面的制约：当背墙先于主梁施工时，主梁的施工空间会受限；当主梁先于背墙施工时，背墙的实际倾斜角度通常与设计有所偏差（图 3.6）。

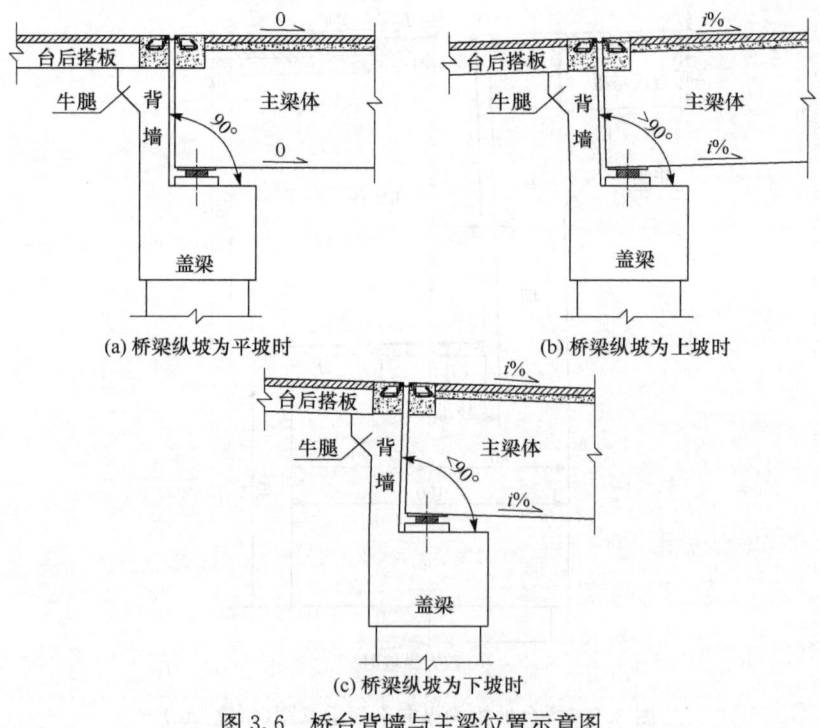

图 3.6 桥台背墙与主梁位置示意图

图 3.6 所示为桥台背墙和主梁的位置关系。图中角度 a 为浇筑桥台背墙时设计的倾斜角度,设置倾斜角度 a 的目的是为了保证主梁梁端到背墙前缘线处的距离相等,从而保证伸缩缝装置安装工作能够顺利进行并利于伸缩缝维持在最佳工作状态。

工程实践中,如果采用先浇筑背墙后架设主梁的施工顺序时,虽然能够实现设计中给定的倾斜角度 a,但这会给接下来的施工带来诸多不便。主要体现在以下几个方面:

(1) 主梁架设时操作空间小。从背墙的外部构造来看,无疑对主梁架设时的纵向空间起到了限制作用,如果操作不当,背墙很有可能遭受到主梁的碰撞。

(2) 增加了安装伸缩缝时的工作难度和工作量。由于施工不可避免地存在误差,主梁就位往往无法达到设计上的要求,最终很难保证就位后的主梁梁端与背墙前缘线之间的距离相等。当伸缩缝装置安装工作难以进行时,施工人员一般会采用剔凿背墙或主梁梁端的方法来实现伸缩缝装置的安装工作,这样一来虽然表面上解决了伸缩缝装置的安装工作,但桥台背墙前缘处和主梁梁端却遭到了破坏,给桥梁质量埋下了隐患。

改变上述施工顺序,即先架设主梁后浇筑桥台背墙,实践证明不仅可以保证架设主梁时操作空间大,而且还避免了主梁撞坏背墙的可能性。架设主梁时主梁实际位置和设计给定的位置会产生误差,通过对桥台背墙倾斜度的稍许调整便可实现伸缩装置上下同宽,以便顺利进行伸缩缝装置的安装工作(图 3.7)。

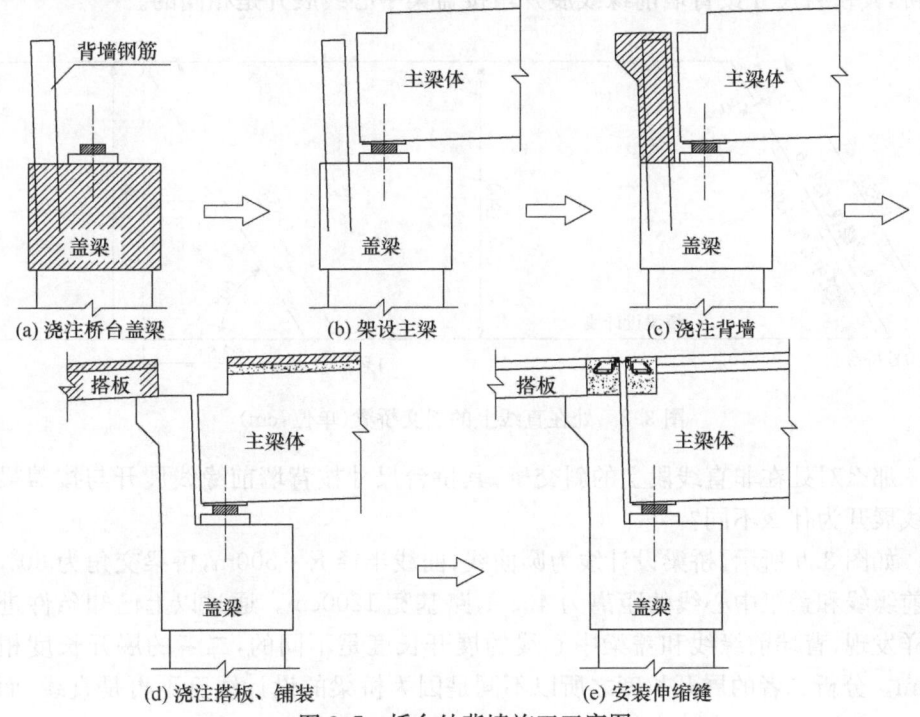

图 3.7 桥台处背墙施工工序图

由此可见，先架设主梁后浇筑桥台背墙避免了对主梁和桥台背墙的剔凿，便于保证桥台背墙与主梁梁端缝隙的上下一致，便于伸缩缝的安装及工作。同时也没有增加额外的工程量。特别是对于桥梁处在大纵坡时，选择后浇注桥台背墙是非常重要的。

当然，对于桥梁处在平坡或纵坡很小的情况时，选择先浇注与后浇注桥台背墙对伸缩缝安装是没有影响的，同时当采用架桥机施工时，一般也不存在主梁与桥台背墙的冲撞问题。

3.6 为什么处在非直线段上的斜交桥，其桥台尺寸按背墙前缘线展开与按盖梁中心线展开是不同的

首先对处在直线段上斜交桥的桥台尺寸按背墙前缘线展开与按盖梁中心线展开进行一下比较说明。

如图 3.8 所示，桥梁设计线为直线，桥梁交角为 60°，背墙前缘线和盖梁中心线的距离为 40cm，路基宽为 1200cm。通过对背墙前缘线和盖梁中心线的展开长度计算之后得出，两者的展开长度均为 1385.6cm，即背墙前缘线和盖梁中心线的展开长度均为 $\dfrac{1200\text{cm}}{\cos 30°}$，即两者存在直角三角函数关系，也就是说处在直线段上的斜交桥，其桥台尺寸按背墙前缘线展开与按盖梁中心线展开是相同的。

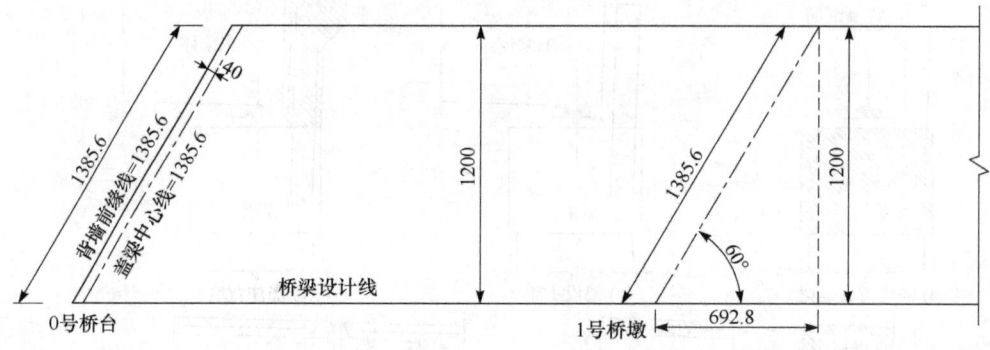

图 3.8　处在直线上的斜交桥梁（单位：cm）

那么对处在非直线段上的斜交桥，其桥台尺寸按背墙前缘线展开与按盖梁中心线展开为什么不同？

如图 3.9 所示，桥梁设计线为圆曲线，曲线半径 $R=500\text{m}$，桥梁交角为 60°，背墙前缘线和盖梁中心线的距离为 40cm，路基宽 1200cm。通过以上已知条件进行放样发现，背墙前缘线和盖梁中心线的展开长度是不同的，二者的展开长度相差 8mm。分析二者的展开长度之所以不同是因为桥梁的设计线已不再是直线，而是

圆曲线,不存在三角函数关系。两者的长度 $L \neq \dfrac{1200\text{cm}}{\cos 30°}$,而是大于该数值。实际上想通过数值公式计算二者的值比较复杂,可以利用 CAD 进行实际放样来求得其值。

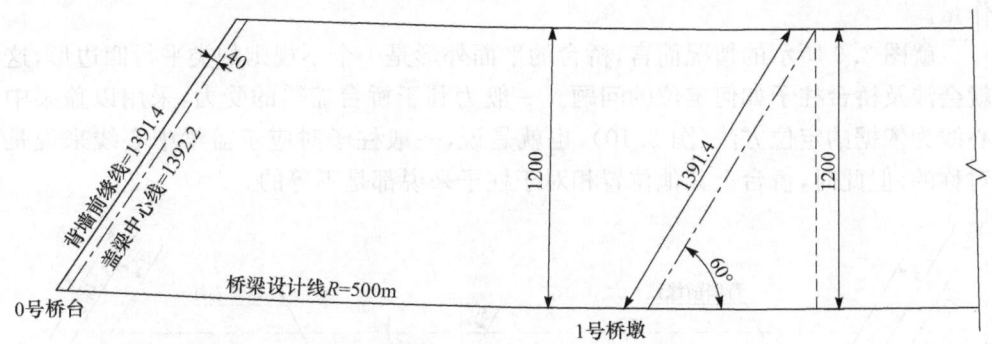

图 3.9　处在曲线上的斜交桥梁(单位:cm)

下面以路基宽为 12m,斜交角为 60°,背墙前缘线和盖梁中心线的距离为 40cm 为例,当其处在直线段时,背墙前缘线(盖梁中心线)长度 $L = \dfrac{12}{\cos 30°} = 13.8564(\text{m})$,当曲线半径不同时,背墙前缘线和盖梁中心线的长度见表 3.2。

表 3.2　处在曲线桥时背墙前缘线和盖梁中心线长度比较表

曲线半径/m	背墙前缘线长度 L_1/m	盖梁中心线长度 L_2/m	差值(L_2-L_1)/m
100	14.187	14.233	0.046
200	14.007	14.028	0.021
300	13.954	13.967	0.013
400	13.929	13.938	0.009
500	13.914	13.922	0.008
600	13.904	13.910	0.006
700	13.897	13.902	0.005
800	13.892	13.897	0.005
1000	13.885	13.888	0.003
1500	13.875	13.878	0.003
6000	13.861	13.862	0.001
8000	13.860	13.860	0

从表 3.2 中很明显看到,曲线半径 R 越大,其差值越小,越趋近于直线桥的三角函数计算值,但总是比直线桥偏大。

如果曲线为缓和曲线,那么桥台尺寸按背墙前缘线展开与按盖梁中心线展开长度会相同吗?结论也是不相同的。由于缓和曲线的线形比圆曲线的线形更为复杂(缓和曲线上各点的曲率半径时刻都在变化),其数值借助于 CAD 计算则更简单。

尤其值得注意的是，当桥梁为曲线变宽桥时，桥梁的宽度不仅与路基宽、交叉角度没有三角函数关系，而且由于变宽线形的函数也较复杂，试图通过数值计算得到各处的斜长更困难，此时应利用 CAD 软件的量取实现，以减少不必要的工作量。

就图 3.9 所示的情况而言，桥台的平面外形是一个不规则的类平行四边形，这就会涉及桥台柱子如何定位的问题。一般为利于桥台盖梁的受力，采用以盖梁中心线为依据的定位方法(图 3.10)，也就是说，一般柱子对应于盖梁中心线来说是对称的，但此时，桥台上其他位置相对于柱子来说都是不等的。

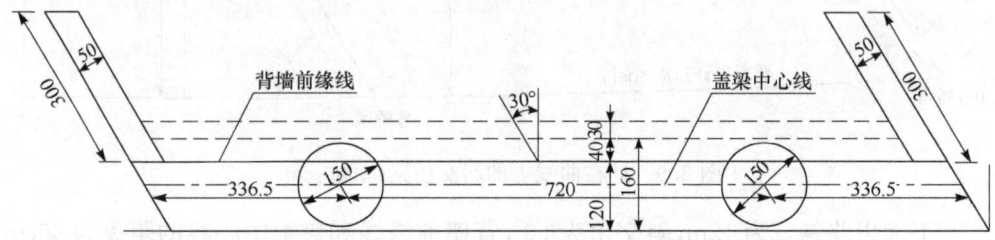

图 3.10　曲线桥桥台平面示意图(单位:cm)

因此，在设计曲线桥时，桥台的一般构造及下部基础的定位非常重要，设计人员应依据桥位的平面图，利用 CAD 辅助设计，精确将实际的外形、坐标等参数算出，切不可简单计算忽略曲线的影响，否则会造成下部与上部不匹配，无法安装等事故。

工程实例中，某工程的一座桥梁处在曲线上，但施工图纸中的桥台盖梁尺寸是用路基宽与桥梁交角按三角函数关系计算得出的数值。最终导致桥台盖梁尺寸偏小，使得梁体无法架设，造成了事故。因此在涉及非直线段上的斜桥时，要特别慎重。

3.7　为什么当桥梁采用柱式桥墩时，其横向墩柱高差应由横向地形控制

桥墩类型有很多种，如常见的有柱式墩、矩形墩、空心墩等，其中最常见的是双柱式桥墩。矩形墩和空心墩大多数为单根墩(横桥向)，当然也有少量的双墩出现，但不论是单墩还是双墩，由于承台的存在，最终其基础桩的高度是一致的，也就是说矩形墩或空心墩横向墩柱高差受地形影响较小。而柱式墩的高度会受到桥梁横向地形的影响，当地形变化较大时，为了保护原地形的稳定性或尽量少破坏原地形，通常柱式墩各墩高会不同(图 3.11)。

图 3.11 中讨论了三种情况下的双柱墩的布置方式。当横向地形较平缓时，桥梁横向墩柱高差相差不大，就如同图 3.11(a)的布置，在这种情况下的桥梁，桩顶标高会设在同一个高程，即系梁顶部位置处，墩柱高差由盖梁横坡 i 值来决定，因盖梁横坡 i 值一般在 3% 之内，因此墩柱高差相对于墩高来说是可忽略的，这种情

第 3 章 下部结构

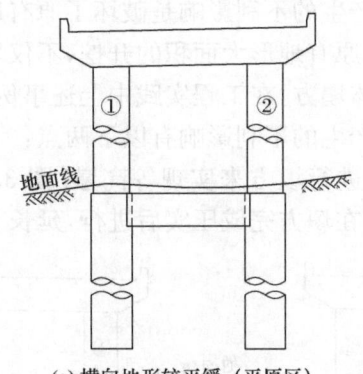

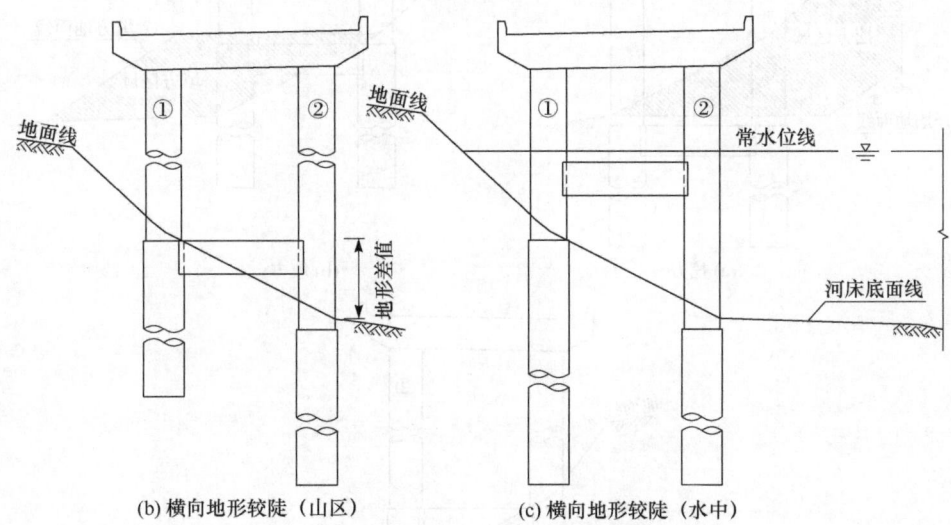

图 3.11 横向地形对柱式墩高的影响

况下的桥墩称为等高墩。

当横向地形较陡峭时,为了减少原土体的开挖,保护原地形的稳定,通常会做成如图 3.11(b)所示的柱式墩。很明显墩①和墩②高度相差较大,可称其为高低墩。

桥梁处在水中时,虽然河床地形可能也很陡峭,但一般将常水位线与河床底之间的部分做成柱子,且一般不在河床底设置系梁,而在常水位线附近设置系梁[图 3.11(c)]。也就是说,最大限度地减少深水中的施工。

本节重点讨论非水中墩时的高低墩情况。如图 3.11(b)所示,桥墩所处横向地形呈坡状,较陡,若将两柱子做成等高,有以下两种办法:

(1) 将矮墩①的桩顶下挖到高墩②的桩顶处,可使两墩等高[图 3.12(a)]。

(2) 将高墩②的桩顶抬高至矮墩①的桩顶处,可使两墩等高[图 3.12(b)、(c)]。

就方法 1 来说,这样做产生的不利影响是破坏了原有地形的稳定性,增大了施工的难度和危险性。因为对原有地形大面积的开挖,不仅增加了工程量,也会影响到原土体的稳定性,易使土体塌方,在工程实践中上述事例发生过。

就方法 2 来说,这样做产生的不利影响有以下两点:

(1) 在高墩②处原地面进行填方来实现等高墩[图 3.12(b)],由于填方量较大,增加了工程量,且施工需在填方完成压实后进行,延长了施工周期。

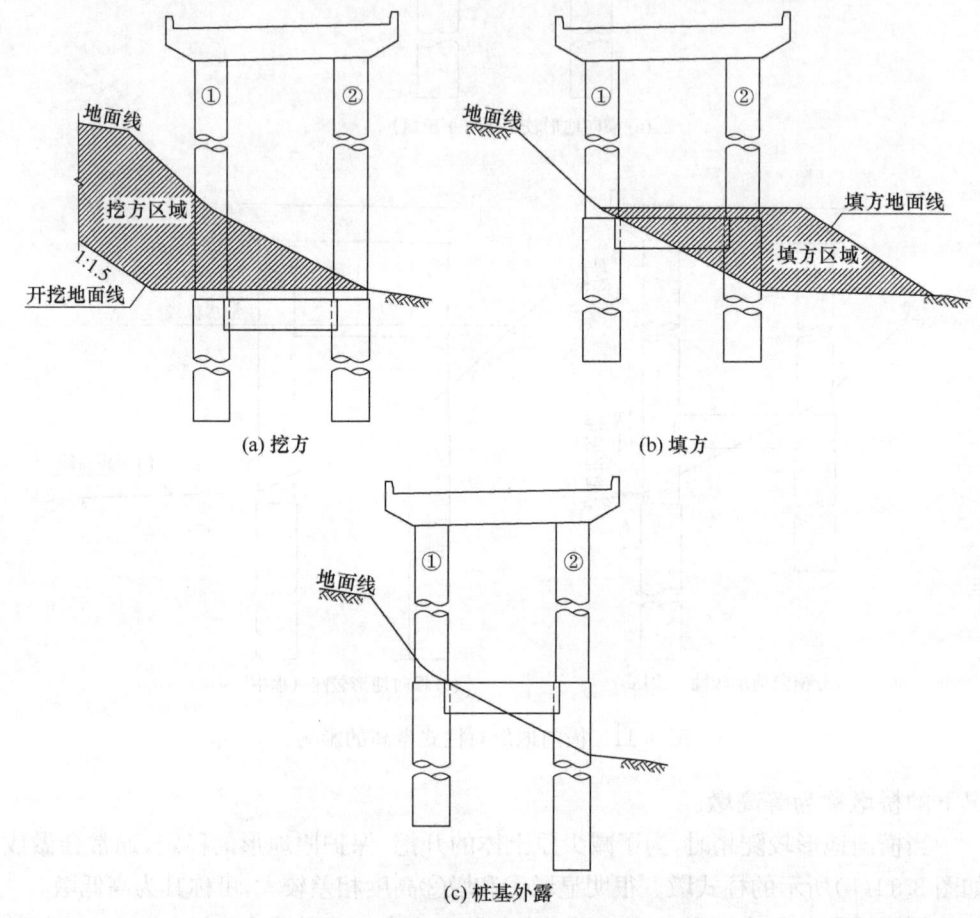

图 3.12 等高墩示意图

(2) 在高墩②处不进行填方的情况下,将高墩②处桩顶直接抬高至低墩①桩顶处[图 3.12(c)],增加了②号墩的桩基长度,相应的桩基钢筋量也有所增加,且桩基施工较困难(需要增加模板),建成后桩基也暴露在外。

因此,对于非水中横向地形相差较大的柱式桥墩,采用图 3.11(b)是最合适的。很显然,由于①和②墩柱高度的差别,使得桩基受力是不同的,也就造成了其相应桩基深度的差别。按照《公路桥涵地基与基础设计规范》(JTG D63—2007)的第5.15条的要求"在同一桩基中，除特殊设计外，不宜同时采用……和桩端深度相差过大的桩"，那么对于高低墩的情况，很明显两桩基不应是同样的长度，因此应认为是特殊设计。

对于高低墩的情况，按其地形差值的大小可分为三种情况：高差<2m、高差2~4m及高差>4m。在这三种情况下，以30m跨径的预应力混凝土先简支后连续箱梁的双柱式桥墩为例子说明如下(图3.13)：

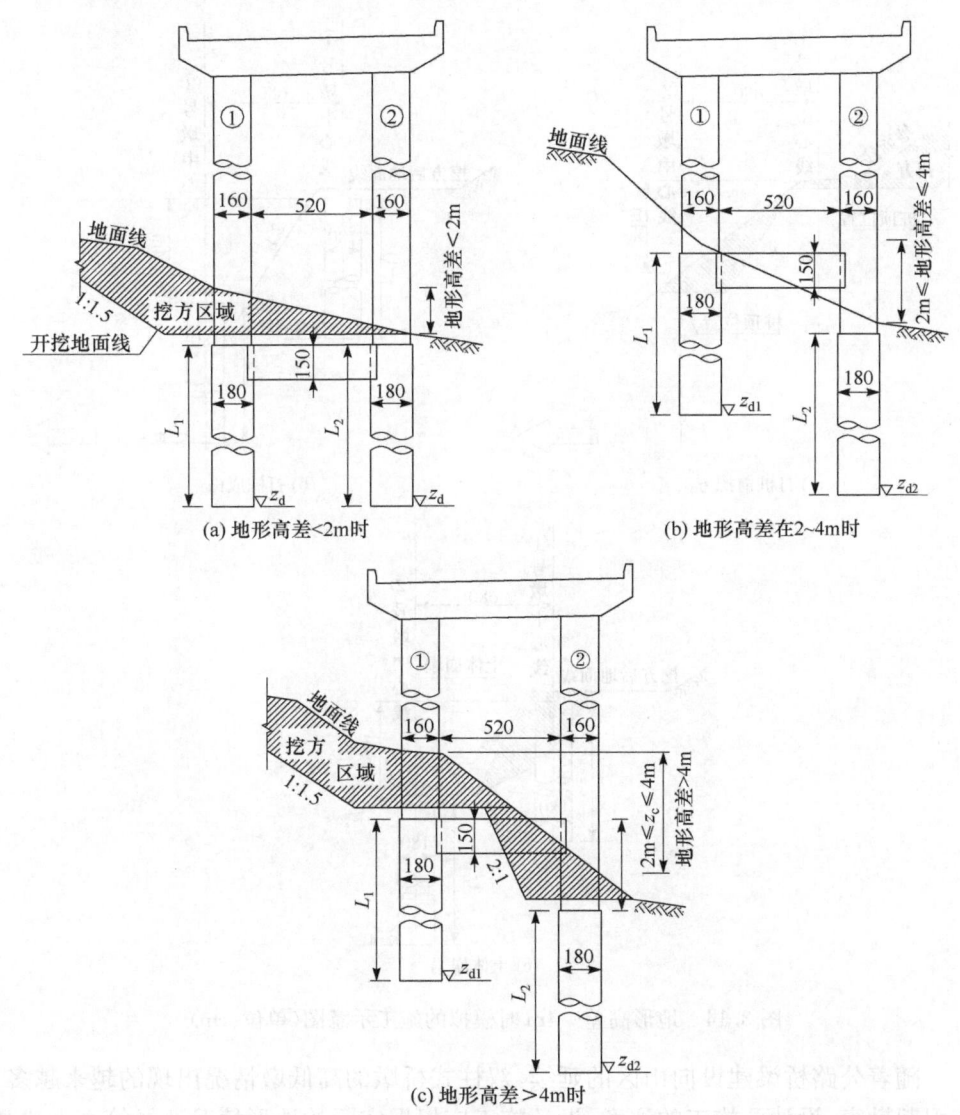

图3.13 地形高差对桥墩影响示意图(单位：cm)

(1) 高差<2m 时,一般采用将高墩柱处的土方挖去,使高低墩成为等高墩,使得设计及施工简单、明确[图 3.13(a)]。

(2) 高差在 2~4m 时,是典型的高低墩情况,两桩端的深度是不同的[图 3.13(b)]。

(3) 高差>4m 时,这种情况出现得不多,一般采用图 3.13(c)的处理方式进行,最终将柱子的高差控制在 2~4m,这是因为考虑到桩基施工的平台需要,如将柱子高差按实际的地形高差控制,则会形成高墩处的土体不稳定,最终土体可能会崩塌,使得矮墩处的桩基外露而影响其承载力(图 3.14)。

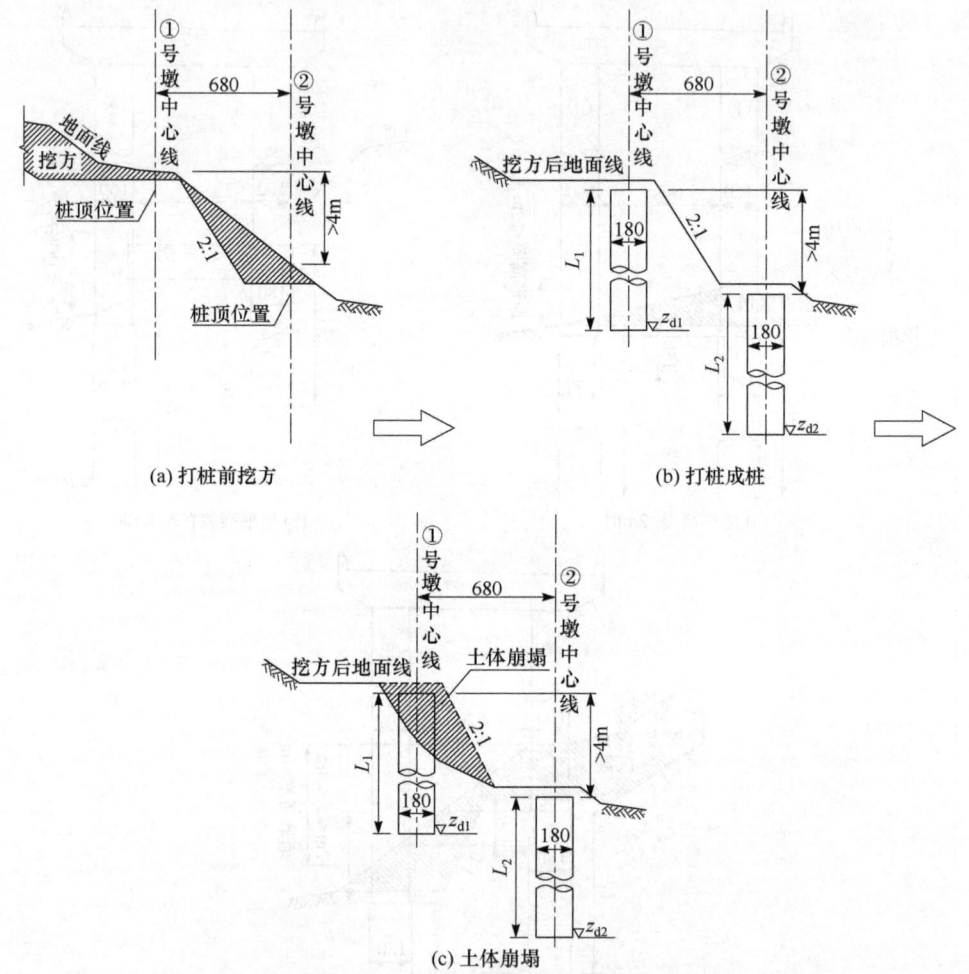

图 3.14 地形高差>4m 时模拟的施工示意图(单位:cm)

随着公路桥梁建设向山区的延续,双柱式桥墩的高低墩情况出现的越来越多,应引起勘察、设计及施工的注意,设计施工应根据实际的地形情况选择等高墩或高低墩,否则会影响到实际放样后桥墩的变更及安全。

特别是当地形的横向高差>4m时,选择合理的柱高差尤为重要,如怀化至通道(湘桂界)高速公路的项目中第13合同段K66+260.353桥,左幅桥的4号墩,地形高差约5.2m,但设计施工时,其柱子高差控制在4m。

3.8 为什么当桥梁处在比较复杂的地形时,尤其纵向地形较陡的情况下,要对相关墩台进行处理

随着山区高速公路的建设,处在复杂地形中的桥梁越来越多。地形复杂主要表现为地面高差大,变化频繁,特别是当纵向地形较陡时,桥梁在设计和施工时要特别注意一些细节问题,特别是墩台所处地形的实际情况,否则会产生工程的安全隐患及较多的设计变更。桥梁处在比较复杂的地形时,一般会存在以下几种情形:

(1) 当地形较陡峭时,可能出现桩基外露。此时应对其箍筋加密段适当加长,保证外露部分的箍筋全部加密。

(2) 当地形变化较大时,装配式先简支后连续梁桥中极有可能同时出现高墩和矮墩,此时,应考虑整联桥纵向结构体系的变化,如当高墩足够高时(一般大于30m)可设置刚接墩,使得桥梁纵向由原来的连续梁体系变成连续-刚构体系,这样使高墩、矮墩的受力性能都得到了改善,且减少了桥梁支座数量及后期的更换。

(3) 处在复杂地形中的桥梁,更多的问题是基础桩的有效桩长问题。以图3.15中的桥梁为例,这样的桥梁在山区中是常见的。目前桩基础的施工一般采用了机械的钻孔施工,也有采用挖孔的。但无论采用哪种施工方法,均应在其位置整理出施工的操作场地(施工平台)。在对各墩台设计时需要结合其所处实际环境综合分析考虑,在施工场地与地形结合的基础上,分析各个墩台的桩基情况。

就图3.15所示的情况具体分析如下:

(1) 对于0号台来说,考虑到施工平台设置后,施工平台附近的土体已不能承担桩的摩擦作用,因此其有效桩长应为$25-1.5=23.5(m)$。

(2) 对于1号墩来说,施工平台处理后,还有近6m长度处在土层摩阻力$\tau=-8kPa$的粉土范围内,应属于土体易崩塌区域,设计时,这段6m的距离应按无效桩长考虑。其次,易崩塌区域下面有将近3.8m土体处在土层摩阻力$\tau=0kPa$的粉土层中,这段长度同样也属于无效桩长的范围。因此,就本墩来说,有$6+3.8=9.8(m)$长度的桩仅仅是增加了有效桩长的荷载,而不能考虑其周边土体对桩的摩阻力。

(3) 对于2号墩来说,桩长计算特点与1号墩类似。

(4) 对于3号墩来说,由于其所处地形纵向高差较大,施工平台的开挖区域应增大,避免土体的塌落,设计时应将挖方的坡度注明,以便进行安全的施工,同时设计单位应和施工单位保持密切联系,实时根据现场地形及施工机械确定其开挖的范围和方法。

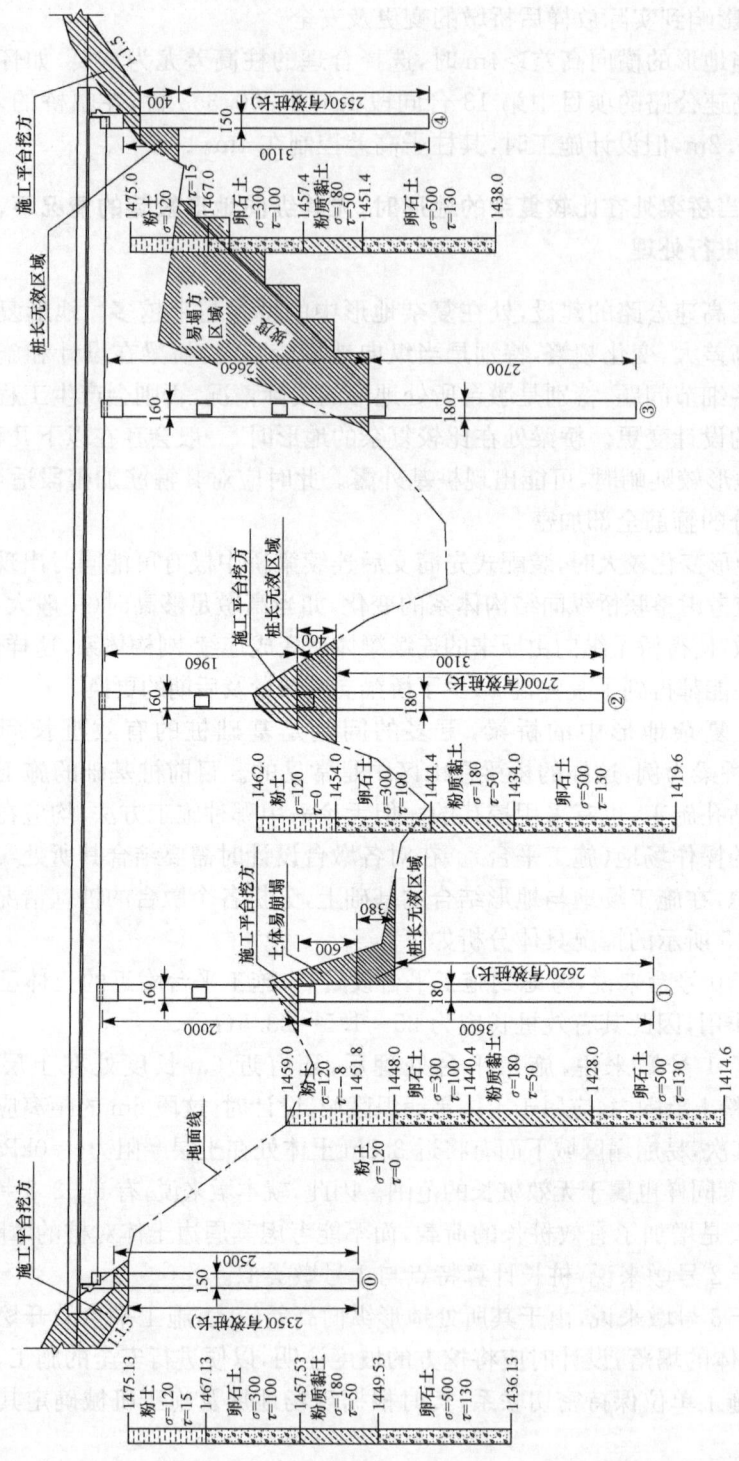

图 3.15 典型的复杂地形下的桥型简图(单位:cm)

(5) 对于 4 号台来说,虽然其施工平台下 4m 的范围内桩长处在土层摩阻力 $\tau=15\text{kPa}$ 的粉土层中,但由于其上覆盖土层的稳定性不足,有可能发生土体崩塌情况。这 4m 的桩基长度应该按无效桩长考虑为宜。

综上,桥梁处在比较复杂的地形时,设计应将相关墩台防护的处理方案及工程量在设计文件中体现出来,并提醒施工单位注意。

3.9 为什么柱径、柱间距及盖梁截面等参数相同时,虽然有时柱高不同但柱子及盖梁配筋却可相同

柱式墩因其美观、经济、施工方便,是目前装配式梁桥采用最为广泛的一种桥墩形式,尤其是圆柱式墩配合桩基处的形式。在实际设计文件中,经常出现下面的情况:桥梁的上部结构形式及跨径均相同,当墩高处于一定的高度范围之内时,桥墩的柱径、柱间距及盖梁的截面尺寸均采用了相同的尺寸,且柱子、盖梁的配筋也是相同的。

不难理解结构外形的统一是为了方便施工,减少了结构的外形规格尺寸,提高了模板的利用率,同时减少了施工机具的规格类型,节省了施工投入费用。而采用相同的配筋率,一是便于标准化制作,提高生产效率;二是为了避免钢筋安放错误而带来的风险,降低了施工现场的管理难度。

要详细理解这个问题,还得从桥墩的设计说起:某 $4\times30\text{m}$ 连续 T 梁桥,桥宽 12m,采用 5 片 T 梁,梁间距 2.4m;盖梁高 $h=1.6\text{m}$,宽 $b=2.0\text{m}$;桥墩柱间距 $L_c=6.9\text{m}$,柱径 $d=1.6\text{m}$,桩径 $d'=1.8\text{m}$,柱高 L_z,并假定桩基顶为固结点位置(图 3.16)。

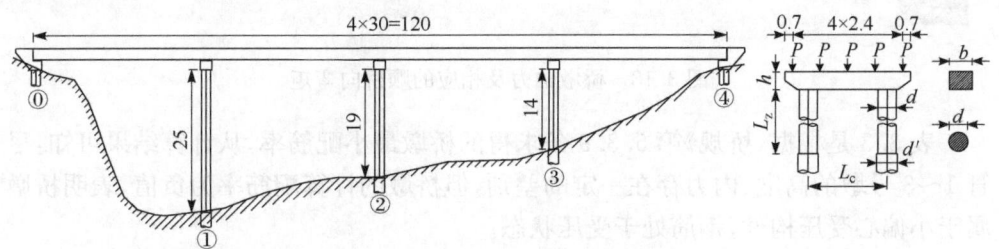

图 3.16 桥型及桥墩立面示意图(单位:m)

利用有限元程序进行整体建模,对桥墩的柱子、盖梁的受力情况进行分析,图 3.17 是全桥的计算模型界面,边界条件为:0、4 号台采用滑板支座,1~3 号墩柱底固结,盖梁与主梁的连接采用橡胶支座模拟。

计算时考虑的作用包括:结构自重,汽车荷载,整体升、降温,温度梯度,汽车制动力。

(1) 柱子设计。

桥墩的柱子属于偏心受压构件,承载能力设计时需验算轴压稳定、正截面抗压、

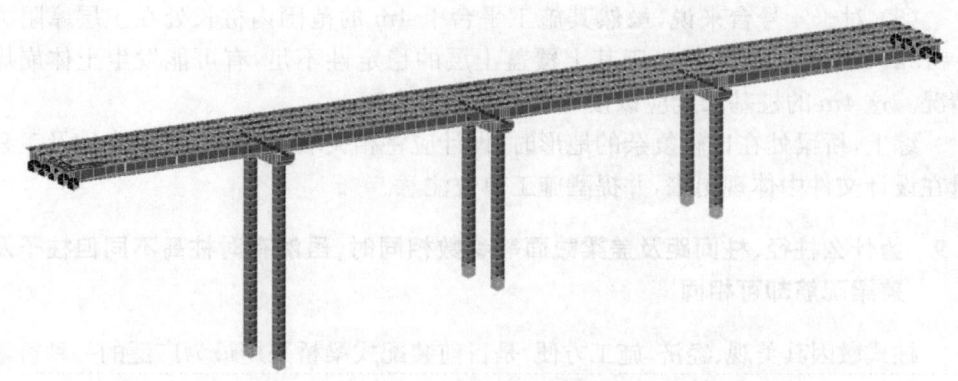

图 3.17 计算模型界面

抗弯承载能力。图 3.18 是承载能力极限状态下的桥墩设计轴力及对应的顺桥向弯矩图,从图中可知轴力最大值处为 1 号墩底截面,弯矩最大值处为 3 号墩底截面。

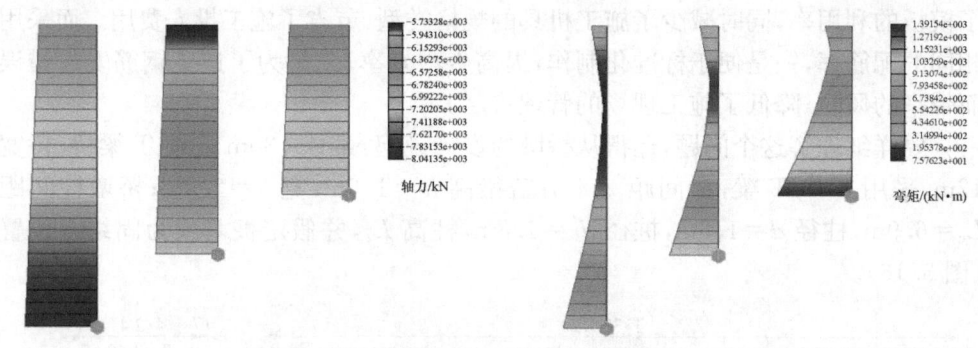

图 3.18 桥墩轴力及相应的顺桥向弯矩

表 3.3 是根据《桥规》第 5.3.9 条求得的桥墩最小配筋率,从计算结果可知:尽管 1~3 号墩的高度、内力存在一定的差别,但桥墩的计算配筋率为负值,表明桥墩属于小偏心受压构件,钢筋处于受压状态。

表 3.3 桥墩偏心受压计算表

墩号	墩高 L_z/m	μ	计算长度 L_0/m	轴力/kN	弯矩 /(kN·m)	计算配筋率	规范最小配筋率	$\phi25$ 钢筋根数
1	25	0.8006	20.02	8041.4	821.7	−0.97%	0.5%	20
2	19	0.8024	15.25	6925.2	923.7	−0.86%	0.5%	20
3	14	0.8023	11.23	7357.1	1391.5	−0.94%	0.5%	20
$\dfrac{\max}{\min}$	1.79	1.00	1.78	1.16	1.69	—	—	—

以上述的配筋率进行构件的裂缝验算,按《桥规》第 5.3.1 条计算的受压稳定结果见表 3.4,从表 3.4 中可知 1~3 号桥墩的结果均满足要求。

表 3.4 桥墩轴压稳定计算表

墩号	作用设计值 $\gamma_0 \times N_d$/kN	构件抗力 N_u/kN	是否满足要求	$N_u/\gamma_0 \times N_d$
1	8845.54	24905.86	是	2.82
2	7617.72	26483.91	是	3.48
3	8092.81	27444.47	是	3.39

若桥墩属于小偏心受压构件,因为正常使用期间钢筋处于受压状态可不作裂缝验算。规范给出的裂缝计算公式,其适用的条件是钢筋受拉。本例中的桥墩即为小偏心受压。

综上可知,对于一般的柱式桥墩,尽管高度存在着一定的差别,但因其纵向的水平力一般不大,计算的配筋率往往较小。但为了避免受压构件的突然脆性压溃破坏,《桥规》规定了偏心受压构件的最小配筋率为 0.5%。对于桥墩的裂缝验算,可先判断相对偏心距,若 $\dfrac{e_0}{h_0} \leqslant 0.3$,则桥墩属于接近轴心受压的偏压构件,必定是全截面受压,配置的钢筋处于受压状态,是不会出现受力裂缝的,可不必验算裂缝。

(2) 盖梁设计。

盖梁承受的主要荷载是由其上梁体通过支座传递过来的集中力,盖梁作为受弯构件,在荷载作用下各截面除了引起弯矩外,同时伴随着剪力的作用。此外盖梁在施工过程中和活载作用下,还会承受扭矩,产生扭转剪应力。扭转剪应力数值很小且不是永久作用,一般不控制设计。由此可见,盖梁是一种典型的以弯剪受力为主的构件。

因边墩盖梁所承受的外荷载大于中间桥墩盖梁,控制盖梁设计,下面以 1 号桥墩盖梁为例予以说明。

根据《桥规》第 8.2.1 条,墩台盖梁与柱应按刚构计算。当盖梁与柱的线刚度 $\left(\dfrac{EI}{l}\right)$ 之比大于 5 时,双柱式墩台盖梁可按简支梁计算,多柱式墩台可按连续梁计算。本例中的 1 号桥墩的盖梁、柱子线刚度如下:

盖梁线刚度

$$i_g = \frac{EI}{L_g} = \frac{E \dfrac{bh^3}{12}}{L_g} = 0.106E$$

柱子线刚度

$$i_z = \frac{EI}{L_z} = \frac{E\frac{\pi d^4}{64}}{L_z} = 0.13E$$

盖梁与柱子线刚度比为

$$\frac{i_g}{i_z} = 8.15$$

表3.5是分别采用简支梁模型与刚架模型计算的盖梁在恒载作用下的弯矩，从表3.5可以看出，简支梁模型计算的跨中正弯矩大于刚架模型（比值约1.06倍），但支点负弯矩则小于后者（比值约为0.95倍）。之所以产生上述内力的差异，是由于刚架模型中立柱刚度的影响，盖梁内力进行二次分配，分配的结果导致跨中正弯矩减小、支点负弯矩增大，且随着盖梁与立柱的线刚度比的减小，"刚架效应"将会越显著。因此对于重要的桥梁或盖梁与立柱的线刚度比小的盖梁，应采用刚架结构图式进行内力计算。

表3.5 不同计算模型恒载弯矩比较表

计算模型 荷载类型	简支梁模型		刚架模型	
	支点/(kN·m)	跨中/(kN·m)	支点/(kN·m)	跨中/(kN·m)
盖梁自重	−136.3	358.8	−179.2	316
上部恒载	−2104.6	1747.4	−2177	1675
恒载弯矩	−2240.9	2106.2	−2356.2	1991

桥梁设计时，柱式墩盖梁一般均按最不利墩的计算结果控制设计，这样既减少了计算的工作量，又方便了施工，而且对于受力较小的桥墩盖梁偏于安全，是可行的（图3.19）。

需要指出的是，盖梁设计除了注意不同计算模型内力的差别外，还应注意结构抗剪设计方面的问题。当盖梁的跨高比符合《桥规》第8.2.2条的要求时，截面的抗剪设计应按第8.2.5条、第8.2.6条进行计算，设计时不考虑斜筋的作用，可将其视为安全储备。

因此，对于常规的装配式桥梁，其下部桥墩的柱子及盖梁的受力尽管存在一定的差别，但并不大。为了简化设计、方便施工，一般均按最不利的桥墩控制设计，这样处理的结构既没有导致材料的过多浪费，又确保了结构的安全。

3.10 为什么桩柱式桥墩一般需设置系梁

桩柱式桥墩在公路及城市桥梁中的应用较普遍，具有适应性强、构造简单、自重轻、节省钢筋及混凝土用量、施工技术成熟等优点。一般根据桥墩的高度和间距的不同设置系梁。

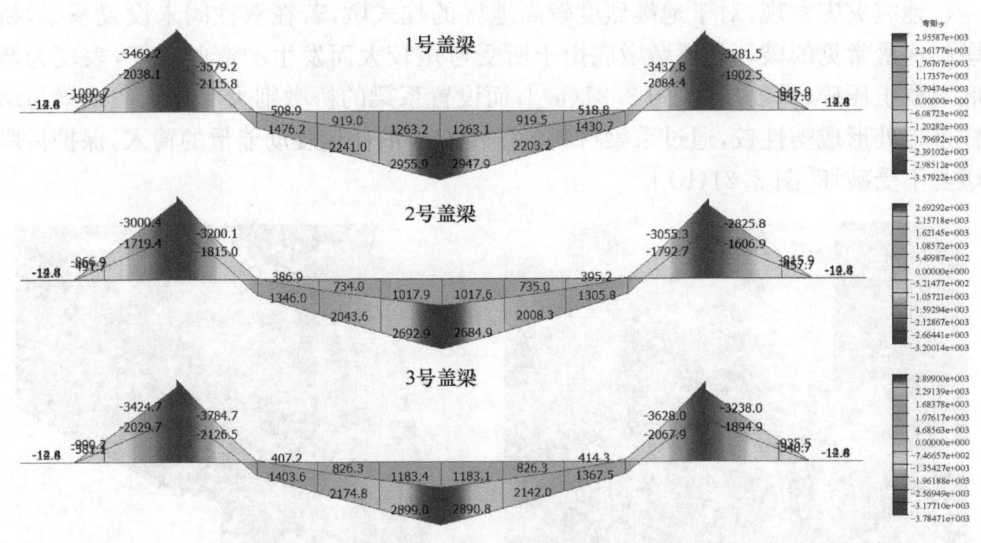

图 3.19 桥墩盖梁弯矩图

图 3.20 所示为一典型的桩柱式桥墩的组成:桥墩结构由盖梁、柱子、桩基、系梁组成,按系梁在桥墩中位置的不同,可分为地系梁和中系梁,也可称为桩间系梁和柱间系梁。系梁的高度、宽度及混凝土标号的选取是与其连接的柱子或桩有关系的。

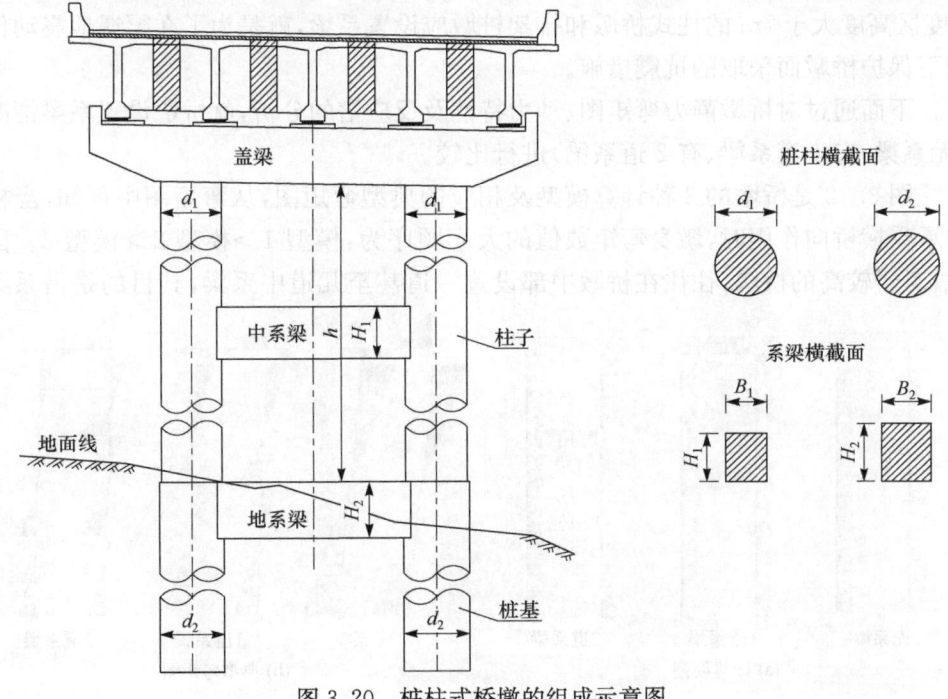

图 3.20 桩柱式桥墩的组成示意图

地震灾害发现,对于地震烈度较高地区的柱式墩,若在双柱间未设置系梁,桥墩结构最常见的破坏是桥墩墩底由于所受弯矩较大而发生的弯曲破坏,表现为墩底混凝土压碎,纵筋屈曲[图 3.21(a)];而设置系梁的桥墩则大部分是在系梁与墩柱连接处形成塑性铰,通过系梁材料的塑性变形消耗地震动能量的输入,保护桥墩墩身不受破坏[图 3.21(b)]。

(a) 桥墩墩底弯曲破坏　　　　　　　　　(b) 系梁塑性铰破坏

图 3.21　典型的柱式桥墩地震病害

《公路桥梁抗震设计细则》(JTG/T B02—01—2008)中第 11.4.7 条规定:对于 8 度区高度大于 7m 的柱式桥墩和排架桩墩应设置系梁,就是为了在罕遇地震动作用下保护桥墩而采取的抗震措施。

下面通过对桥墩静力弯矩图、动力特性及反应谱的分析,就桥墩设置系梁情况(无系梁、有 1 道系梁、有 2 道系梁)进行比较。

图 3.22 是桥墩的 3 种计算模型及相应的典型弯矩图,从弯矩图中可知,当桥墩承受横桥向作用时,墩身弯矩数值的大小顺序为:模型 1＞模型 2＞模型 3。因此,对于较高的桥墩,往往在桥墩中部设置一道甚至几道中系梁,其目的是借系梁

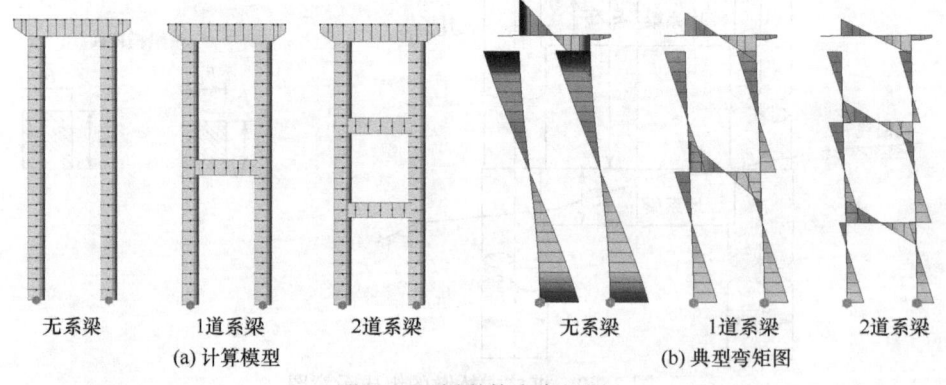

无系梁　　1道系梁　　2道系梁　　　　无系梁　　1道系梁　　2道系梁
(a) 计算模型　　　　　　　　　　　　(b) 典型弯矩图

图 3.22　桥墩静力弯矩图

的设置及数量来改善墩身所承受的弯矩数值,以减小地震作用下桥墩的损伤,有效的保护桥梁上部结构不致倒塌。

以图 3.16 所示的 4×30m 连续 T 梁桥进行具体计算分析。按总体空间计算模型进行动力特性及反应谱分析,其中下部结构分别考虑图 3.23 所示的 3 种桥墩。

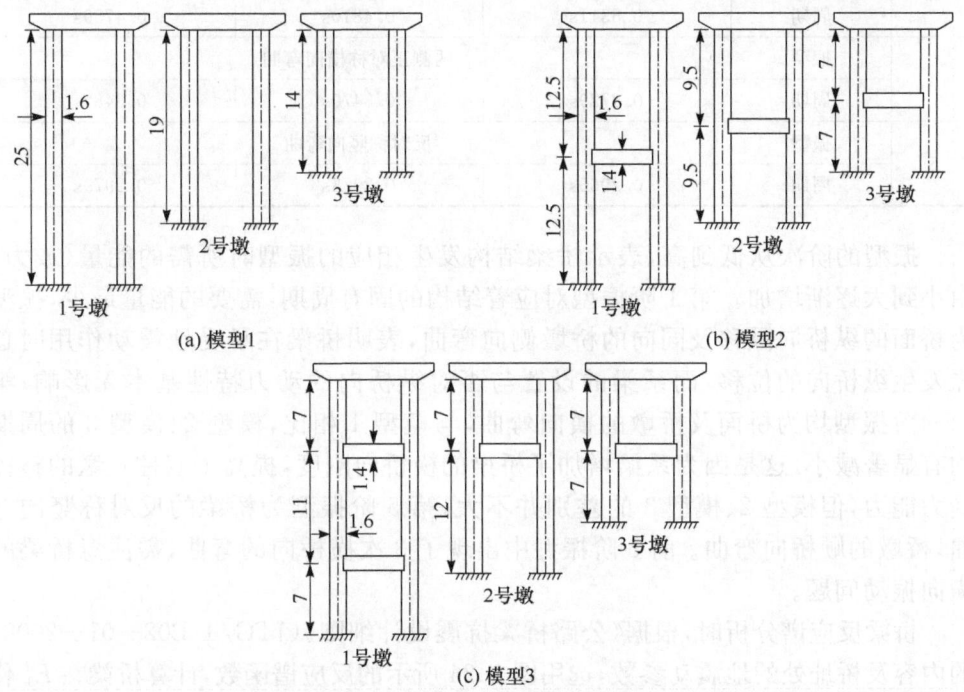

图 3.23 柱式桥墩计算模型(单位:m)

根据《桥规》第 9.6.5 条,柱式墩台的柱身间设置横系梁时,其截面高度和宽度可分别取 0.8~1.0 倍或 0.6~0.8 倍的柱直径或长边边长,故计算时取系梁的截面为:1.4m×1.2m。

桥梁结构的振动周期、振型等是反映结构动力特性的模态参数,是评价桥梁动力性能的重要依据,3 种计算模型的前 5 阶的模态见表 3.6。

表 3.6 不同计算模型周期与振型比较表

阶次	模型	模型 1	模型 2	模型 3
1	振型	纵向漂移		
	周期	1.7502s	1.7529s	1.7558s
2	振型	单侧正对称横向弯曲		
	周期	0.9008s	0.7378s	0.7266s

续表

阶次	模型	模型 1	模型 2	模型 3
3	振型	反对称横向弯曲		
	周期	0.5311s	0.4810s	0.4759s
4	振型	两侧正对称横向弯曲		
	周期	0.3729s	0.3470s	0.3482s
5	振型	反对称竖向弯曲		
	周期	0.2966s	0.2973s	0.2979s

振型的阶次从低到高,表示桥梁结构发生相应的振型时所需的能量(或力)由小到大逐渐增加。第 1 阶振型对应着结构的固有周期,需要的能量最少,振型为桥面的纵桥向漂移及同向的桥墩侧向弯曲,表明桥梁在承受地震动作用时首先发生纵桥向的位移,而系梁的设置与否对纵桥向的动力特性基本无影响;第 2~4 阶振型均为桥面及桥墩的横向弯曲,与模型 1 相比,模型 2、模型 3 的周期均有显著减小,这是因为系梁增加了桥梁的横桥向刚度,提高了双柱式墩的整体受力能力,但模型 2、模型 3 的差别并不大;第 5 阶振型为桥梁的反对称竖向弯曲,桥墩的顺桥向弯曲。前 5 阶振型中出现了 3 次横桥向的弯曲,需注意桥梁的横向振动问题。

桥梁反应谱分析时,根据《公路桥梁抗震设计细则》(JTG/T B02—01—2008)的内容及桥址处的地震动参数,选用图 3.24 所示的反应谱函数,计算桥梁在 E_1 作用下的桥墩地震反应。

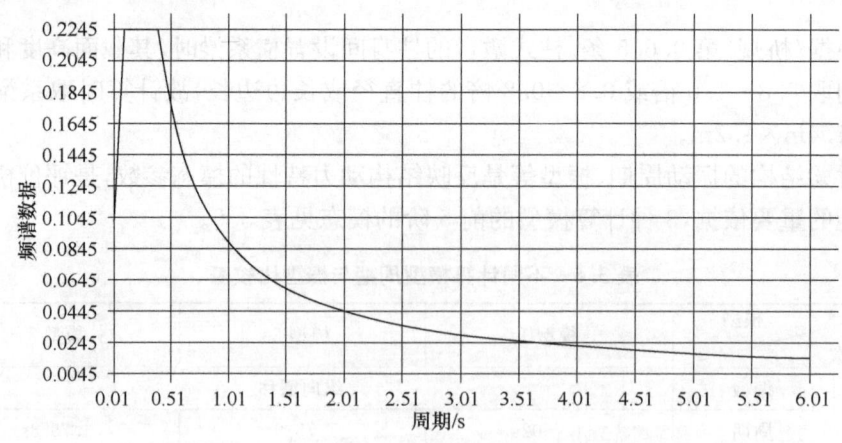

图 3.24 反应谱函数($T_g=0.4s$;EPA$=0.2g$)

将图 3.24 所示的反应谱按照横桥向分别输入 3 个模型进行反应谱分析,得到各墩身横桥向及系梁端部的最大弯矩和墩顶的横向水平位移,见表 3.7。

表 3.7 桥墩不同计算模型横桥向弯矩及位移比较

项目 模型	横桥向弯矩/(kN·m)			横桥向位移/mm		
	桥墩 1/系梁	桥墩 2/系梁	桥墩 3/系梁	桥墩 1	桥墩 2	桥墩 3
模型 1	2062/—	3302/—	2464/—	22.14	21.92	9.22
模型 2	2316/2664	3140/3310	1843/1767	17.65	15.03	5.53
模型 3	1822/2333	3428/3203	1905/1834	15.56	15.86	5.72

从墩身的最大弯矩数值来看,1 号墩($h=25m$)设置 1 道系梁不能降低墩身弯矩,而设置 2 道系梁对结构的受力较为有利;3 号墩($h=14m$)设置 1 道系梁能够改善墩身弯矩;而 2 号墩($h=19m$)有、无系梁,墩身的最大弯矩值基本相当,但设置系梁后调整了墩身的弯矩图形状。由此可见,设置系梁对改善墩身弯矩有一定的效果,但系梁处的墩身弯矩数值较大。

从有系梁的模型计算结果来看,系梁端部的最大弯矩与桥墩的最大弯矩相当,在罕遇地震动作用下可利用系梁率先进入塑性而消耗地震动能量,有利于保护桥墩结构。从墩顶横桥向的位移来看,设置系梁后其数值明显下降,对防止上部主梁的横向落梁较为有利。

虽然系梁的设置对桥梁的整体抗震性能有利,但柱间系梁的设置也给桥墩的施工带来了难度,尤其是中系梁悬在空中,模板搭设及混凝土浇筑均较困难。从桥梁的建设经验及震害分析来看,对于较高的双柱式桥墩(30m 以上)增加柱间系梁的数量是有利的,对于墩高在 30m 以内时建议参照表 3.8 选用。

表 3.8 桩柱式桥墩系梁的设置数量及位置

地震设防烈度		<8 度		≥8 度		
墩高 h/m		≤15	15<h≤30	≤12	12<h≤22	22<h≤30
总道数		1	2	1	2	3
位置	地系梁	桩顶	桩顶	桩顶	桩顶	桩顶
	中系梁	—	距墩底 0.5h 处	—	距墩底 0.5h 处	距墩底 0.3h、0.7h 处

注:当墩高 h≤4m 时,一般不设置桩间系梁。

除了系梁的位置之外,还应注意系梁与墩身的刚度之比,若系梁的刚度过小,则在内力分配过程中承担的内力也较小,有可能出现墩柱破坏而系梁尚未损伤,失去了设置的意义;若刚度过大,有可能形成"强梁弱柱"效应,导致系梁与墩柱连接的节点处墩身结构发生破坏,适得其反。因此,设计应遵循"强柱弱梁"的原则,加强系梁的延性设计。

柱间系梁的设置还应考虑桥梁的美观,顺桥向系梁的位置应同桥梁纵坡相势而设。对于整体式路基的左右半幅桥梁,同一桥墩位置处的系梁标高宜一致。

3.11 为什么过渡墩的高低盖梁配筋会有三种方式

装配式结构的长桥中,一般存在不同跨径的组合,当遇到大跨径和小跨径相接的桥墩时,由于上部结构建筑高度的不同,使得该桥墩的盖梁两侧高度也不同,形成所谓的"高低盖梁",基于其外形也可称为"L形"盖梁(图 3.25)。

大跨径和小跨径相接的高低盖梁,应根据其左右侧支反力的大小,确定是否设置预偏心。如果盖梁两侧的上部结构在支撑中心处的竖向力 P_1、P_2 对桥墩所产生的弯矩相差不大时,为简化施工可忽略预偏心的设置[图 3.25(a)],即墩身中心线(一般也为盖梁中心线)与跨径中心线一致;如果 P_1、P_2 对桥墩所产生的弯矩相差较大时,为了减少顺桥向桥墩的受力,需要设置预偏心 e,即墩身中心线与跨径中心线的差值。

设置预偏心的数值为: $e=\dfrac{P_1L_1-P_2L_2}{P_1+P_2}$,预偏心的方向应在支反力大(一般也是跨径较大侧)的一侧设置。此时,支反力较大侧的支撑中心到墩身中心的距离为 L_1-e,而支反力较小侧则为 L_2+e[图 3.25(b)]。

假定图 3.25(b)中的大跨径侧为 35m 的简支梁(按一片考虑),梁高 1.8m,铺装 0.2m,支撑中心线到跨径中心线的距离 $L_1=0.455$m,计算的 $P_1=763+580=1343$kN。小跨径侧为 25m 的简支梁,梁高 1.4m,铺装 0.2m,支撑中心线到跨径中心线的距离 $L_2=0.38$m,计算的 $P_2=486+530=1016$kN。则

$$e=\frac{1343\times 0.455-1016\times 0.38}{1343+1016}=0.095(\text{m})$$

,也就是说,墩身中心需向大跨径方向移动 0.095m。

设置预偏心的桥墩,其盖梁宽度既要考虑主梁端部至盖梁边缘的最小搁置长度,还要考虑后期更换支座时千斤顶的搁置位置,垫石边缘到盖梁边缘的距离 $L_d \geqslant 20$cm 为宜。

由于高低盖梁的特殊外形,其配筋方式可分为三种:盖梁式、背墙式及垫石式。在图 3.26 中,假定其对应的跨径组合为:35m+25m、30m+25m、25m+20m。

(1) 盖梁式配筋。

盖梁的配筋与等高度盖梁的配筋相似。图 3.26(a)中,盖梁的左右两侧为 35m、25m 箱梁,其对应的梁高及总支撑高度分别为:180cm、30cm 和 140cm、25cm;盖梁较高侧与较低侧的差值为:(180+30)−(140+25)=45(cm)。盖梁式配筋的平面、立面如图 3.27 所示。其配筋原则为高盖梁处按高骨架配筋,低盖梁处按低骨架配筋,最终盖梁形成高低骨架形式。

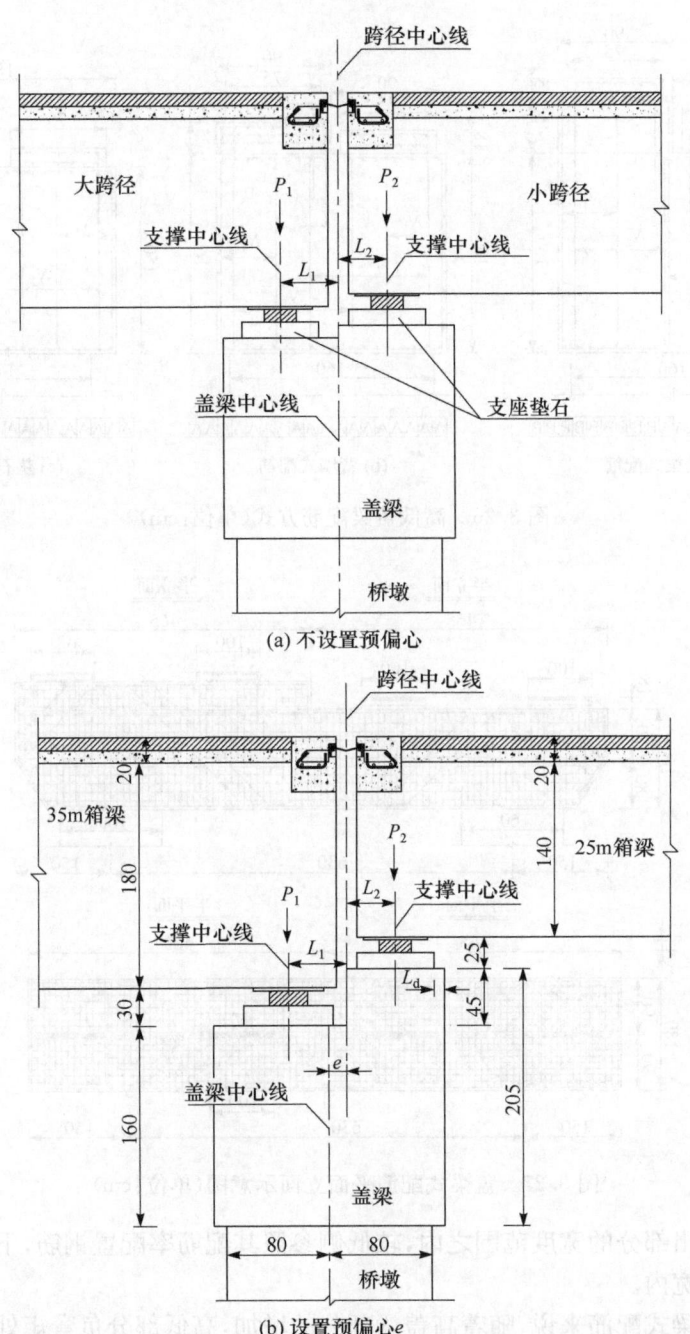

图 3.25 过渡墩处高低盖梁示意图(单位：cm)

高盖梁部分属于盖梁的一部分,同盖梁一起参与受力。盖梁上缘所需的配筋

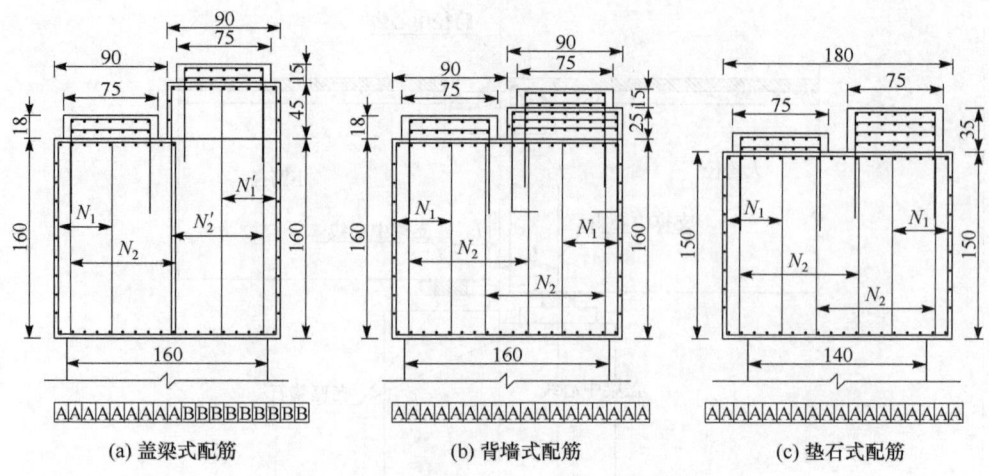

(a) 盖梁式配筋　　　　(b) 背墙式配筋　　　　(c) 垫石式配筋

图 3.26　高低盖梁配筋方式（单位：cm）

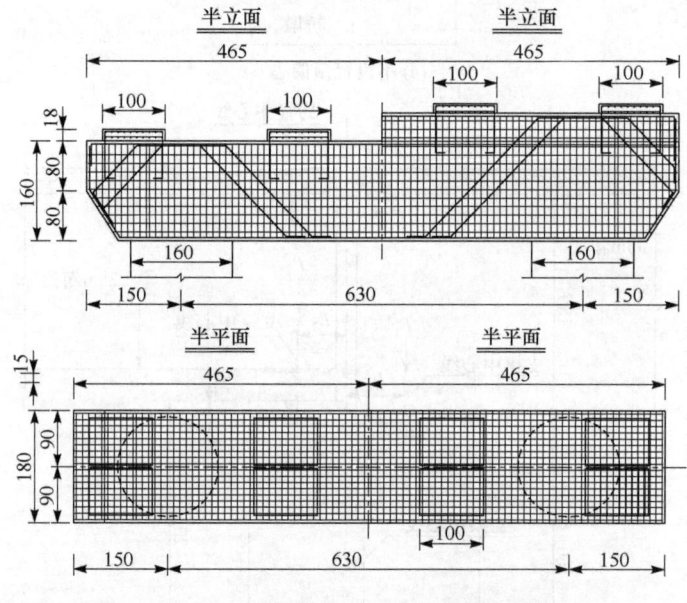

图 3.27　盖梁式配筋平面立面示意图（单位：cm）

仅设置在高出部分的宽度范围之内，较低侧参照其配筋率配置钢筋，下缘的配筋设置在盖梁全宽内。

对于盖梁式配筋来说，随着高盖梁部分的增加，高低部分负弯矩处应力分配不够明确，最终可能导致高盖梁部分配筋不足。盖梁式的应用范围较窄，同种形式的主梁跨径不宜超过两个等级，不同形式的主梁高差不宜超过50cm。

(2) 背墙式配筋。

低侧盖梁的配筋按等高度盖梁,高出的部分可按背墙的配筋进行。图 3.26(b)中,盖梁的左右两侧为 30m、25m 箱梁,其对应的梁高及总支撑高度分别为:160cm、30cm 和 140cm、25cm;盖梁较高侧与较低侧的差值为:(160+30)−(140+25)=25(cm)。背墙式配筋的平面、立面如图 3.28 所示。其配筋原则为将低侧盖梁骨架配筋按全宽布置,高出的部分则按背墙进行配筋。

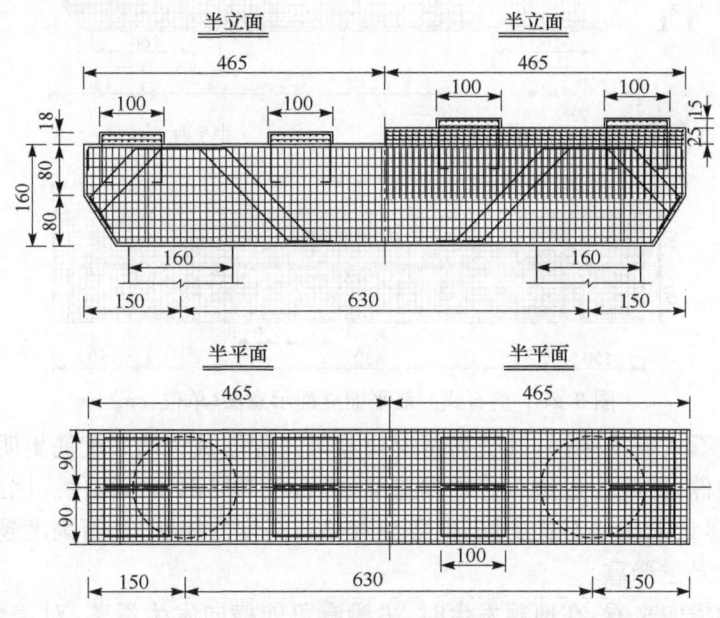

图 3.28 背墙式配筋平面立面示意图(单位:cm)

对于这种盖梁形式,由于背墙处刚度较大,对整体 L 形盖梁的变形不协调,为避免背墙处的不规则裂缝,通常施工时应在背墙处设置施工断缝。

对于背墙式配筋来说,其受力情况比盖梁式配筋明确,在墩顶设置断缝的背墙部分不用考虑弯矩的影响,最终盖梁基本是按计算模型参与受力。背墙式的应用范围较广,同种形式的主梁跨径不宜超过三个等级,不同形式的主梁高差不宜超过 90cm。

(3) 垫石式配筋。

与背墙式配筋基本相同,但对高出的部分,将其与垫石一起考虑,形成了"更高"的垫石。图 3.26(c)中,盖梁的左右两侧为 25m、20m 箱梁,其对应的梁高及总支撑高度分别为:140cm、25cm 和 120cm、25cm;盖梁较高侧与较低侧的差值为:(140+25)−(120+25)=20(cm)。垫石式配筋的平面、立面如图 3.29 所示,其配筋原则为将低侧盖梁骨架配筋按全宽布置,高出部分分成若干块,并按垫石(局部承压构件)进行配筋。

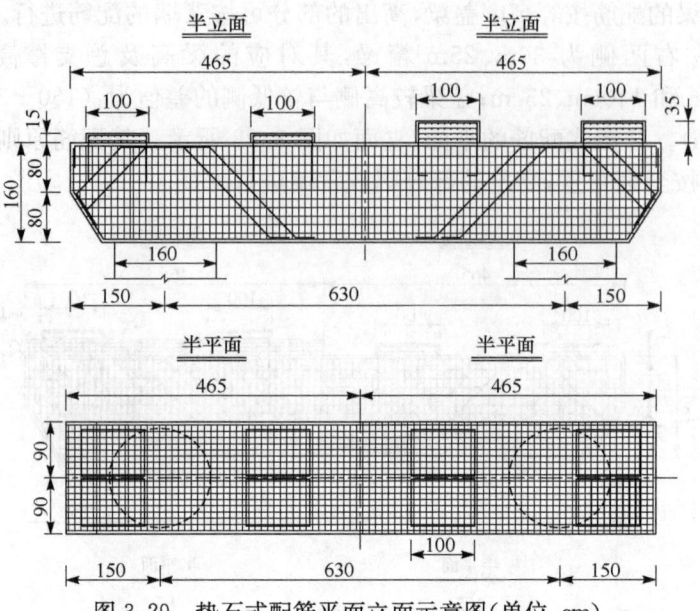

图 3.29 垫石式配筋平面立面示意图(单位:cm)

对于垫石式配筋来说,其受力情况比盖梁式配筋及背墙式配筋更明确:盖梁作为主受力构件,荷载通过垫石传递到盖梁,垫石仅为局部承压构件。因此在有条件的情况下,尽量采用垫石式配筋,但要注意垫石高度的控制,垫石高度越高,桥梁落梁破坏的后果越严重。

从盖梁横向来看,在地震发生时,主梁有可能横向发生滑落,对盖梁可能会造成较大的破坏;从桥梁纵向来看,由于垫石宽度与盖梁边有一定的距离,同样在地震的作用下,其落梁的可能性也就更大一些。因此,采用该种盖梁时,建议两侧主梁梁高差值不宜超过 20cm。

以上三种情况可归纳为表 3.9。

表 3.9 不同形式配筋不同方面的比较

配筋形式 各种情况	盖梁式配筋	背墙式配筋	垫石式配筋
受力方面	不够明确	较明确	明确
抗震方面	较好	较好	较弱
梁高方面	范围较小	范围较大	范围较小
应用方面	较少	常用	较少

需要指出的是,装配式结构的桥梁中,伸缩墩盖梁两侧的垫石平面尺寸一般取较大者,以简化设计,方便施工。

3.12 为什么桥梁桥墩一般不采用装配式构件

桥墩是指多跨桥梁中的中间支承结构物,除承受上部结构产生的竖向力、水平力和弯矩外,还承受风力、流水压力、冰压力以及可能发生的船只和漂流物的撞击力、地震力等。因此,要求桥梁墩台自身应有足够的强度、刚度和稳定性。

桥墩结构也应遵循安全耐久,满足交通要求,造价低,维修养护少,施工方便,工期短,与周围环境协调,造型美观等原则。

桥梁的墩台设计与结构受力有关,与地质条件有关,与水文、流速及河床性质有关。因此,桥梁墩台要置于稳定可靠的地基上,要通过设计和计算确定基础形式和埋置深度。从桥梁破坏的实例分析,桥梁下部结构要经受洪水、地震、桥梁活载等的动力作用,要确保安全、耐久,必须充分考虑上述各种因素的组合。

桥梁墩台按施工方式的不同分为砌筑墩台、装配式墩台、现场浇筑墩台等几种类型。

1) 砌筑墩台

石砌墩台是用片石、块石及粗料石以水泥砂浆砌筑的,具有就地取材和经久耐用等优点,在石料丰富地区建造墩台时,在施工限制的条件下,为节约水泥,应优先考虑石砌墩台方案。但随着我国经济的发展和环境的变化,混凝土工艺越来越成熟、便捷,砌筑墩台由于人工需要较多、工艺较复杂而逐渐被淘汰消失。

2) 装配式墩有柱式墩、后张法预应力墩两种形式(图 3.30)

(1) 装配式柱式墩。

将桥墩分解成若干轻型部件,在工厂或工地集中预制,再运送到现场装配成桥梁。

(2) 后张法预应力墩。

分为基础、实体墩身和装配墩身三大部分。装配墩身由基本构件、隔板、顶板及顶帽四种不同形状的构件组成,用高强钢丝穿入预留的上下贯通的孔道内,张拉锚固而成。

3) 现场浇筑墩台

主要有两个工序:一是制作与安装墩台模板;二是混凝土浇筑。

装配式墩台施工适用于山谷架桥、跨越平缓无漂流物的河沟、河滩等的桥梁,特别是在工地干扰多、施工场地狭窄、缺水与沙石供应困难地区,其效果更为显著。

装配式墩与现场浇筑的相比,其优点是:采用预制构件,在工地完成桥墩的拼装。施工现场作业量少,施工进度较快,工期短。特别适用城市中受场地限制的桥梁;结构形式轻便,圬工省,预制构件质量较易有保证等。

装配式墩的主要缺点是:桥墩的整体性差,远不如现浇的桥墩,预制块拼接部分成了结构物的弱点。目前,装配式的桥墩仅在特殊的场地上应用。

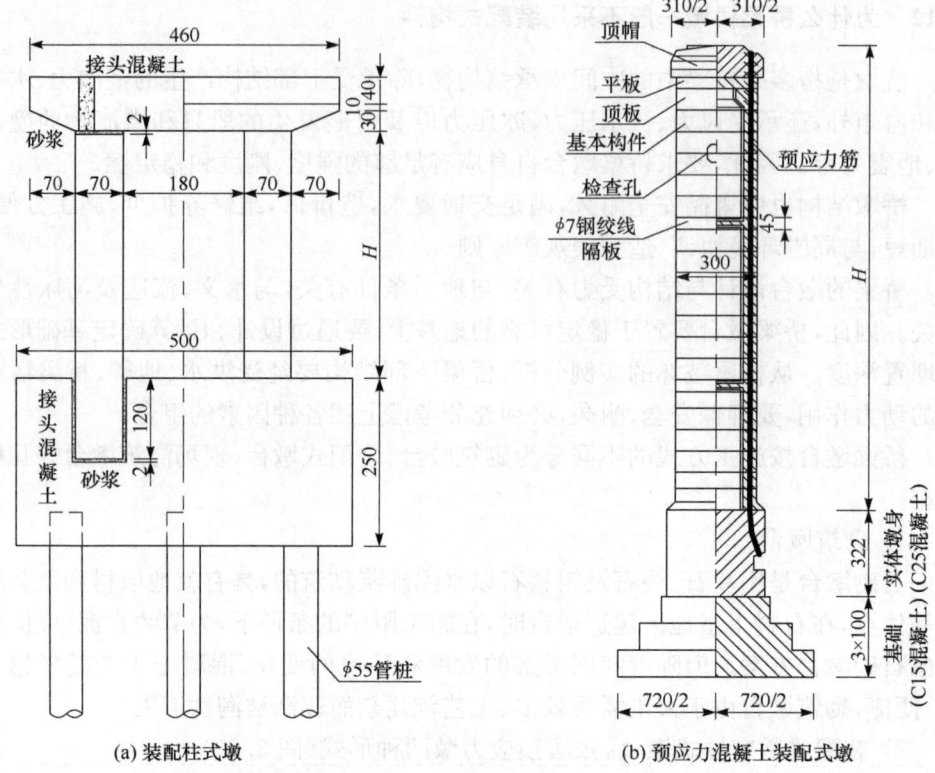

图 3.30 装配式墩示意图(单位:cm)

随着人们认识的提高,桥梁的安全、耐久性等受到了更多的重视,现场浇筑的桥墩已经被普遍采用。当桥墩较高时,目前多采用滑动模板连续浇筑施工,其整体性与耐久性远远高于拼装式构件。

第 4 章 基 础

4.1 为什么装配式桥梁的基础一般多采用桩基础

首先了解一下桥梁荷载的传递过程：桥梁结构所承受的各种荷载，通过桥台和桥墩传至基础，再由基础传递给地基，也就是说地基是桥梁结构荷载的最终归宿。

基础是桥梁结构的重要组成部分，它对桥梁结构的安全、稳定和正常使用有很大影响，在整个桥梁的工程造价中占有很大的比重。桥梁上部结构与基础共同作用，相互影响。基础的强度、变形和稳定对桥梁上部结构的正常使用和安全有重要影响。基础工程为隐蔽工程，如有缺陷也难以发现，更难以修复弥补，因此必须选择适宜的基础类型。

基础的类型与地基土层的工程地质条件和水文地质条件有密切关系，根据基础埋置深度可分为浅基础和深基础。基础埋置深度在 5m 以内称为浅基础，主要可分为刚性扩大基础和柔性基础；由于浅层土质不良，需把基础埋在较深的良好土层上，称为深基础，主要可分为桩基础、沉井基础、地下连续墙和组合基础等。

天然地基中的浅基础一般造价较低，施工较简便，施工机具设备投入较少，在一般的桥梁中使用较为普遍。但随着桥梁跨径的增大，桥梁荷载要求的提高，适合作为持力层的土层埋深较深；或者桥梁基础设在河道中，采用浅基础往往会产生不均匀沉降、稳定、冲刷等问题，并且施工困难，这些问题均可采用桩基础来解决。桩基础的工作机理是将桥梁基础以上部分的结构荷载，通过桩壁的摩阻力和桩端承载力传递给土层，从而保证桥梁结构基础满足容许地基强度和容许变形的要求。

图 4.1 是某座桥梁的基础选择及受力模式图。如仅考虑竖向轴力 N 的作用，三种类型基础所提供的抗力分别为：扩大基础时，基础底面提供抗力；摩擦桩时，桩周及桩尖提供抗力；端承桩时，桩端提供抗力。

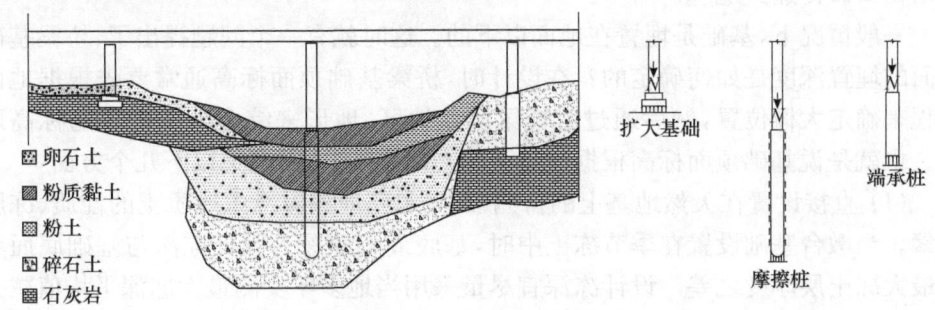

图 4.1 典型桥梁基础选择及受力模式图

采用桩基础的条件归纳如下：

(1) 工程地质条件。覆盖层较厚,地基土层中上部土层较弱,或硬弱互为夹层,适宜的地基基础持力层埋深较深,虽然地基土层中浅层存在较硬的硬壳层,可作为浅基础持力层,但存在下卧软弱层——高压缩性土层,基础沉降量过大或沉降量足以危害到桥梁结构正常使用。

(2) 水文地质条件。河床冲刷较为严重,特别是建桥后,水中墩压缩河道,局部冲刷较大或河道变迁;施工水位、地下水位较高,浅基础施工困难大,施工质量难有保证。

(3) 地基液化。地震区域内的土层中存在可液化土层时,桩基础可穿越可液化土层,有利于消除和减轻地震对桥梁结构的危害。

在实际工程中,大多数桥梁的桥墩一般都符合上述条件之一,甚至是三个条件都符合,这也是桩基础被广泛采用的重要原因。

除此之外还有一个原因,虽然地质条件等因素决定了可以采用扩大基础,但考虑到扩大基础施工需进行大量开挖工作,其施工程序也很烦琐(需要支护,需要弃方等),而近年来桩基础施工水平均很理想,无论从业主还是施工方都趋向采用深基础的桩而不愿采用扩大浅基础。

基桩按材料、成桩方法及受力特点等可进行如下的分类。按制作材料,可分为木桩、混凝土桩、钢筋混凝土桩、预应力混凝土桩、钢桩;按制作方法,可分为预制桩和现场灌注桩;按桩身截面,可分为方桩、圆桩及管桩;按施工方法,可分为捶击沉桩、振动沉桩、射水沉桩、静力压桩、灌注桩;按桩的受力特点,可分为端承桩和摩擦桩;按成桩后的位置,可分为竖直桩和斜桩。而桥梁中最常见的是钢筋混凝土现场灌注的圆形截面摩擦桩或端承桩。

4.2 为什么桥梁基础顶面标高首先是由地面高程控制的

桥梁的基础是桥梁最下部的结构,它直接坐落在岩石或土质地基上,其顶端连接桥墩或桥台。桥梁基础的作用是承受上部结构传来的全部荷载,并把它们和下部结构荷载传递给地基。

一般情况下,基础是埋置在地面以下的。这时就有一个问题提出了:桥梁基础顶面的埋置深度是如何确定的？在设计时,桥梁基础顶面标高通常要先根据地面高程来确定大概位置,然后通过对桥梁所处地区、地形来综合分析合理的标高取值。也就是说基础顶面标高根据原地面标高确定后,还需考虑以下几个方面:

(1) 直接设置在天然地基上的桥涵墩,台基底埋深应考虑地质土的性质、冻胀因素。当墩台基础设置在季节冻土中时,基底最小埋深为设计冻深与基础底面容许最大冻土层厚度之差。设计冻深宜尽量采用当地多年实测最大冻深平均值减去地表平均冻胀量。不同土的冻胀类别在基础底面下的容许最大冻层厚度详见《公路桥涵地基与基础设计规范》(JTG D63—2007)中表4.1。

(2) 河流冲刷对基底埋深的影响,如河流流量及流速。

(3) 结合纵向地形和横向地形,施工时需对原地形进行修整以便施工。如横向、纵向地形较陡时,考虑施工安全和施工方便而设置的工作平台。

(4) 除考虑桥梁的安全性与经济性外,还需考虑整体美观性,应与当地的地形、环境相配合,使其各部的线形互相协调,尽可能做到美观。如基础顶面不宜高于最低水位,也不宜高于原地面标高。

由于目前桥梁建设中最常见的基础为桩基础,下面以一个工程实例来加以分析。

该桥为3×35m的装配式先简支后连续箱梁桥,下部结构桥墩处采用矩形墩,桥台处采用柱式台,墩台均采用桩基础(图4.2)。

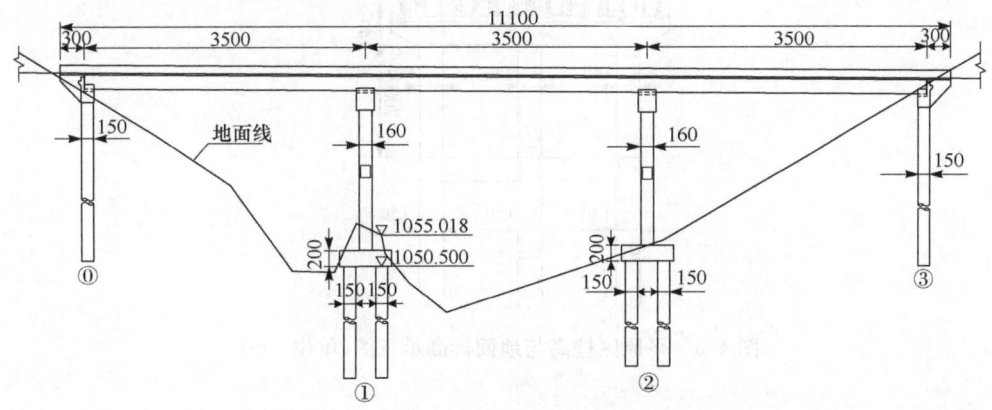

图 4.2 矩形墩地面标高与桩顶标高示意图(单位:cm)

从图 4.2 可以看到,本桥纵向地形较为陡峭。1 号矩形墩原地面标高为1055.018m,如果把基础顶部(或承台顶部)标高定在原地面标高 1055.018m 的位置处,从纵向地形上看勉强可行,但该位置的横向地形较纵向地形更为陡峭,考虑到本桥所在的地区为季节性冻胀、雨水多发地区,把基础顶部(或承台顶部)标高定在原地面标高 1055.018m 处显然不合理。因为桩基外露再加上季节性冻胀、雨季洪水冲刷的影响,势必会冲击到桩基的安全。而将桩顶标高控制在1050.500m 处基本可以实现安全、经济和美观的效果。

由上述实例不难发现,桥梁基础顶面标高首先是由地面高程控制的,然后结合上述的 4 个要点确定出一个合理的基础顶面高程。

从上述分析看到,基础顶面的标高围绕其处的地面高程是可以上下浮动取值的。在遇到图 4.3 这样的桥梁时,为简化柱子的设计与施工,适当调整基础顶标高而使柱子高度相同且均为柱子模板的整数倍,极大地简化了柱子的设计与施工。

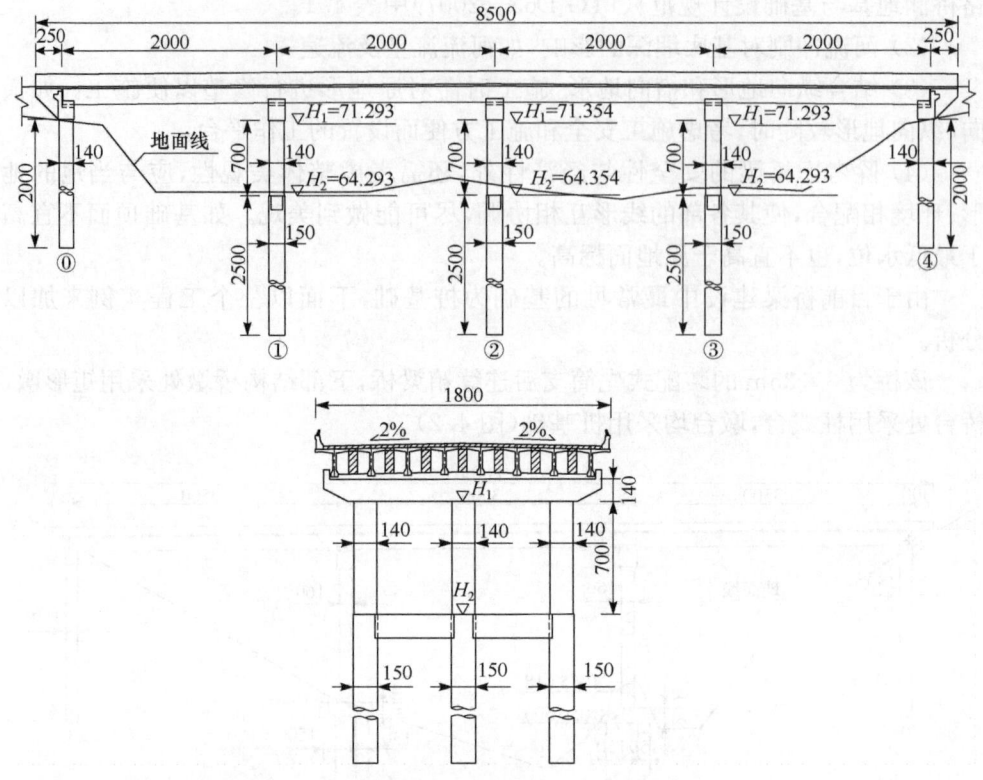

图 4.3 平原区柱高与地面标高示意图(单位:cm)

4.3 为什么桥梁基础的埋置深度会受到地形、冲刷等因素的影响

桥梁基础的作用是承受上部结构传来的全部荷载,并把上、下部结构的荷载传递给地基。基础是桥梁整体结构的根基,要求地基和基础都要有足够的强度、刚度和整体稳定性,确保桥梁基础在使用过程中不产生过大的不均匀沉降和水平位移。

桥梁基础有多种分类方法:按埋置深度可分为深基础和浅基础;按所在场地可分为旱地基础和水中基础;按施工方法可分为明挖基础、桩基础、沉井基础、沉箱基础、管柱基础、地下连续墙基础等(图 4.4)。

装配式结构的桥梁中,最常用到的基础为明挖基础和桩基础两大类,下面就这两类基础进行分析。

明挖基础又称扩大基础或直接基础。明挖基础以石砌、混凝土或钢筋混凝土建造,其平面形状有圆形、圆端形、矩形、八角形、T 形和 U 形等,目前工程中以钢筋混凝土的矩形基础最为常见。明挖基础的厚度除要求保证地基有足够承载力外,还要求基础底面低于冲刷线和土壤冻结线,以保证桥梁不受冲刷和冻害影响。

第 4 章 基 础

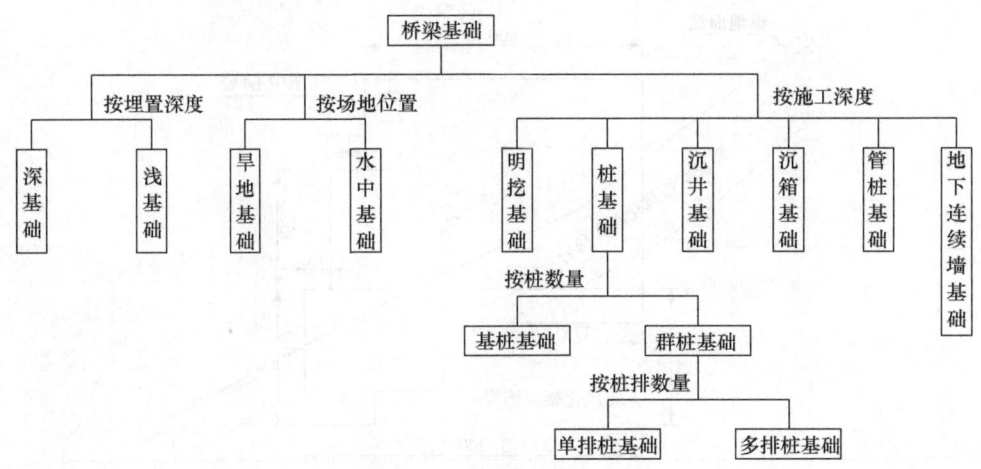

图 4.4 桥梁基础分类

明挖基础由于施工简便,传力明确且能直接观察到地基原形,主要适用在浅层地质较好的地质条件下。当地基处在岩石上时,可根据墩台处的实际地形,将基础设计为台阶形,以减少开挖及对山体的破坏(图 4.5)。采用明挖基础要特别注意基础不能设置在孤石上,因此地质调查、钻探的准确性很重要。此外,明挖基础尽量不要设置在半挖半填段上,避免不均匀沉降对基础造成危害。

桩基础是由桩及连接桩顶的承台或系梁所组成的基础。桩基础可在土质较差、洪水冲刷严重、持力层较深的地基上修筑。这种基础修筑工程开挖土方少,施工进度快,用料省,成为常用的一种深基础类型,目前工程中最常见的是采用机械钻孔成孔的钢筋混凝土自密实灌注桩。

桩基础按桩数量分基桩和群桩基础。基桩指桩基础中的单桩,大直径桩可单根作成基础,也称为墩式基础。群桩基础指由两根及以上基桩组成的桩基础(图 4.6),装配式结构的桥梁中,最常用到的是图 4.6(a)中的单排桩基础。

影响桥梁基础埋置深度的主要原因有冻深、地形及河流冲刷。

基础冻深影响。当地基冻结时,土中孔隙水开始冻结,体积增大,产生上抬力;融化时,则情况相反。因此应将基础底置于冻深线以下,《公路桥涵地基与基础设计规范》(JTG D63—2007)中第 4.1 条对基础埋置深度有详细的规定。

此外,还应考虑地形条件影响,采用扩大基础时,如基础处在较陡的岩体上,可将基础做成台阶形,但要注意岩体的稳定性;采用桩基础时,对处在陡坡区地面高差较大的相邻墩台,需考虑较低侧桩基施工时的刷方可能对较高侧桩基受力的影响,具体详见 3.7 节及 3.8 节的相关内容。

河流冲刷影响。可分为一般冲刷和局部冲刷。桥梁建成后,除河床的自然演变外,还有桥梁孔径压缩水流而增加的单宽流量。洪水水流越急,流量越大,洪水

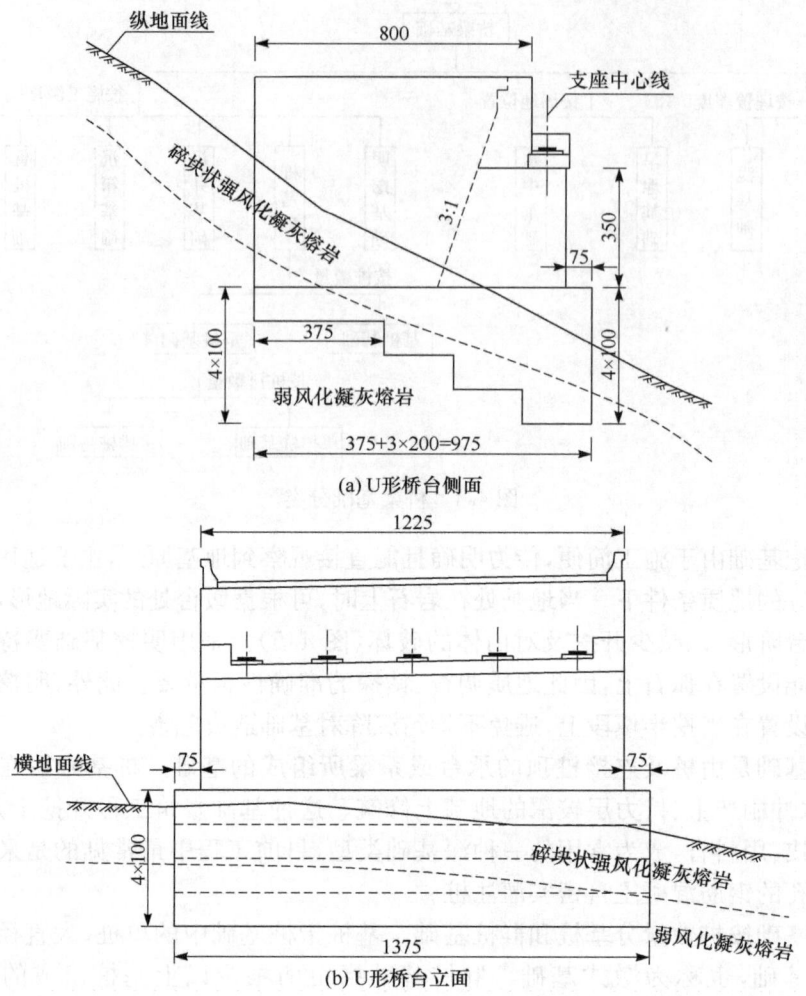

图 4.5　U 形桥台基础台阶设计(单位:cm)

的冲刷越大,整个河床被洪水冲刷后要下降。这种被水流长期侵蚀而造成的河床断面整体下降,即一般冲刷,再加上墩台对水流的阻挡作用而在其与周围形成的局部冲刷,在设计基准期内,使得最不利情况下的总冲刷深度(一般冲刷和局部冲刷之和)越大。因此,在确定桥梁墩台基础埋置深度时,应根据桥位河段具体情况,取河床自然演变冲刷、一般冲刷和局部冲刷的不利组合,作为确定墩台基础埋深的依据。尤其在采用扩大基础时,这一点应充分考虑。

非岩石河床桥梁墩台基底埋深安全值应按《公路桥涵地基与基础设计规范》(JTG D63—2007)中的表 4.1.1-6 确定。岩石河床墩台基底最小埋置深度可参考《公路工程水文勘测设计规范》(JTG C30—2002)附录 C 确定。

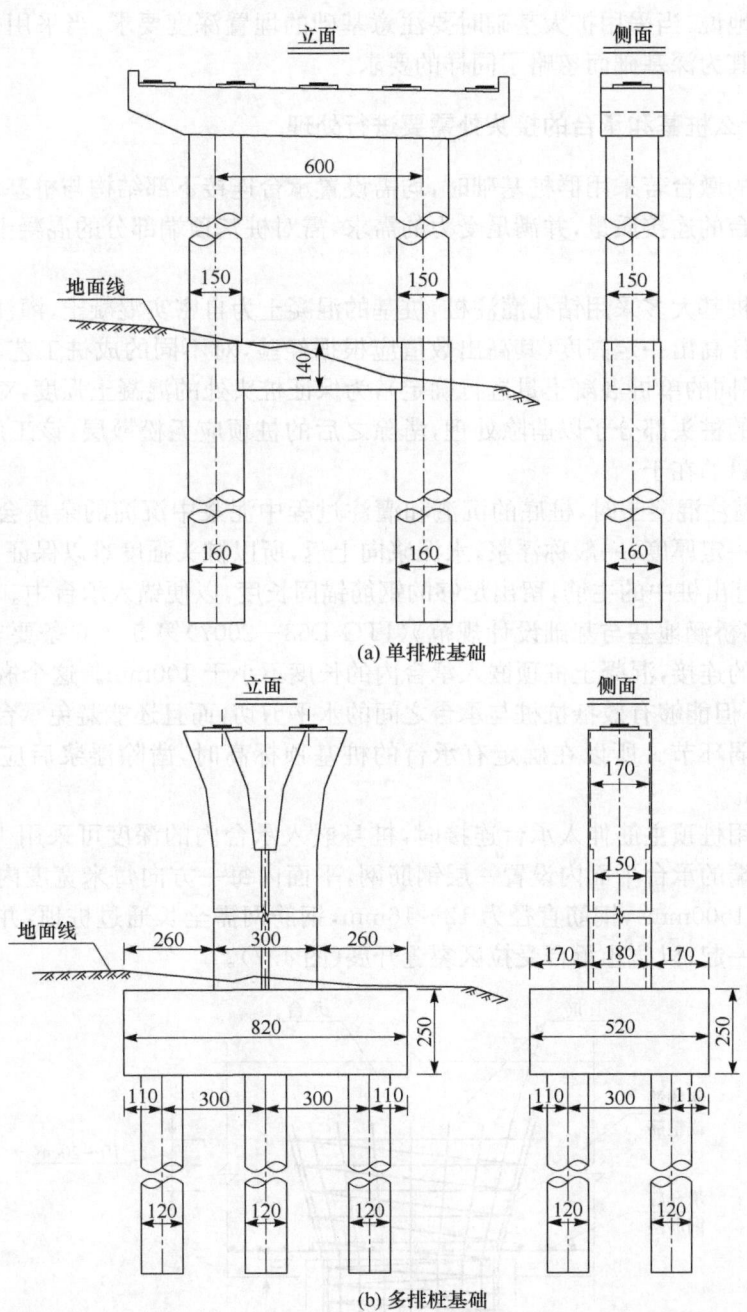

(a) 单排桩基础

(b) 多排桩基础

图 4.6 群桩基础示意图(单位:cm)

处在旱地上的墩台基础,除考虑地基冰冻线外,还要考虑生物和人类活动,一般基顶不宜露出地面。

4.4 为什么桩基和承台的接头处需要进行处理

桥梁的墩台若采用群桩基础时,均需设置承台连接下部结构与桩基,为了保证桩基与承台的连接质量,并满足受力的需求,需对桩基顶端部分的混凝土及钢筋做特殊处理。

目前桩基大多采用钻孔灌注桩,桩基的混凝土为自密实混凝土,灌注的桩顶标高应比设计高出一定高度(其高出数值应根据经验,对不同的成桩工艺、不同的桩基直径、不同的单桩混凝土量进行确定),为保证桩头处的混凝土强度,对高出桩顶设计标高的桩头部分予以凿除处理,凿除之后的桩顶应无松散层,该工序俗称"破桩头",其目的在于:

(1) 灌注混凝土时,桩底的沉渣和灌注过程中泥浆中沉淀的杂质会在混凝土表面形成一定厚度,一般称浮浆,水泥浆向上返,所以桩头强度难以保证。

(2) 打出桩中的主筋,留出足够的钢筋锚固长度,以便锚入承台中。

《公路桥涵地基与基础设计规范》(JTG D63—2007)第5.2.6条要求,为加强桩和承台的连接,混凝土桩顶嵌入承台内的长度不小于100mm。这个嵌固构造非常重要,不但能够有效抵抗桩与承台之间的水平剪切,而且还能避免承台以下桩基出现的薄弱环节。所以在确定有承台的桩基顶标高时,凿除浮浆后应比承台底高100mm。

当采用桩顶主筋伸入承台连接时,桩身嵌入承台内的深度可采用100mm,需在桩身顶端的承台平面内设置一层钢筋网,平面内每一方向每米宽度内钢筋用量为1200~1500mm^2,钢筋直径为12~16mm,钢筋网需全长通过桩顶,并与桩的主筋绑扎在一起,以防止承台受拉区裂缝开展(图4.7)。

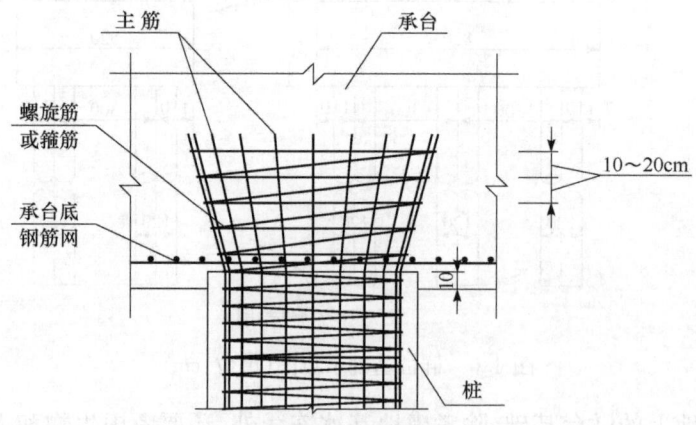

图 4.7 桩顶与承台的连接(单位:cm)

伸入承台内的桩顶主筋做成喇叭形,大约与竖向直线倾斜 15°,伸入承台的主筋长度,光圆钢筋不小于 30d(设弯钩),螺纹钢筋不小于 35d(不设弯钩),d 为主筋直径。

4.5 为什么桥梁桩基螺旋筋的螺距要在一定范围加密

桥梁桩基不仅承受竖向荷载,同时桥梁在地震、水平力及桩侧土压力的作用下还受到弯矩和剪力的作用。由于混凝土抗压能力强而抗拉能力不足,钢筋笼的作用就是通过纵筋加强桩身的抗弯能力,通过箍筋加强桩身抗剪能力,从而保证桩的强度和刚度。

在桥梁桩基构造中,钢筋笼中的箍筋有采用环形箍筋的,但宜采用螺旋筋形式。箍筋的主要作用如下:

(1) 防止纵向钢筋受力后压屈和固定纵筋位置。
(2) 改善构件破坏的脆性。
(3) 与纵筋形成骨架,提高钢筋笼的刚度。

采用螺旋筋,还能起到约束核心内混凝土的作用,提高桩的强度和延性。同时与环形箍筋相比,螺旋筋在抵抗地震作用时较好。

螺旋筋加密的原因有以下几点:

(1) 箍筋在轴压荷载下对混凝土起到约束加强作用,可大幅提高桩身受压承载力,而桩顶部分荷载最大,故桩顶部位箍筋应适当加密。

(2) 对于地震设防地区,桥梁桩基顶承受较大剪力和弯矩,应在一定范围内增加配箍率,增强抗剪力及构件的延性。因螺旋筋具有抗剪作用,设计时应遵循《公路桥梁抗震设计细则》(JTG/T B02—01—2008)第 8.1.10 条规定:桩顶螺旋筋加密区范围应延伸至桩身最大弯矩以下 3 倍桩径,并不小于 50cm,(箍筋的直径不应小于 10mm。加密箍筋的最大间距不应大于 10cm 或 6d_s;其中 d_s 为纵向钢筋的直径)。

桩基螺旋筋的加密范围不仅要考虑自身的受力特性,还应结合桩位的地形、地质情况(图 4.8)。

(1) 桩顶位置纵、横向地形较陡或桩侧土的有效覆盖厚度不均衡时,应当加长螺旋筋的加密区范围,以提高桩身的强度。

(2) 桩侧为淤泥质土或液化土时,螺旋筋亦应加密。

在地震力的作用下,桩穿过软土与硬土交界处,桩身所受的剪力与弯矩都很大,桩身在该交界面处最易受到剪、弯损害。习惯采用的 m 法或常数法均将土层作为均匀土体而不是刚度不同的分层土考虑,对一般的分层土误差不大。但在液化时,土的刚度极低,与非液化土层相差甚多,地壳上部土层运动时,层间剪切差异很大,造成土层界面处桩身的弯剪内力甚大,这是 m 法无法反应的。震害实践也证明,用 m 法或常数法算出的桩在液化层的界面处仍然产生大量破坏,这说明常用桩身内力计算方法是有缺陷的。为确保桩身安全,应将桩身配筋加强,从桩顶直至液化层下界面以下的 2 倍桩径范围内,主筋与螺旋筋的配置方式应保持与桩顶相同。

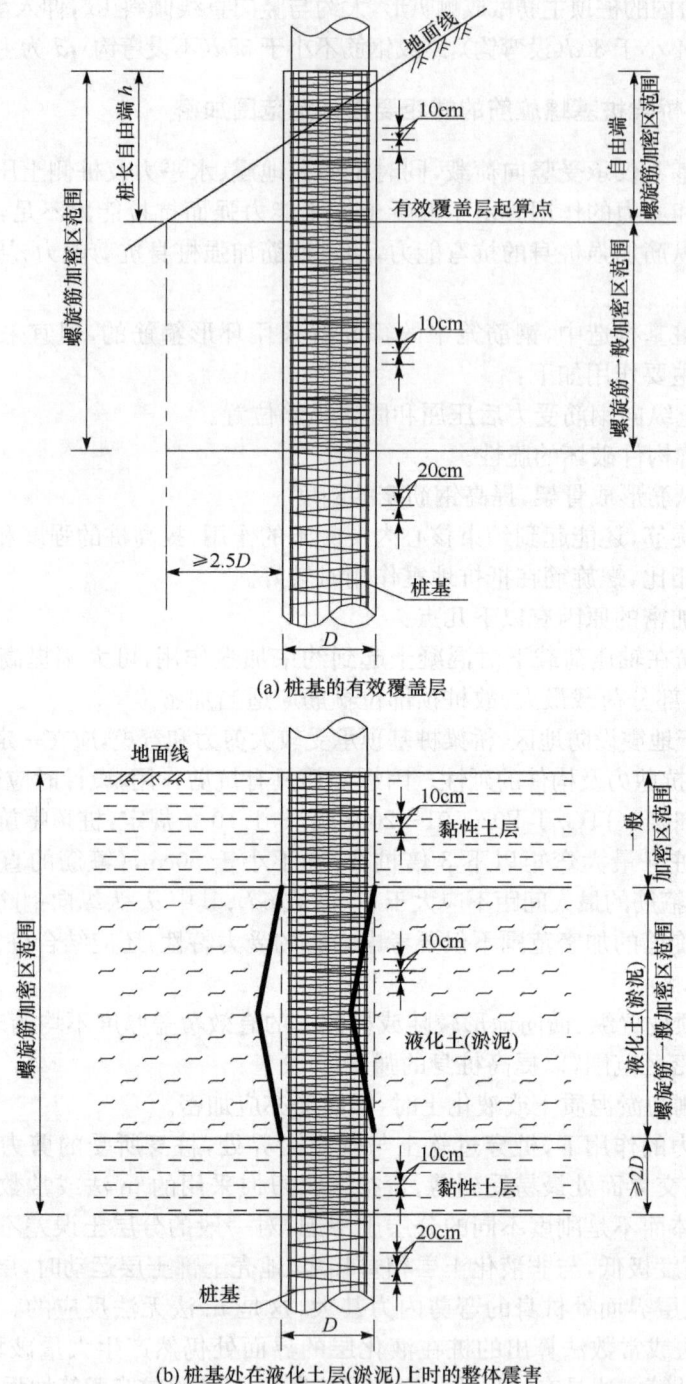

(a) 桩基的有效覆盖层

(b) 桩基处在液化土层(淤泥)上时的整体震害

图 4.8 两类特殊情况下的桩基螺旋筋加密示意图

此外，为了满足桩基钢筋笼在施工吊装中的刚度需求及桩基主筋的定位需要，除在主筋外侧设置螺旋箍筋外，还应每隔2～2.5m设置加劲箍一道（直径宜于桩基主筋相同）。加劲箍需放在桩主筋的内侧，为避免钢筋笼在加工过程中走形变样，加劲箍筋必须与主筋点焊施工。主筋外侧的螺旋状箍筋起不到固定主筋的作用，与主筋仅需绑扎即可，并且从工序上讲，一般是先在加劲箍筋上焊接主筋，然后再在主筋的外侧绑扎螺旋箍筋。

4.6 为什么桩基底部一般有一段素混凝土，它的取值是如何考虑的

桩基础以其承载力高、稳定性好、沉降量小的特性，在桥梁工程中成为首选的基础形式，除地质条件特殊外，桩基础在整个桥梁的工程量中所占比重较大，因此，选择合理的桩基础形式是首要条件，对基础构造的合理设计也是必要条件。这样，既保证了工程的安全，又节约了投资，对控制工程的整体建设规模具有重要意义。

桥梁桩基按受力情况分为摩擦桩和端承桩两类，其各自的受力特点分别为：摩擦桩是将桩顶荷载由桩身侧面与地基土之间的摩擦阻力承受，并考虑桩端阻力；端承桩是将桩顶荷载主要由桩端阻力承受，并考虑部分桩侧阻力。桩侧阻力、桩端阻力的大小及分担荷载比例，主要由桩侧和桩端地基土的物理学性质、桩的尺寸和施工工艺所决定。图4.9反应的是较典型的摩擦桩和端承桩及其适应的地质条件，其中图4.9(b)选择了桩端阻力分担较大的嵌岩桩。

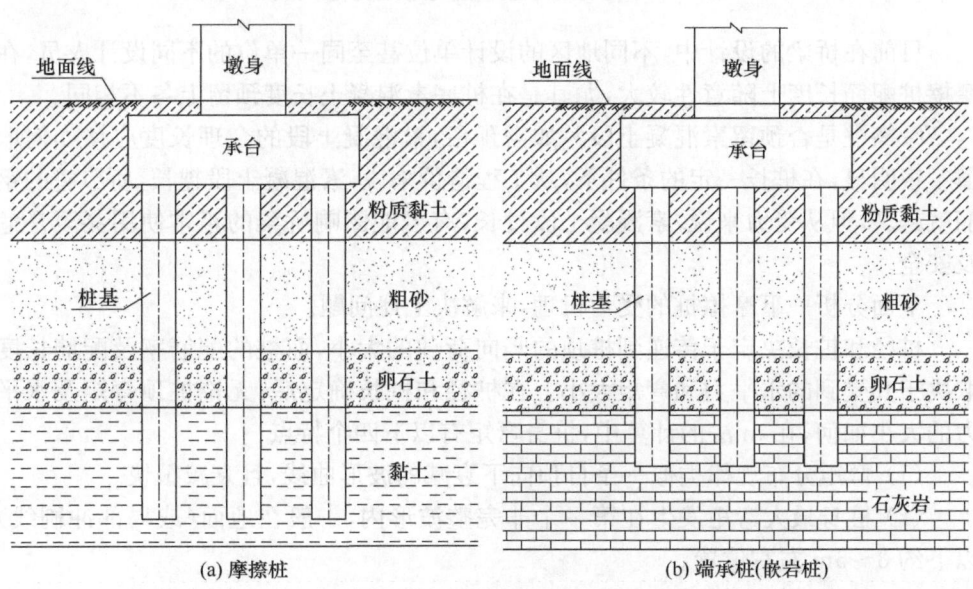

图4.9 桩基受力分类示意图

摩擦桩的受力一般有桩长较长的特点，对于装配式构件的常规桥来讲，其摩擦桩的

钢筋构造通常做法是将桩基分为全筋长、半筋长、素混凝土长三部分[图 4.10(a)]。

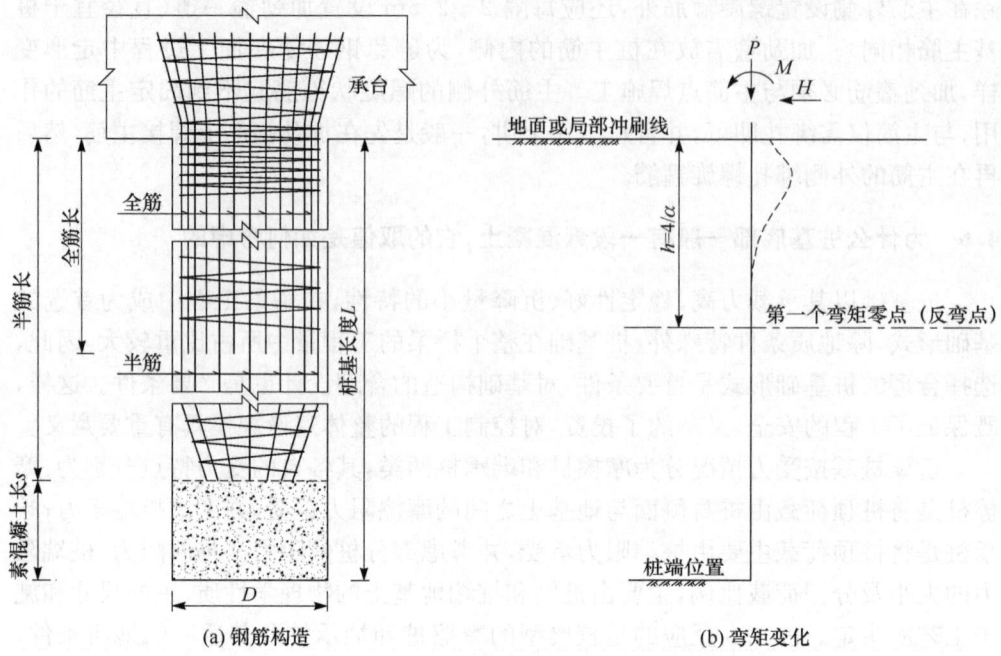

(a) 钢筋构造　　　　　　　　(b) 弯矩变化

图 4.10　摩擦桩桩基构造与弯矩变化示意图

目前在桥梁的设计中,不同地区的设计单位甚至同一单位的不同设计人员,在摩擦桩配筋长度上随意性较大,尤其是在桩底素混凝土长度预留上各不相同。

摩擦桩是否预留素混凝土段?如需预留,素混凝土段的合理长度应该如何取值?很明显,在桩长一定的条件下,从工程造价来说,素混凝土段越长,所节省的钢筋就越多,但从受力来说,素混凝土段过长,有可能影响桥梁的正常使用甚至是危及安全。

下面分析一下摩擦桩的受力机理,来解决上述问题。

桩径和桩长决定于传递到桩顶的竖向荷载的大小,而桩的配筋率及配筋长度取决于其受到的水平力和弯矩大小。在桩径和桩长确定后,无论桩顶弯矩及水平力的大小如何,在 m 法的计算中,桩身弯矩有以下四个特点:

(1) 弯矩分布规律类似一条自顶向下衰减的波形曲线,且衰减很快。

(2) 桩身最大弯矩发生在第一个非完整波形内,一般在地面(或局部冲刷线)以下约 3～5m 左右位置。

(3) 桩身弯矩在第一个弯矩零点(反弯点)以下很小,可以忽略不计,其下桩身主要起传递竖向力作用。

(4) 第一个弯矩零点位置在桩入土深度 $h=4/\alpha$ 处(桩基变形系数 α)[图 4.10(b)]。

桩身弯矩和剪力总是收敛于 $h=4/\alpha$ 处。第一个弯矩零点位置可以视为桩身上的一个端承铰,其下的桩身则主要起传递竖向力作用。下半部几乎是受压状态,并伴随着桩侧土摩擦力作用,同时随着土体侧向压力的增大,弯矩也急剧减小,因此,理论上讲在 $4/\alpha$ 深度以下的桩中可以不配筋。

这个问题在短桩的情况下并不突出,但在长桩的情况下,如以 $4/\alpha$ 为依据截取钢筋,则桩内素混凝土段显得过长,有的设计人员出于安全的考虑,加大了钢筋的长度,造成了不必要的浪费,应引起注意。对桩长超过 25m 的常规桥梁,其桩基配筋建议采用如下的两种设计:

(1) 按最大弯矩进行配筋。从桩顶一直伸到最大弯矩处加一定锚固长为全筋,减少一半配筋再一直伸至弯矩零点加一定锚固长为半筋,再下为素混凝土段。

(2) 按弯矩零点进行配筋。桩顶至反弯点处加一定锚固长为全筋位置,弯矩零点向下 4~8 倍桩径为半筋,再下为素混凝土段。

此外,相关规范针对地震对桩基的影响提出了要求:《公路桥梁抗震设计细则》(JTG/T B02—01—2008)的第 4.3.1 条指出"存在饱和砂土或饱和粉土(不含黄土)的地基,除 6 度设防外,应进行液化判别;存在液化土层的地基,应根据桥梁的抗震设防类别、地基的液化等级,结合具体情况采取相应措施"。其条文说明认为该规定主要依据液化场地的震害调查结果。许多资料表明,在 6 度区液化对公路桥梁造成的震害是比较轻的,因此本条规定 6 度区及 6 度以下地区的公路桥梁可不考虑液化影响。

在第 4.3.6 条中规定,全部消除地基液化沉降的措施,应符合下列规定:

(1) 采用桩基时,桩端伸入液化深度以下稳定土层中的长度(不包括桩尖部分),应按计算确定。

(2) 采用深基础时,基础底面应埋入液化深度以下的稳定土层中,其深度不应小于 1m。

《建筑地基基础设计规范》(GB 50007—2002)第 8.5.2 条中对配筋长度提出了要求:

(1) 受水平荷载和弯矩较大的桩,配筋长度应通过计算确定。

(2) 桩基承台下存在淤泥、淤泥质土或液化土层时,配筋长度应穿过淤泥、淤泥质土层或液化土层。

按照上述的两个规范,在地震 6 度区以上时,桩身配筋长度应穿过液化土层和软弱土层(淤泥、淤泥质土),并进入稳定土层。进入稳定土层的配筋长度(不包括桩尖部分)应按计算确定,一般情况下按以下规定执行:

(1) 对于碎石土、砾、粗、中砂、密实粉土、坚硬黏性土,钢筋伸入长度不应小于 2~3 倍桩身直径。

(2) 对其他非岩石土不宜小于 4~5 倍桩身直径。

图 4.11 所示为装配式结构桥梁中最常见的两大类桩基——摩擦桩和端承桩的配筋方式。

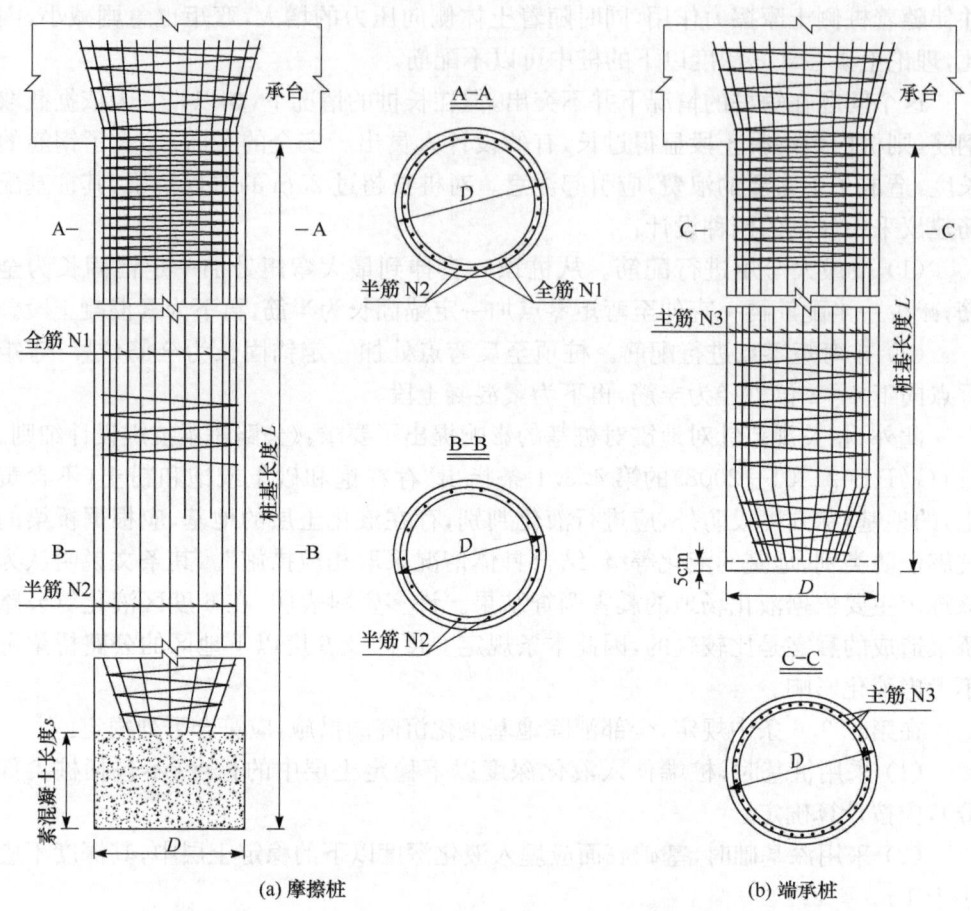

(a) 摩擦桩   (b) 端承桩

图 4.11 摩擦桩、端承桩桩基配筋构造示意图

对于图 4.11(a) 的摩擦桩来说,其素混凝土段长度 s,根据大量的工程实例和设计经验,建议按表 4.1 取值。

表 4.1 摩擦桩基素混凝土段长度 s 取值表

桩基长度 桩基类型	$L<25\mathrm{m}$	$25\mathrm{m}<L<30\mathrm{m}$	$35\mathrm{m}$	$40\mathrm{m}$	$\geqslant 50\mathrm{m}$
素混凝土长度 s/m	—	3	5	8	$L-40$

注:素混凝土长度 s 可内插确定。

以上讨论的是桩端素混凝土段的长度取值问题,一般来说,最常见的灌注桩桩身及桩端都是等截面的。但对于地质状况较差的桩,为减少超长桩,又将桩底支承面积加以扩大的桩称为扩底桩[图 4.12(b)、(c)]。

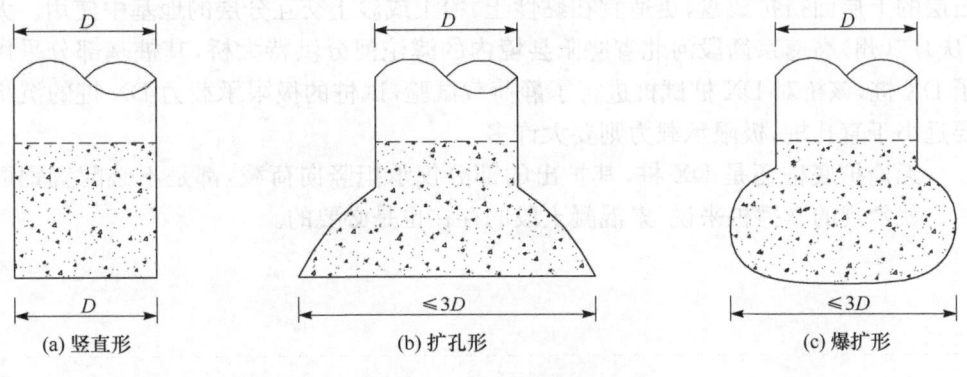

图 4.12 桩基端部形状示意图

《建筑地基基础设计规范》(GB 50007—2002)第 8.5.2 条中对这样的桩提出了要求,"扩底灌注桩的中心距不宜小于扩底直径的 1.5 倍,当扩底直径大于 2m 时,桩端净距不宜小于 1m。在确定桩距时应考虑施工工艺中挤土等效应对邻近桩的影响。扩底灌注桩的扩底直径不应大于桩身直径的 3 倍"。

还有一种挤扩桩,称为 DX 桩。DX 桩是一种变截面新桩型,是在钻孔灌注桩的基础上,使用专用挤扩设备在桩底和桩身挤扩成为支盘状,然后浇灌混凝土后形成的桩身、分承力盘和桩根共同承载的桩型(图 4.13)。

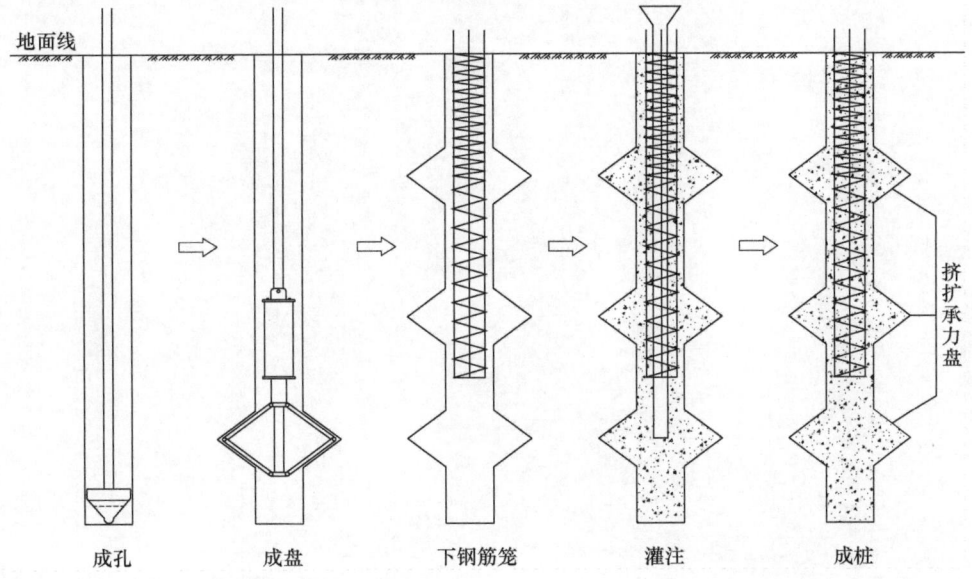

图 4.13 DX 挤扩灌注桩施工工艺示意图

挤扩承力盘可在黏性土、粉土、砂土层、强风化岩、残积土中挤扩，也可在卵砾石层的上层面挤扩成盘，更适宜在黏性土、粉土或砂土交互分层的地基中使用。大(庆)广(州)高速京衡段河北省饶阳县境内的滹沱河分洪特大桥，其桩基部分采用了 DX 桩，该桥对 DX 桩试桩进行了静荷载试验，试桩的极限承载力 DX 桩的沉降要远小于直孔桩，极限承载力则要大许多。

无论扩底桩还是 DX 桩，其扩出的部分仅承担竖向荷载，都是不必配置钢筋的。就常规的摩擦桩来说，素混凝土段的存在也是必要的。

第 5 章 附属其他

5.1 为什么墩台防护设计是桥梁设计的重要环节

桥梁上的防护工程很多,从防护目的来说可分为两大类:一类是保证桥梁自身安全的防护工程,如桥头防护、桥墩的防撞防护等;一类是为减少桥梁对周边环境影响的防护工程,如防抛网、隔音屏障等,本节论述的是前者,与后者相关的内容详见5.3节。

一般说到的桥梁防护均系指桥梁本身的防护,主要是指墩台的防护,其设置的意义很重要:墩台防护不仅关系到桥梁本身的安全,而且关系到桥梁的整体造价,以及桥梁规模大小的控制。

桥梁墩台的防护主要有:桥台防护、基础防护、桥墩的防撞防护(航标)及桥墩破冰凌设施等。

最为常见的墩台防护是桥头处的桥台防护,典型的桥台防护一般包括台前溜坡及与两侧路基边坡过渡衔接的锥坡[图 5.1(a)];小跨径的桥梁为满足桥下建筑界限

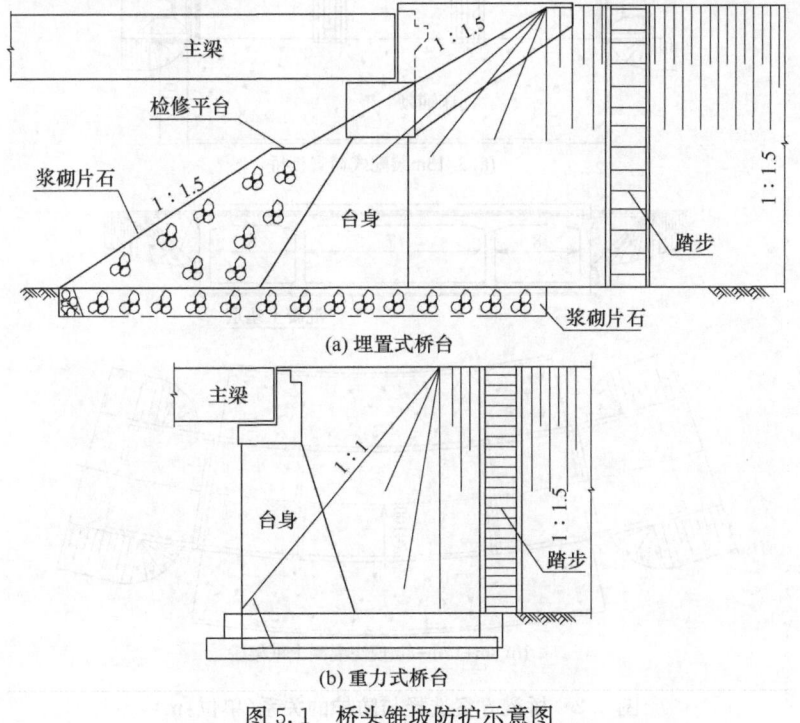

图 5.1 桥头锥坡防护示意图

的需要,往往采用一字形台身而仅在路基两侧设置锥坡防护[图 5.1(b)],一些早期的桥梁也有采用八字墙防护的。桥台防护的主要目的是为了防止水流对台前溜坡和两侧锥体内土体的冲蚀,避免对桥台和路基的正常使用及安全造成影响。同时,锥坡防护还起到了和路基顺接的作用。锥坡防护的表面材料一般采用浆砌片石或预制混凝土六棱块。

基础的防护常见于采用了浅基础的桥梁,其目的是通过适当防护措施来保证基础之下的地基不被流水冲蚀,保证桥梁的正常使用和安全。

当桥梁处在季节性河道上时,若地质条件较好,则可增加桥墩处的适当防护而采用扩大浅基础,如浆砌上下游的河道等,以降低桥梁基础工程的造价。图 5.2(a)

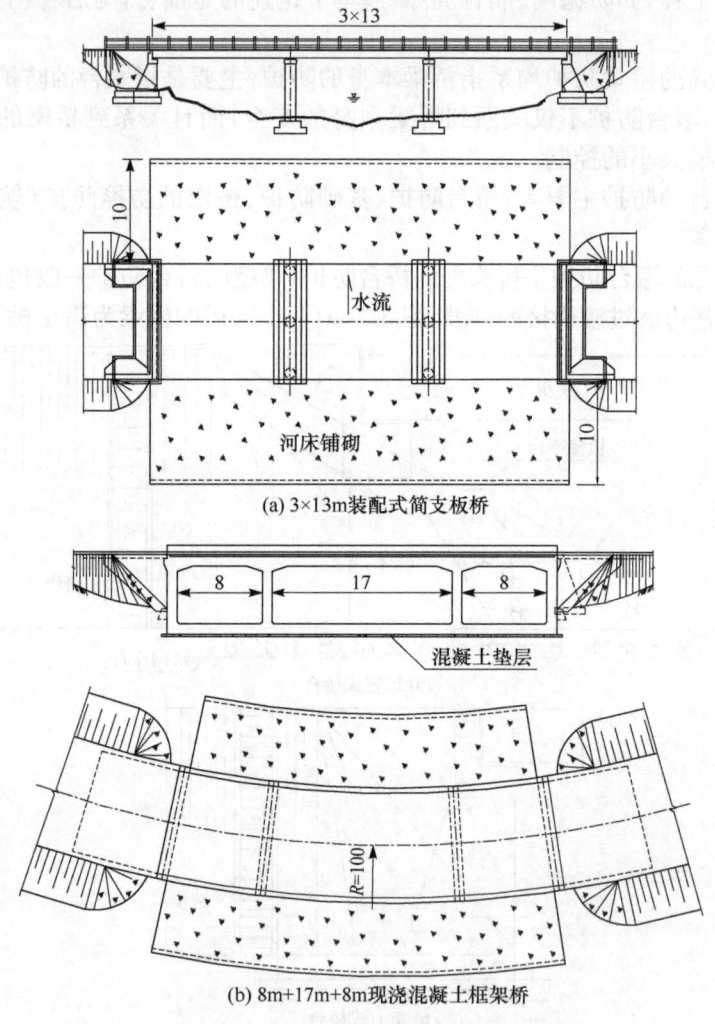

(a) 3×13m 装配式简支板桥

(b) 8m+17m+8m 现浇混凝土框架桥

图 5.2 桥梁方案选择与防护的关系(单位:m)

是某三级公路上的3×13m装配式板桥,因地基承载力较高,通过采用浆砌片石铺砌对河流上下游各10m范围内的河床进行防护,以避免季节性流水对桥墩基础冲刷的影响,基础采用了扩大浅基础,既加快了工程进度又降低了投资造价。

当桥梁受平面线形、建筑高度、桥下净空等因素制约,桥梁只能采用现场浇筑施工的方式时,增加适当的防护可使桥梁的规模及造价大大降低。图5.2(b)是某国道上的8m+17m+8m框架桥梁方案,因桥梁的平曲线半径R仅为100m,上部结构的建筑高度又受到了桥面设计高程和桥下净空的双重制约,只能选择现浇结构的框架桥方案。如采用现浇连续梁,受到桥址处的河床地质条件制约,须采用深基础(桩基础),同时因桥梁高度的原因需加大跨径方能满足桥下泄洪的需求。而框架桥方案对地质条件要求不高,仅需对河床进行适当的铺砌防护,防止水流对桥梁基础的冲蚀即可,显然是一经济合理的方案。

对于跨越下穿道路的桥梁或跨越通航河流的桥梁的桥墩,常常不可避免的被车辆或船只碰撞,如何避免桥毁、船沉、人亡等悲剧的发生是设计必须考虑的问题。从桥梁的防撞策略来看,除采取预警告示、航行管制等"主动防撞"手段来减小车辆、船舶撞击桥梁的概率外,尚应考虑桥梁的"被动防撞"能力,即桥墩结构自身的抗撞能力或采取措施帮助桥墩来抵抗撞击的能力(图5.3、图5.4)。除此之外,对于有冰冻的河流应设置破冰凌设施[图5.3(c)]。

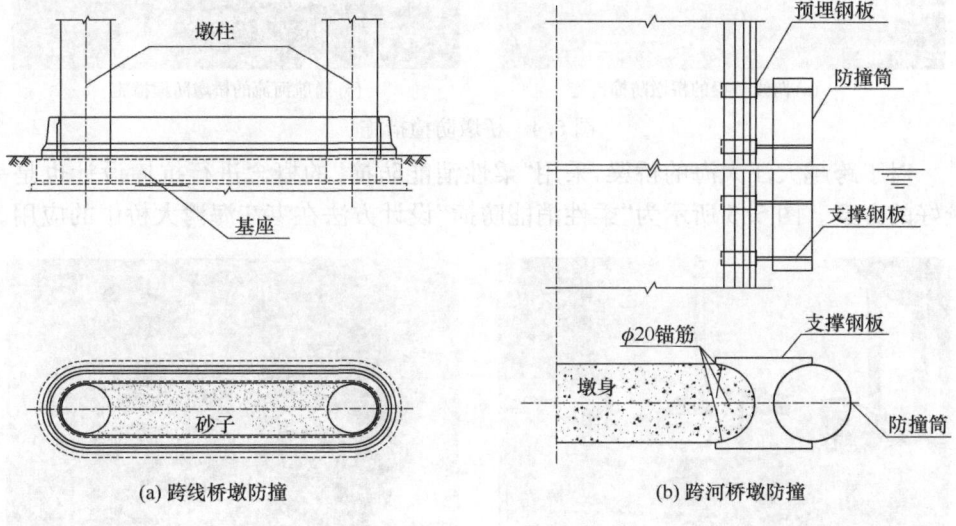

(a) 跨线桥墩防撞　　　　　(b) 跨河桥墩防撞

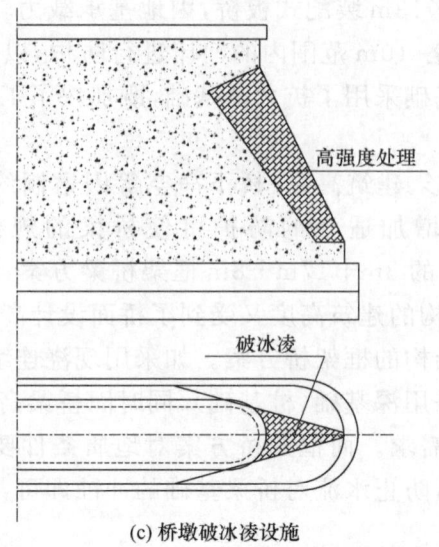

(c) 桥墩破冰凌设施

图 5.3　桥墩防护设施示意图

(a) 跨线桥梁的桥墩防撞措施　　　　　(b) 通航河流的桥墩防撞措施

图 5.4　桥墩防撞措施

对于跨越大江大海的桥梁,采用"柔性消能防撞"的概念进行抗撞设计也是一较好的方案。图 5.5 所示为"柔性消能防撞"设计方法在湛江海湾大桥中的应用。

图 5.5　柔性消能防撞设施

5.2 为什么桥梁上的护栏形式及尺寸有不同的选择

一般桥梁上都设置护栏或栏杆,但两者设置的目的是不同的:栏杆不仅起到诱导视线、增加安全感和美观的作用,而且具有对行人的保护功能;护栏主要用于非人行通过的桥梁(早期的汽车专用公路和高速公路),除具有栏杆的作用外,更重要的作用是封闭沿线两侧,隔离人畜及非机动车,同时具有吸收碰撞能量,使失控车辆改变方向并恢复到原有的驾驶方向,防止冲出路外或跌落桥下的作用。

因此,桥梁上设置栏杆还是护栏,主要是根据其使用需求进行选择的。如仅仅是满足行人安全感可只设置栏杆,如主要是防止汽车碰撞则需要选择防撞护栏。前者的形式和尺寸主要基于桥梁的美观性能进行设计,而防撞护栏则主要根据桥梁长度、车辆速度、车流量等因素选用不同防撞等级的护栏和形式。但无论是栏杆还是护栏,其设计均需遵循"安全、适用、经济、美观"的原则。

护栏按材料可分为混凝土护栏和钢护栏两大类型。一般来说,混凝土护栏主要用于特大桥、大桥、中桥和部分小桥,钢护栏主要用于小桥和盖板明涵。但部分大跨径的桥梁,如悬索桥、斜拉桥等,为了降低二期恒载的重量也常选用钢护栏。

护栏按防撞性能可分为刚性护栏、半刚性护栏和柔性护栏,前两者应用的最为广泛。

(1) 刚性护栏基本不变形,混凝土护栏是刚性护栏的主要形式(图 5.6),它以一定形状的混凝土块相互连接,从而形成墙式结构,失控车辆与之碰撞后,车辆能爬高并转向,从而改变车辆行驶方向,防止车辆冲出造成更大的事故。

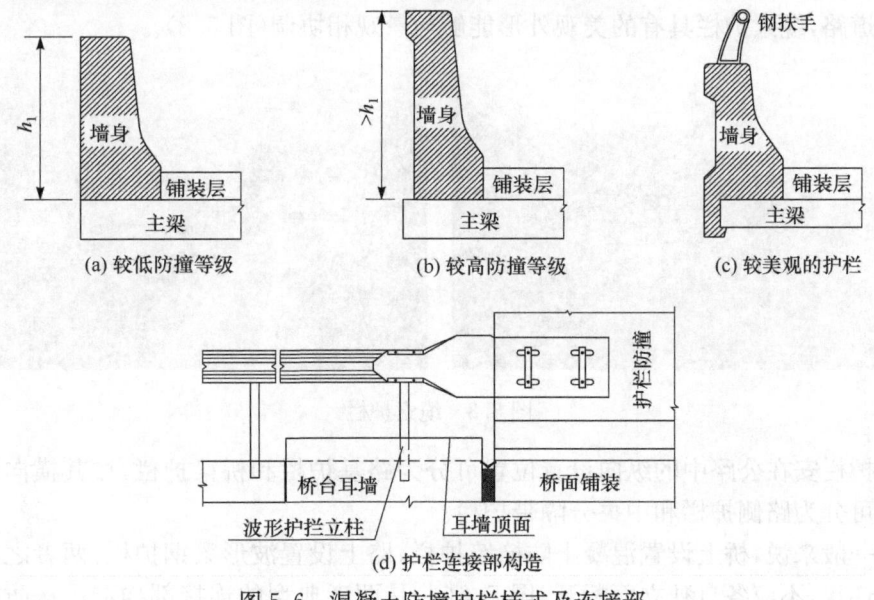

图 5.6 混凝土防撞护栏样式及连接部

(2) 半刚性护栏是一种连续的梁柱式结构,具有一定的刚度和柔性。波形梁护栏是其主要代表形式(图 5.7),它以波纹形状的钢护栏相互拼接,并由立柱支承而组成连续结构,是一种被碰撞后纵向吸能的防撞结构,通过自体变形或者车辆爬高来吸收碰撞能量,从而改变车辆行驶方向,阻止车辆越出路外或者进入对向车道,最大限度地减少乘员受到的伤害。

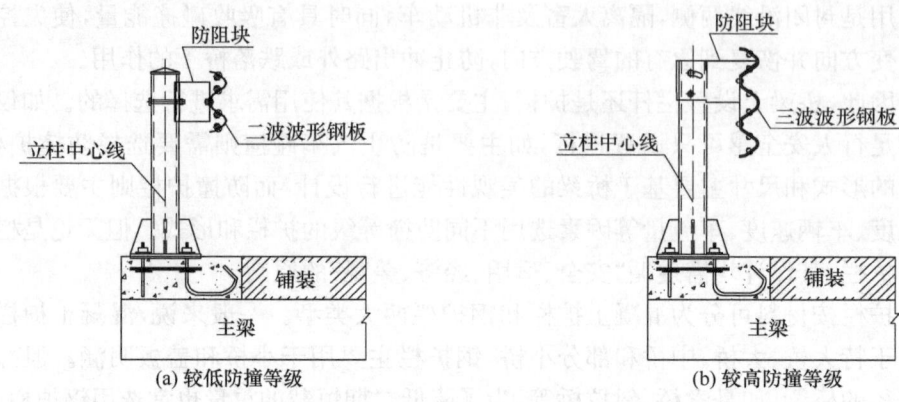

图 5.7 典型的波形梁护栏

(3) 柔性护栏具有较大的缓冲能力和韧性。缆索护栏是其主要代表形式,以数根施加初张力的缆索固定于立柱上,主要依靠缆索的拉应力来抵抗车辆的碰撞,吸收碰撞能量。该种护栏具有适应性强、安全性好、施工方便、维修容易、经济效益好的特点,已被数十条公路项目采用。但其防撞等级较低,常用于对美观有要求的景区道路,缆索护栏具有的美观外形能够与景观相协调(图 5.8)。

图 5.8 缆索护栏

护栏安在公路中的纵向设置位置可分为路基护栏和桥梁护栏,按其横向设置位置可分为路侧护栏和中央分隔带护栏。

一般来说,桥上设置混凝土防撞墙护栏,路上设置波形梁钢护栏,两者之间应相互连接,不应各自独立而断开,图 5.6(d)是两者典型的连接部构造。从防撞的效果来看,前者比后者要好。需要特别注意的是,山区公路中的护栏形式和等级应结合桥梁高度、路基高度、路肩挡墙高度等因素综合考虑,也就是说不仅要考虑桥上,同样应考虑高填方路段对护栏防撞等级的需求。

就桥梁中最常用的混凝土防撞墙护栏而言,城市桥梁的通行车辆以中、小客车为主,且对行驶速度要求不高,可采用较矮的护栏[图 5.6(a)],以达到较佳的性价比;公路的通行车辆中的大货车比例较大,车辆行驶速度也较快,护栏应选用较高的防撞等级[图 5.6(b)];对美观有需求的桥梁可选用带有钢扶手的防撞护栏[图 5.6(c)]。

栏杆主要用在城市桥梁中(兼人行),一般城区内的桥梁栏杆材质以石材、钢材或不锈钢为主,而郊区的桥梁栏杆则多采用混凝土预制(图 5.9)。

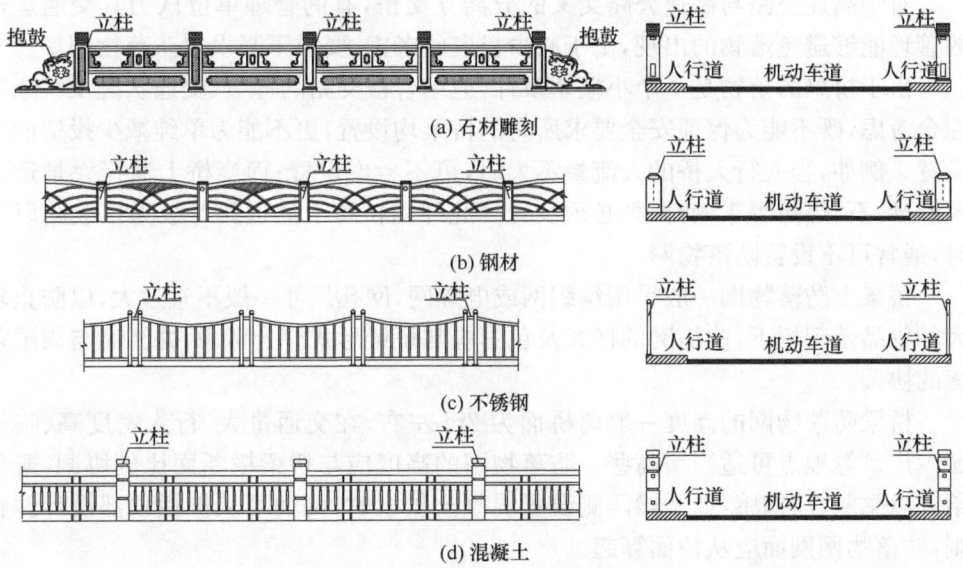

图 5.9 典型的桥梁栏杆图

栏杆从形式上可分为节间式和连续式。节间式由立柱、扶手及横档(或栏杆板)组成,扶手支撑于立柱上。连续式具有连续的扶手,一般由扶手、栏杆板(柱)及底座组成。无论何种形式,均应保证栏杆柱或栏杆底座与主梁的牢靠连接,确保其抗侧推的能力。

尽管桥梁的栏杆可根据环境做出适当的艺术处理,但其设计所考虑的重点应为适用性、经济性及可维护性,而非华丽的装饰。

城市桥梁大多需设置照明设施,桥梁的护栏或栏杆设计时要考虑灯柱安放及管线布置问题,作适当的预留措施。

5.3 为什么有的桥梁设置防落物网,有的不需要设置

桥梁的防落物网主要设置于天桥或立交桥上,防止桥上行人抛扔的杂物或车辆掉落的坠物影响桥下公路(或铁路)的正常运营,以保证桥下方行人及车辆的安全。对于一些有特殊要求的桥梁,如跨越调水干渠的桥梁,为避免桥上落下的杂物对水质的影响,常常也要求设置防落物网,设计时遵循相关行业的要求即可。

高速公路的上跨桥及人行天桥上,可能存在向桥下抛扔物品的情况,或大风把桥上杂物刮到高速公路上,或是桥上行驶车辆装载的物品散落到高速公路上。一旦上述情况发生,往往会使在高速公路上正常行驶的车辆猝不及防而引发交通事故,因此在上述结构物的两侧设置防落物网是非常必要的。

对于高速公路与高速公路交叉的分离立交桥,有的管理单位认为其交通运输的管理能够避免落物的出现,出于减少投资的考虑,要求不必设置防落物网。

由于桥梁的落物是一个小概率事件,应结合被交路的等级、交通状况及气象等综合考虑,既不能为保证安全要求所有的桥梁均设置,更不能为单纯减少投资而不设置。例如,当人行天桥的人流量不大时,可不考虑设置;而当桥上通行大量运送零散砂、石、煤炭等车辆时,则必须设置。此外当桥跨下的道路等级为三级路以下时,通常可不设置防落物网。

桥梁上防落物网一般采用编织网或电焊网,网孔尺寸一般不宜过大,以防止较大的物品落到桥下,防护网的样式及色彩应与桥梁形式综合考虑,并注意与周围环境的协调。

桥梁防落物网的高度一般离桥面为 2m 左右,在交通量大、行人密度高、临近城镇厂矿等地点可适当增高些。防落物网的高度应与桥梁横断面比例协调,避免给人以憋闷、压抑感,如桥梁两侧设置混凝土护栏时,网面可从护栏顶部设计。否则,防落物网网面应从桥面算起。

在空旷的原野上,上跨立交桥往往是周围地物中的最高点,在桥上设置金属防落物网后,则其遭雷击的危险性大大增强,因而桥梁防落物网一般应考虑防雷保护接地设计。对交通量大、邻近城镇厂矿的桥梁更应引起设计者的注意,防雷接地的阻抗一般应小于等于 10Ω。在合适位置安装接地避雷铜线,末端接铜棒,其尺寸为 $\phi 12mm \times 1000mm$,铜棒应埋在地表 2m 以下。

桥梁防落物网的结构验算主要考虑人畜的破坏和风荷载,可以参照桥梁栏杆的有关规定取值。

在风力较大的地区,每片防护网外侧增设 2 根交叉的 HRB335 钢筋,焊接在上下边框上,采用单面焊,保证 $10d$ 焊接长度,并将其与防护网绑扎,钢筋和绑扎点需做好防锈处理(图 5.10)。

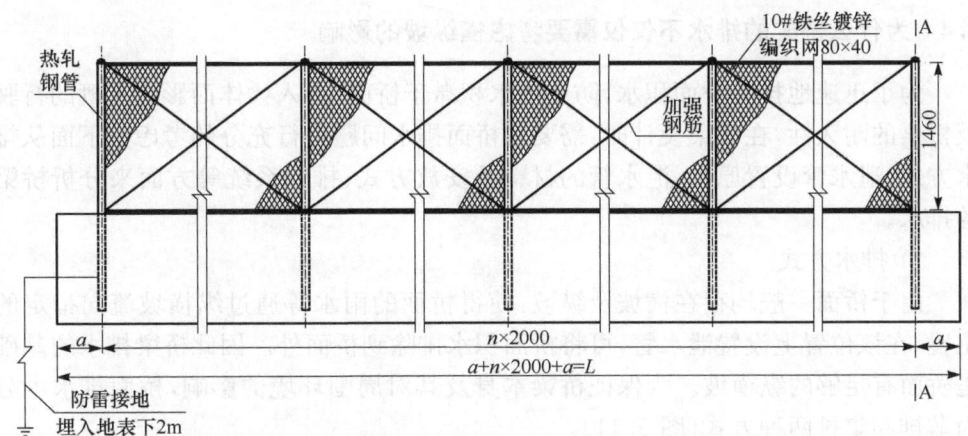

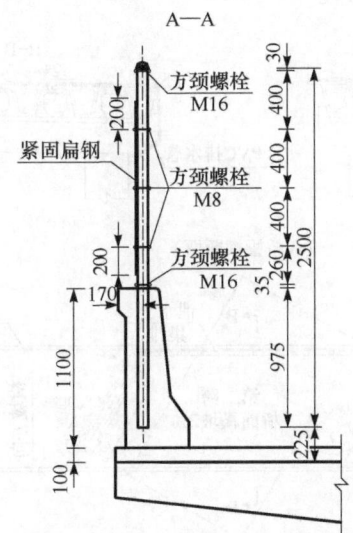

图 5.10　桥梁防落物网大样图(单位:mm)

桥梁防落物网的设计长度,原则上与桥梁跨越道路的宽度范围一致。如桥梁跨径不大(<20m),可整跨设置;如桥跨较大(>50m),其所跨的道路范围较窄,防落物网长度可在道路范围宽度的基础上前后各延 10m 左右。

施工时,首先在跨线桥与被交道路的交点处预埋防落物网所需的预埋件,然后以该交点为中心,向两侧以 2m 为间距对称预埋。若防落物网需通过联接墩,该网也应随着护栏或伸缩装置断开。

桥梁防落物网的材料应具备防腐、防老化、抗晒、耐候的特点;防腐形式有电镀、热镀、喷塑、浸塑。需说明的是,城市中的高架桥梁从医院、居民区等对噪声敏感的区域经过时,设置的声屏障亦兼起防落物网的功效。

5.4 为什么桥梁的排水不仅仅需要考虑横纵坡的影响

为了迅速地排除桥面积水,防止雨水积滞于桥面、渗入梁体而影响车辆的行驶及桥梁的耐久性,在桥梁设计时,需要对桥面排水问题进行充分的考虑。下面从排水方式、泄水管设置原则、泄水管的材料及安放方式、排水系统等方面来分析桥梁的排水。

1) 排水方式

由于桥面一般均存在横坡及纵坡,使得桥面的雨水等通过纵横坡流向指定的位置,在该位置上设置泄水管,可将桥面积水排除到桥面外。因此桥梁排水的基础是桥面有足够的纵横坡。为保证桥梁本身及其对周围环境的影响,桥面排水可分为散排和集排两种方式(图 5.11)。

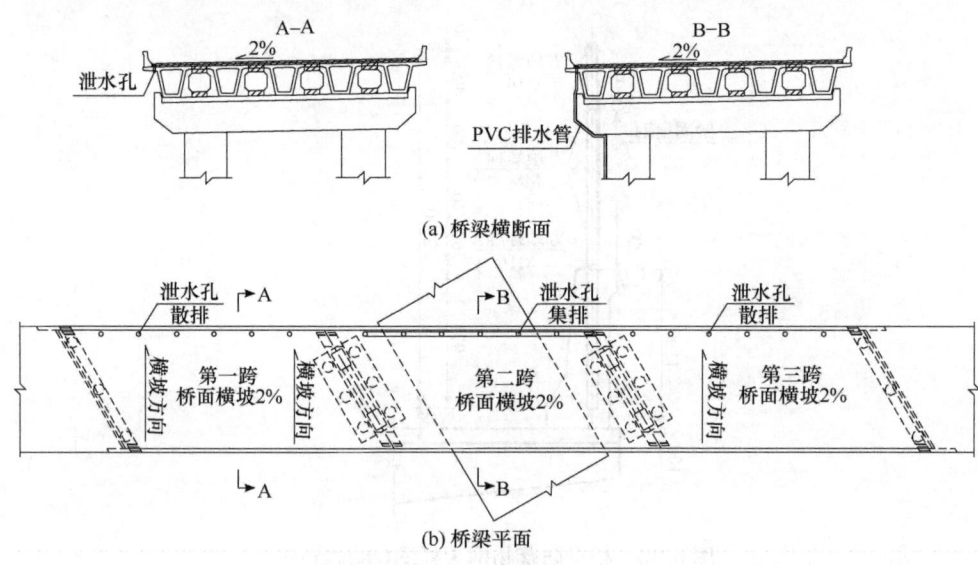

图 5.11 桥梁排水示意图

散排:桥面水流通过竖向泄水管直接排到桥下的排水方式。但应特别注意泄水管的安放位置,需避开在墩顶处设置,以免水流对桥梁支座的冲蚀。

集排:当桥下有道路或其他重要设施时(主要是跨线桥),将桥面泄水管口的流水通过纵向管道汇集收纳,并经竖向落水管统一排至地面排水系统的排水方式。以此来避免桥下行人、车辆或其他设施受到桥面水的冲淋。

2) 泄水管设置原则

很显然,桥面泄水管的位置、数量、管径会受到桥面纵横坡、桥面面积(汇水面积)及降雨量(设计降雨强度)的影响。相关的桥梁规范对泄水管设置的密度没有硬性的规定和要求。

泄水管孔径的选择相关规范并未指明,设计应从两个方面考虑:一方面孔径不能太小,这样泄水的效果不明显且数量较多;另一方面也不能太大,这样泄水管会削弱主梁的截面且影响车辆的通行。

从工程实践看,高速公路泄水管的孔径一般为100～150mm,城市桥梁中泄水管的孔径一般≥150mm。并应采用定型产品。

泄水管的设计流量可参考《公路与城市道路设计手册》中第6.1.2条对管道、明渠、涵洞的水力计算。工程实践表明,一般按下述的原则执行时,能确保桥面水迅速排出。

(1) 当桥面纵坡大于2‰而桥长小于50m时,桥上可以不设泄水管,仅在桥头引道两侧设置流水槽。

(2) 当桥面纵坡大于2‰而桥长大于50m时,则需在行车道的两侧沿桥长方向每间隔12～15m各设置一个泄水管。

(3) 当桥面纵坡小于2‰时,可每隔6～8m设置一个泄水管,但考虑到泄水管工作的不同步,一般每隔4～6m设置一个泄水管。

(4) 当桥面处在超高及超高渐变化段上时,排水设施应在桥面较低一侧设置,对于桥面横坡接近于0的区段,为保证雨水及时排出,应在桥面两侧一定范围设置泄水管(图5.12)。

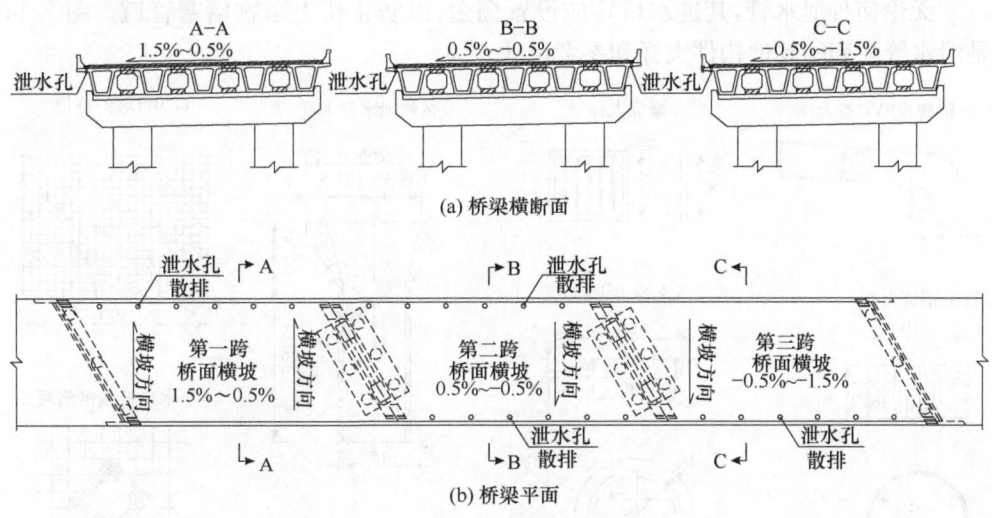

图 5.12 桥梁反超高时排水示意图

3) 泄水管的材料及安放方式

目前,在工程应用中,金属泄水管和PVC管最为普遍。

金属泄水管外表美观大方,内壁光滑,摩擦系数小,管道内壁抗腐蚀,抗磨损,不结垢,可减少流体的摩擦阻力,提高流体输送效率及降低噪声,具有抗冲击强度高、力学性能好、韧性好等优点。金属泄水管又可分为铸铁管和钢管。

PVC 是一种乙烯基的聚合物质，PVC 管的抗腐蚀能力强、不易燃、质地坚硬且易于黏接、价格低廉，目前有取代金属泄水管的趋势。

泄水管在桥梁上有两种安放方式（图 5.13）：直泄式和倾泄式。

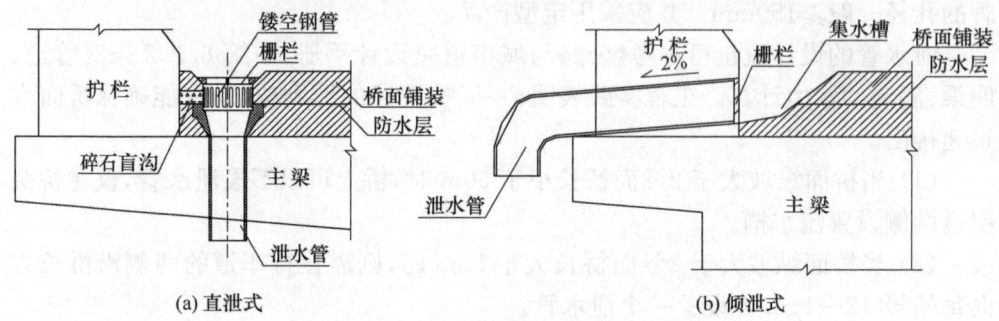

图 5.13 泄水管安放方式示意图

直泄式一般用在悬臂较大的 T 梁或箱梁桥上，它直接将桥面水"直泻"而下，排水效果非常明显。但当桥梁的悬臂尺寸过小时（一般为空心板桥），采用直泄式可能破坏到边主梁的内部结构，这时则常采用倾泄式。从桥面排水效果来看，应优先采用直泄式。

无论何种泄水管，其进水口均应设置栅盖，以防止桥上杂物堵塞管道。图 5.14 是泄水管配套的其他构件大样和参考尺寸。

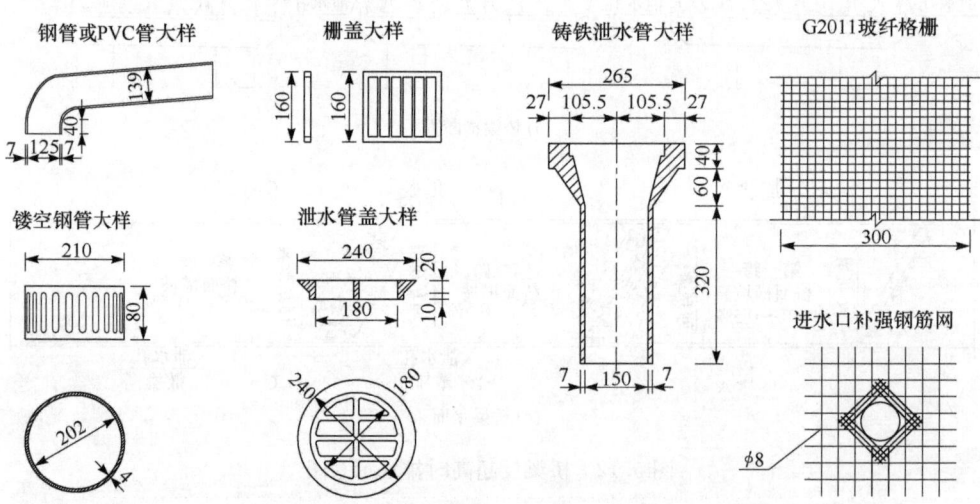

图 5.14 泄水管细部构造示意图（单位：mm）

4）排水系统

桥面水的排出，除设置一定数量的泄水管外，尚应将桥面渗入的水引导排出。

桥面铺装一般均采用了透水性的沥青混凝土，这样不可避免地会有水渗入到混凝土铺装层，实践证明，沿护栏内侧设置的碎石盲沟能够较好的将渗水收集至泄水管，从而排出桥面（图 5.15）。

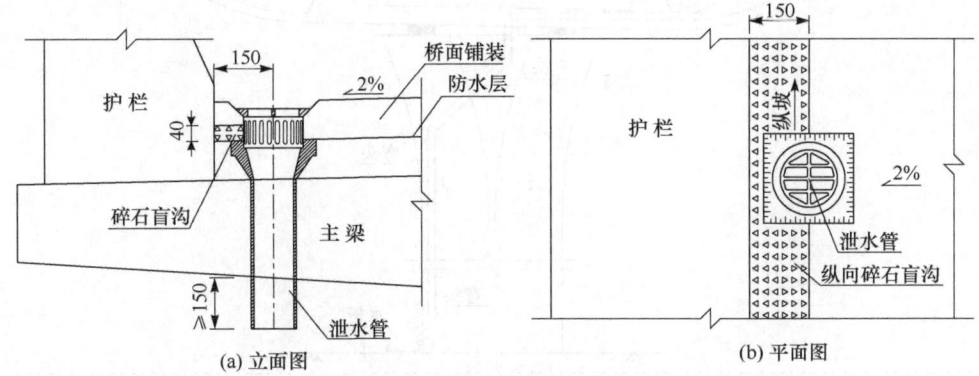

图 5.15　碎石盲沟构造图（单位：mm）

当桥跨下有道路（公路、铁路等）或其他重要设施时，为防止散排水对桥跨下建筑物的影响，需要通过一套完整的排水系统来将桥面水流引入桥梁的某个位置安全排出。图 5.16 是集排系统的构造情况。内置管式一般用在城市桥梁或有景观要求的公路桥梁中，外置管式一般用在野外公路桥中。但在北方寒冷地区，受冬季降雪影响，为避免融雪过程中雪水冻涨损坏内置管道，不宜采用内置管式。

很明显，外置管式施工简单，构件更换容易，而内置管式，要求施工时要对管道接头做好处理，以免渗漏水而破坏桥梁的结构。

集排系统的管件详细构造及参考尺寸如图 5.17 所示。

完整的桥面排水系统应从以下几个方面考虑：区域的降水量、足够数量的泄水管、足够大的桥面纵横坡、桥面渗入水的排出、桥下建筑物的影响等。因此，桥梁排水不仅是由纵横坡所决定的，设计时，不应简单照搬排水"通用图"，而应按照各座桥梁的实际情况，详细设计其排水系统图纸。

5.5　为什么主梁顶面一般设置伸入现浇混凝土层的连接钢筋

一般的钢筋混凝土及预应力混凝土梁桥，内力分析通常只侧重于主梁，而将桥面铺装层作为传力层和磨耗层考虑。目前，很少有将混凝土桥面铺装层作为主梁附加截面的（早期的空心板桥有考虑的）。对于装配式结构的混凝土及预应力混凝土梁桥来说，其桥面的构造自上向下依次为：沥青混凝土层、防水层（涂层或卷层）、防水混凝土层、主梁。同时在预制主梁时，预埋了一些钢筋便于防水混凝土层钢筋网的支撑和连接（图 5.18）。

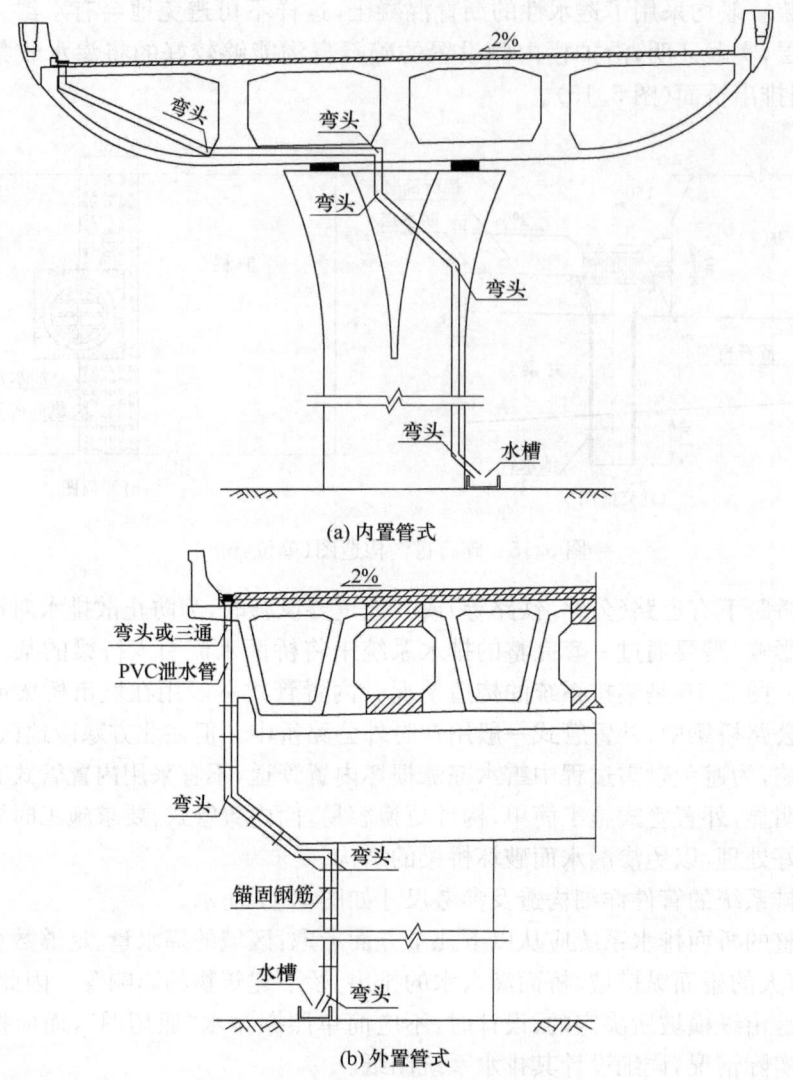

(a) 内置管式

(b) 外置管式

图 5.16　集排系统示意图

1) 连接钢筋的作用

(1) 增加混凝土桥面铺装和主梁的整体性,使两者更紧密的结合成为一个整体,更大限度的共同参与受力,由于预制主梁与现浇混凝土桥面铺装是存在时间差的,连接钢筋能够对新、旧混凝土起到较好的连接作用。

(2) 连接钢筋还可为现浇混凝土桥面铺装层中所设置的钢筋网片提供支撑作用,方便施工。

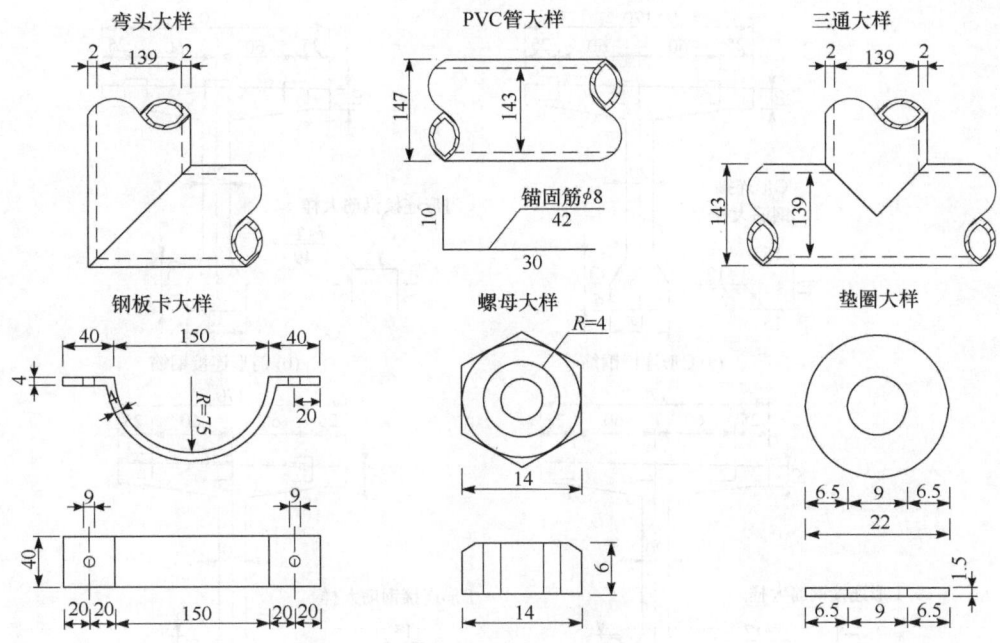

图 5.17 集排管件细部构造图(单位:mm)

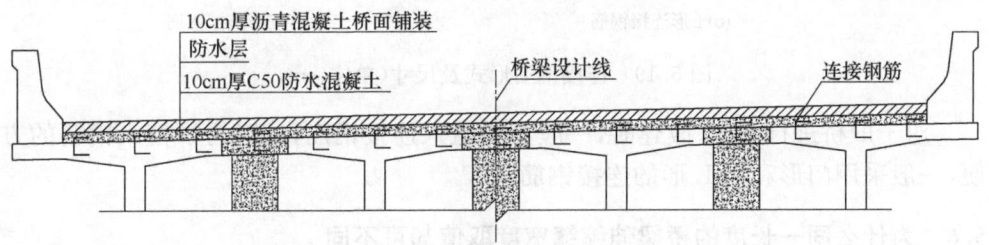

图 5.18 设置连接钢筋的横断面图

2) 连接钢筋的布置方式

连接钢筋在桥面上设置时间距不能太大,太大的话,无法满足其连接的作用;间距也不宜太小,太小的话,钢筋连接的效果不但不能增大反而给施工带来不便。实践中,桥面连接钢筋的横桥向间距一般取 50~100cm,纵桥向可取 50cm。

连接钢筋形式主要有四种,可分别称为 C 形、门形、L 形、E 形(图 5.19),其中以 C 形和门形连接钢筋最为常见。

这四种形式的连接钢筋所起到的作用都是一样的。从效果上看,除了 L 形连接钢筋效果略逊外,其他三种连接钢筋的连接效果都比较好。而 E 形连接钢筋是为现浇混凝土桥面铺装层中设置双层钢筋网时设计的。同时,在浇筑梁间横向湿接缝时,也应注意桥面连接钢筋的设置。

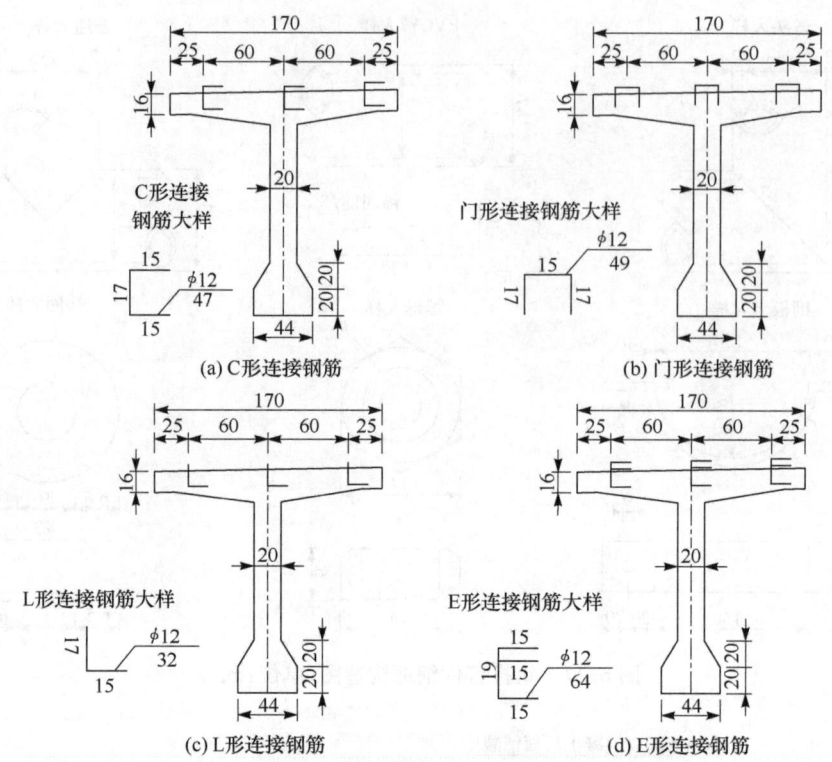

图 5.19 连接钢筋形式及尺寸(单位:cm)

对于旧桥进行加固、改建时,一般需要植入连接钢筋,此时为了植入钢筋的方便,一般采用门形和倒 L 形的连接钢筋。

5.6 为什么同一长度的桥梁伸缩缝宽度取值却可不同

伸缩缝是为满足适应桥梁结构变形需求的重要构件,通常在桥梁结构一联的两端或梁端与桥台之间的位置上设置。其功能是使桥梁上部结构在温度变化、混凝土收缩、徐变及活载等因素作用下能自由伸缩,同时保证车辆行驶舒适、平顺。应需避免水、泥砂等杂物进入缝内,而使伸缩缝的使用效果降低。

桥梁伸缩装置的合理选择非常重要,应以桥梁类型、桥梁需要的伸缩量为依据,综合考虑桥位的特点,合理选择伸缩装置的位置及形式。在保证伸缩装置发挥功能的前提下,提高桥梁整体的耐久性,对保证公路运输的安全、快速、舒适至关重要,并直接影响到桥梁的使用寿命。

有的设计者误认为上部构造的梁(板)预制长度与标准跨径之差就是桥两端伸缩缝的宽度值。这是不正确的,如一孔 40m 的预应力混凝土简支梁桥,设计中把两端各设一道缝宽 D40 的伸缩缝,即 40(缝宽)+3920(预制梁长)+40(缝宽)=

4000(cm,标准跨径)。下面就以该桥为例实际计算一下其所需要的伸缩量(计算原理及公式可见 1.16 节)。

假设该地区温度变化范围 $-15 \sim 45℃$，安装温度 $20℃$。膨胀系数 $\alpha = 10 \times 10^{-6}$，收缩应变 $\varepsilon = 20 \times 10^{-5}$，徐变系数 $\Phi = 2.0$，预应力引起的平均轴向应力 $\sigma_p = 7.4 \text{N/mm}^2$，混凝土的弹性模量 $E_c = 34500 \text{N/mm}^2$，施加预应力后三个月的递减系数 $\beta = 0.4$，则

温度变化引起的伸缩量

$$\Delta L_t = (T_{max} - T_{min})\alpha L = [45-(-15)] \times 10 \times 10^{-6} \times 40000 = 24 \text{(mm)}$$

$$\Delta L_t + = (T_{max} - T_{set})\alpha L = (45-20) \times 10 \times 10^{-6} \times 40000 = 10 \text{(mm)}$$

$$\Delta L_t - = (T_{set} - T_{min})\alpha L = [20-(-15)] \times 10 \times 10^{-6} \times 40000 = 14 \text{(mm)}$$

混凝土收缩引起的伸缩量

$$\Delta L_s = \varepsilon \beta L = 20 \times 10^{-5} \times 0.4 \times 40000 = 3.2 \text{(mm)}$$

混凝土徐变引起的伸缩量

$$\Delta L_c = \frac{\sigma_p}{E_c}\Phi \beta L = \frac{7.4}{34500} \times 2.0 \times 0.4 \times 40000 = 6.9 \text{(mm)}$$

故总伸缩量 $\Delta L = 24 + 3.2 + 6.9 = 34.1 \text{(mm)}$，梁伸长量 $= 10 \text{mm}$，梁的缩短量 $= 14 + 3.2 + 6.9 = 24.1 \text{(mm)}$，可视初始压缩量为 24.1mm。

通常情况，在选用伸缩装置时，对于诸如制造、安装误差等因素，可按安全富裕量考虑，一般可按计算变形量增加 20% 估算，以保证伸缩装置的使用效果和耐久性。此例中初始压缩量可取 $24.1 \times (1+0.2) = 29 \text{(mm)}$。

根据上述的计算，该桥只需在一端设置一道缝宽 40mm 的伸缩缝即可，而另一端梁体与背墙之间的缝隙处，可做成桥面连续。这样的做法既能满足桥梁的伸缩，又节省了一道伸缩缝，同时还可避免缝隙处的跳车。

值得注意的是，如果该桥梁为有坡度的桥，伸缩缝及滑动支座建议设在高处一端，低处一端可仅设固定支座。

特殊地形条件下的桥梁应区别对待，如一座 6 孔 30m 的预应力混凝土先简支后连续箱梁，该桥跨总长 180m，其初始压缩量在 150mm 左右(计算过程略)，假定桥梁变形零点为桥跨中心，则在桥梁两桥台位置处设置 D80 伸缩缝即可，桥梁按 6×30m 的一联桥考虑。

但当其墩身刚度不对称时，桥梁变形零点就偏离了桥跨中心，如图 5.20(a)所示的这种情况，如仍按两侧桥台设置 D80 伸缩缝，则桥梁 0 号桥台处的伸缩缝不能满足计算要求。针对该桥的特殊地形，伸缩缝的设置建议如下：

(1) 3 号桥墩处设置 D160 伸缩缝与 0、6 号桥台处设置 D80 伸缩缝[图 5.20(a)]；

(2) 0 号桥台处设置 D160 伸缩缝与 6 号桥台处设置 D80 伸缩缝[图 5.20(b)]。

显然图 5.20(b)的设置方式更好，从结构受力角度分析，有效避免了将高墩设

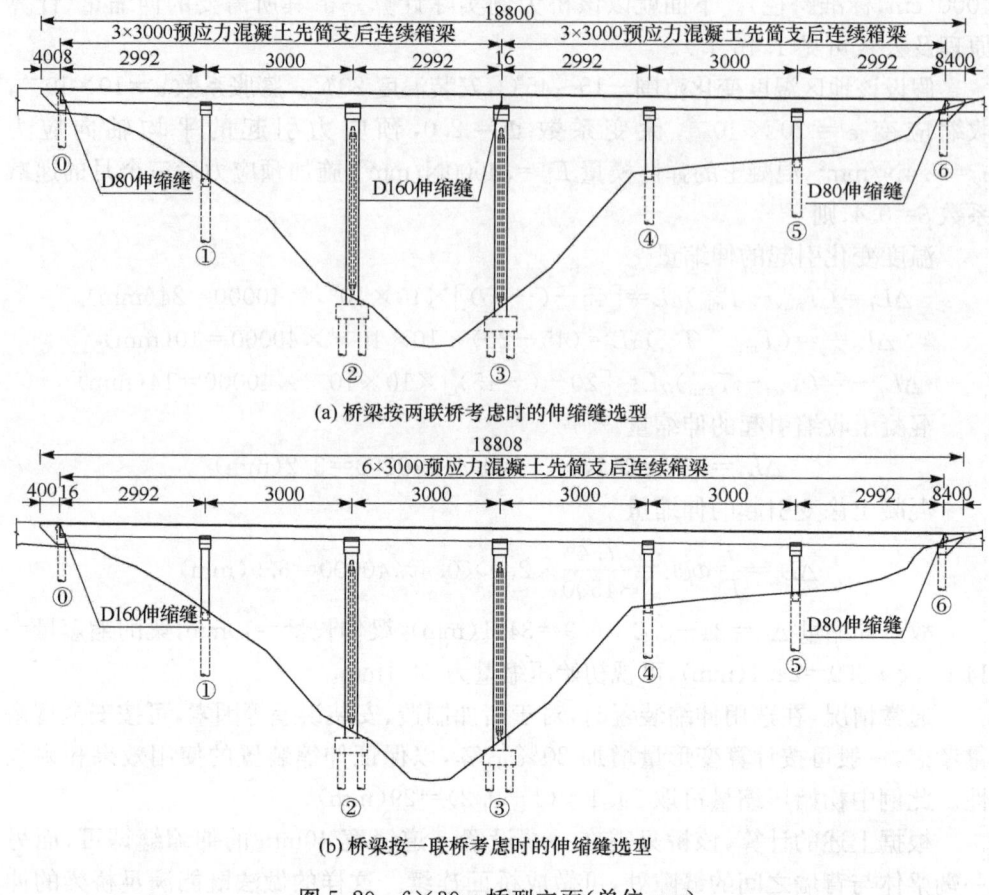

图 5.20　6×30m 桥型立面(单位:cm)

置成联接墩,桥梁纵向受力体系更加合理。同时节省了一道伸缩缝,降低投资,减少运营期间的养护、更换费用。

单孔的小跨径桥梁(如跨径≤20m)可不设伸缩缝,一般在路面及桥面铺装摊铺完后,再沿原缝隙开一条宽 2cm 深 3～5cm 的假缝,缝内填塞沥青麻絮或其他可塑性材料,以防桥面龟裂即可。

此外,伸缩缝安装时,应根据安装时的温度及梁板施加预应力的时间等考虑安装时的缝宽,不可仅按设计文件中给出的缝宽值控制施工。如桥梁是在炎热的夏季施工,则桥梁以后因温度引起的伸长量很小,几乎为零,而降温引起的伸缩量在总伸缩量中起关键作用。因此,设计文件中给出的缝宽值是在特定安装温度下的一般标准值。

合理预留伸缩缝宽度,可使其在夏季挤紧,冬季拉开,保证桥梁的温度变形自由无约束。从运营的实际情况看,伸缩缝挤坏的很少,大部分是由于缝太宽而引起了跳车,车辆又对伸缩缝再造成破坏,形成恶性循环。因此在伸缩缝的设计中,单纯采用安全系数较大的伸缩缝宽度,是不经济的也不科学的。

另外,桥梁伸缩缝的密封橡胶体受行车、落入杂物等的影响,极易发生损坏而导致桥面漏水或丧失伸缩功能。因此,桥梁伸缩缝在设计时,不仅要考虑伸缩量的需求,还要根据道路交通的特点,选用适宜类型的伸缩缝,如对运输砂石、矿粉等较多的桥梁,可选用具有防水、防震、自动清理缝内垃圾的跨越式伸缩缝。既可延长使用寿命,又可减少养护及降低造价。图 5.21 是具有"三防"功能的梳型伸缩缝示意图。但该种伸缩缝用在小半径曲线梁桥上时,应注意桥梁横桥向位移对梳型齿板的影响。

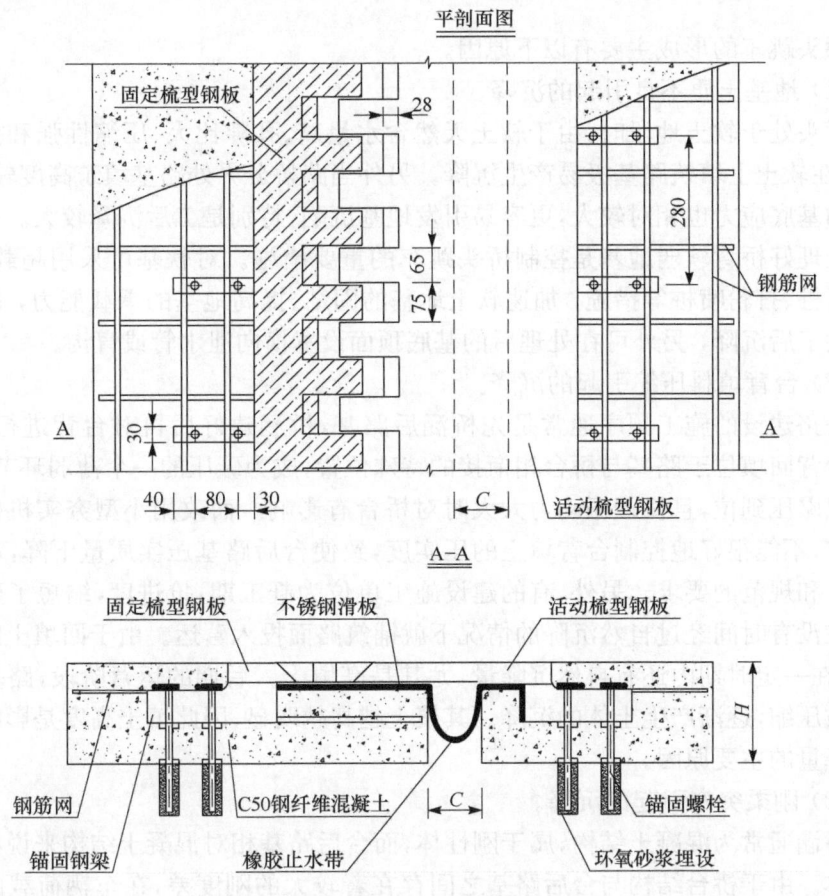

图 5.21　梳型伸缩缝示意图(单位:mm)

5.7　为什么搭板长度主要是由桥头填土高度决定的

高等级公路从目前的运营情况来看,路桥相接段存在着不少问题,最为突出的是该部分路面的不均匀沉降乃至裂缝的出现,从而导致的桥头跳车问题。

桥头跳车对高等级公路的危害主要有以下几个方面：

(1) 影响了汽车的正常行使，降低了行车的舒适性，对高速行驶的车辆增加行车风险，严重时还会造成交通事故。

(2) 损害了结构物的正常使用，降低了耐久性。跳车现象使路桥过渡段产生了额外的冲击荷载，增加了路面和桥台构件的受力及磨损，加速线路运营状况的恶化。

(3) 增加了车辆的运营成本。因跳车现象引起的颠簸对车辆造成不同程度的损坏。由于车辆在桥头加速或减速，车速的不稳定增加了车辆的能耗，使运营成本增加。

桥头跳车的形成主要有以下原因。

(1) 地基土质不良引起的沉降。

桥头处于软土地段时，由于软土天然含水量高、孔隙比大、压缩性强和抗剪强度低，在软土上填筑路基极易产生沉降。另外当路桥分界处路基填筑高度较大时，产生的基底应力也相对较大，更容易引发地基沉陷，特别是工后沉降较大。

处理好桥背软弱地基是控制桥头跳车的重要措施。对软基可采用超载预压、打碎石桩、打粉喷桩等措施，加速软土地基的固结、提高地基的承载能力，以减小地基的工后沉降，另外可在处理后的基底顶面设置横向泄水管或盲沟。

(2) 台背填料压缩引起的沉降。

公路建设的施工顺序通常是先桥涵后路基，桥涵建好后再对台背进行回填。由于台背回填位于路基与桥台相衔接的特殊位置，成为碾压的一个薄弱环节，压路机难以碾压到位，且机械振动力太大时对桥台有影响。而改用小型夯实机械或人工打夯，不能很好地控制台背填土的压实度，致使台后路基压实质量下降，难以满足设计和规范的要求。另外，有的建设施工单位为赶工期，抢进度，缩短了建设周期。在没有时间经过自然沉降的情况下就铺筑路面投入营运。由于回填土的不稳定性，在一定时期内还有自然沉降量，尤其是高填土。后期的运营阶段，路基填料逐渐被压缩，逐渐产生土体的沉降。其填土越高越明显，因此填土高度是影响台后总沉降量的主要原因。

(3) 刚柔突变引起的沉降。

桥涵通常为混凝土结构，属于刚性体，而台后路基相对混凝土结构来说亦属于柔性体。由于桥台结构与台后路基之间存在着较大的刚度差，在车辆荷载的作用下，从而使桥台与路基产生差异沉降变形。另外，刚度不同的路面在跳车处所产生的振动效果不同，柔性材料对能量的吸收要比刚性材料大，较大的刚度突变势必增强桥头跳车的振动效果。

为克服桥头跳车的弊病，采用桥头搭板是目前国内常用的有效措施之一，设置桥头搭板简单实用，目的是使在柔性路堤产生的较大沉降逐渐过渡至刚性桥台上，以减少车辆通过时的跳跃,其效果是否明显与搭板下路基沉降量和搭板长度有密切关系。

在进行搭板尺寸设计时,长度的确定无疑是关键。搭板的长度不应以构造物的规模大小为依据,因为桥头填土的沉降量主要取决于地基压沉和填土本身的自然压缩。当填土材料和施工压实度确定后,不论是大桥还是小桥,其台后填土的沉降量也是相等的,所以搭板设计长度也应是相同的。因此,搭板长度应根据桥头填土高度及填土的工后沉降量大小来确定。

搭板不能独立工作,它必须与桥台形式、地质情况及台后填料进行优化组合,才能获得最佳的效果。以搭板为中心,联合其周围的构件,可称为搭板体系。

搭板采用钢筋混凝土结构。宽度一般为行车道的宽度加上向两侧延伸的长度,即桥梁净宽。通常情况下应尽量采用就地整体现浇的方式,以确保其与路基的紧密联结。

根据搭板的埋置深度不同,可分为高置式、中置式和低置式(图5.22)。

高置式:是将搭板顶面置于面层之下,与现浇混凝土铺装层齐平,即搭板顶面的过渡层为面层。

中置式:是将搭板顶面置于柔性基层之下,即搭板顶面的过渡层为面层和柔性基层。

低置式:是将搭板顶面置于基层之下,即搭板顶面的过渡层为面层和基层(路面结构总厚度)。

三种埋置深度方式的选择依据主要是路面结构:刚性路面(水泥混凝土)一般选用高置式;柔性路面(沥青混凝土)宜采用中置式或低置式。

当搭板布设在沥青混凝土面层下面时(高置及中置式),车辆荷载将快速传压在路基上,路面与台背接头处的接缝在各种因素下常会产生细小的裂缝,雨水渗入裂缝后,易造成搭板下路基土的流失,导致该处路基发生沉降,使搭板脱空,搭板变为抗弯构件,脱空部分容易开裂。

而当采用低置式搭板时,其优点如下:

(1)在搭板上有70~80cm厚的路面结构层承受车辆荷载,搭板所受活载应力较小;在搭板下面设有垫层,使填土路堤承受活载更小,近台端搭板下方不易出现脱空区。

(2)搭板区段内的路面可与引道路面同时施工,操作方便。

(3)可解决桥台与路堤衔接处的跳车和搭板远端跳车的问题;同时可消除桥台与路堤衔接处沥青混凝土路面的隆起,使车辆能高速平稳的行驶。

(4)克服了搭板远端路面断层的薄弱环节,不设枕梁也可获得良好的预防沉降效果。桥头路面与一般路面相同,可以一次连续施工。

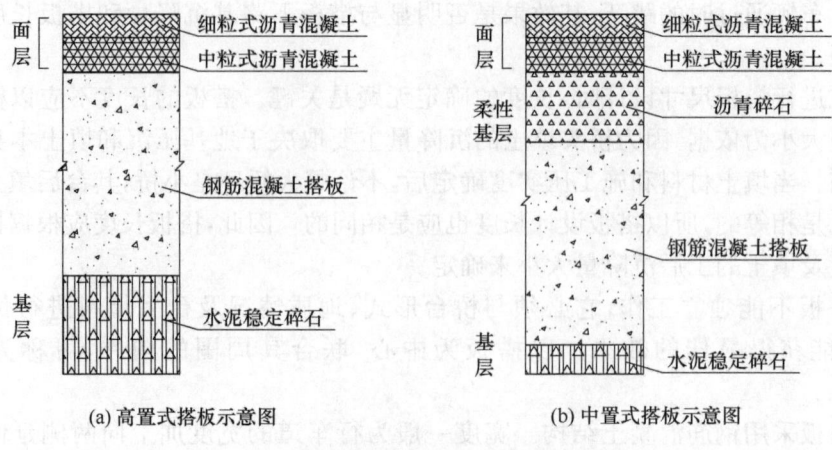

(a) 高置式搭板示意图　　(b) 中置式搭板示意图

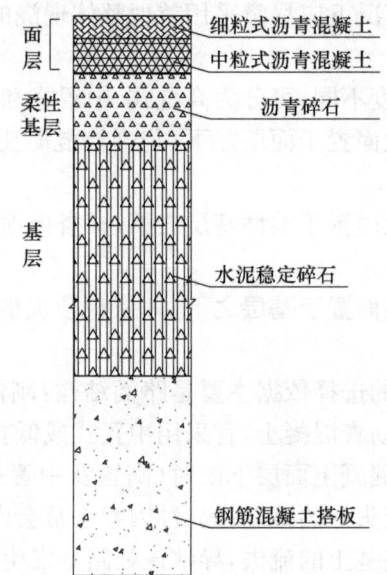

(c) 低置式搭板示意图

图 5.22　搭板埋置深度示意图

此外，搭板近台端置于桥台背墙牛腿上，搭板与桥台通过防滑锚固钢筋连接，并在搭板与桥台接缝中填入沥青玛蹄脂等填缝料，防止水分渗入(图 5.23)。

搭板尾端与路线纵坡的关系上，一般可按下面的方式设置：桥头引道一般均设置纵、横坡，桥头搭板的坡度应与之相适应。桥头路堤沉降后必然会引起纵坡变化，原则上桥头搭板的纵、横坡应与路面一致[图 5.23(a)]。为保证在台后长度方向上的沉降分布较均匀，并逐渐减小，有时搭板坡度也可大一些，但也不宜过大，建议 $i \leqslant 3\%$[图 5.23(b)]，即当路面纵坡为向搭板尾端反坡时，搭板宜为平坡或

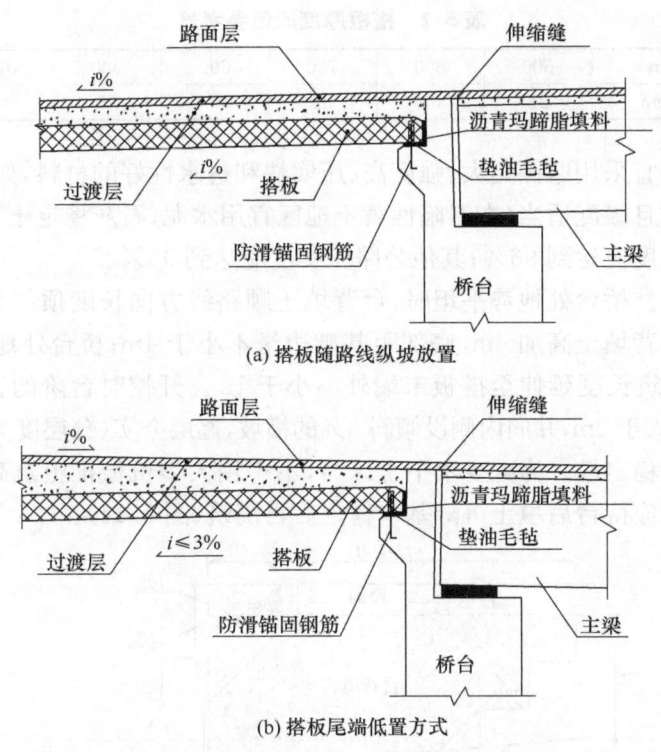

图 5.23 搭板设置与路线纵坡的关系

$i\leqslant 3\%$ 的下坡；当路面纵坡为向搭板尾端下坡时，搭板纵坡 $i\%$ 宜与路面的纵坡相同。

搭板的长度及厚度取值。《通规》第 3.4.4 条规定："高速公路、一级公路和二级公路上桥梁的桥头宜设置搭板。搭板厚度不宜小于 0.25m，长度不宜小于 5m"。《公路圬工桥涵设计规范》(JTG D61—2005) 第 6.1.9 条规定："高速公路、一级公路和二级公路上桥梁的桥头宜设置搭板。搭板厚度不宜小于 250mm，长度不宜小于 6m"。

按照上述规范规定，并参考国内实际工程与相关的研究成果，搭板的长度和厚度可参考表 5.1 及表 5.2。

表 5.1 搭板长度取值参考表 (单位：cm)

台后路基填方高度/m	3	4	5	6	7	8	10	12
特大桥、重要大桥	600	600	700	800	800	800	900	1100
大、中桥	500	500	600	700	700	700	800	1000
小桥、通道	500	500	500	600				

表 5.2　搭板厚度取值参考表　　　　　　　　　　（单位：cm）

搭板长度/cm	500	600	700	800	900	1000	1100
搭板厚度 h/cm	28	30	32	35	40	44	48

台后填料宜采用摩擦角大、强度高、压实快和透水性好的材料，如砂砾石、碎石土、砂砾土等，且级配适当（在湿陷性黄土地区宜用水泥、石灰稳定土）。高速公路、一级公路压实度应达到 96%；其他公路压实度应达到 93%。

填料范围。桥台处地势平坦时，台背填土顺路线方向长度顶部为距背墙尾端不小于 1 倍台背填土高加 4m，底部距基础边缘不小于 4m；桥台处地势陡峭时，应保证顶部的填筑长度延伸至搭板末端外不小于 1m。开挖时台阶的宽度应不小于 2m，高度不宜大于 2m，并向内侧设倾斜 3% 的横坡，逐层夯实（分层度为 15～20cm），以保证桥台的稳定性。为减少水平土压力，不得用大型机械推土筑高和碾压的方法。桥台搭板应待台后填土沉降基本稳定后再浇筑（图 5.24）。

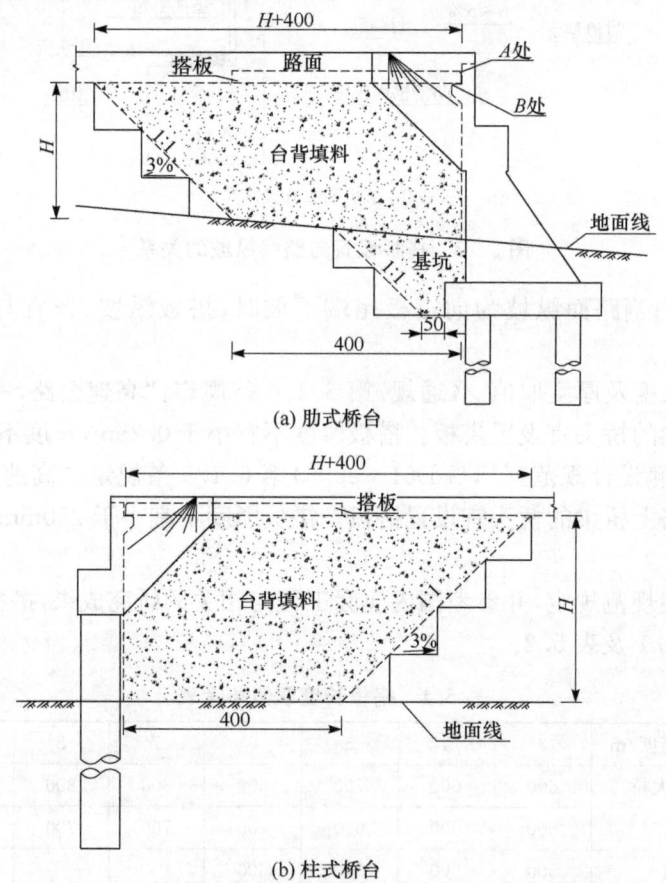

图 5.24　台后路基回填处理示意图（单位：cm）

搭板的细部构造上还应注意以下几点：

(1) 根据搭板的受力特性，在 A 处搭板上端应设置 5×5cm 倒角，台背与搭板间的接缝，用 SMA（沥青玛蹄脂填料）填筑，使搭板前端的反拱影响减少（在高置式搭板中意义更为重要）。在桥台背墙牛腿 B 处应设置 10×10cm 倒角，防止牛腿尖角位置处的混凝土在集中受力作用下损坏。

(2) 台背填筑前应在路基的某一合适高度设置泄水管或盲沟，并注意将泄水管或盲沟引出路基之外。

(3) 对于多车道搭板（如超过 3 车道时），应按一个车道或略多于一个车道划分板块，并设置纵向接缝，中间分缝用拉杆连接。

至于搭板与路基的施工关系问题，由于不同形式的桥台施工方法、施工工序不同，其对台后填土的密实度和受力影响也不同，合理安排施工工序和时间，尽量减少路桥过渡段的工后沉降。如在桩柱式桥台中，其过渡段路堤应在桥台结构施工前填筑，不受桥台施工作业面的限制，有利于大型机械碾压，不遗留施工死角，压实均匀，压实度易达到设计要求。然后桥台结构施工时，又为过渡段软土地基和路堤填土留有一定的沉降期，有助于减少过渡段路堤工后沉降。

当桥台位于挖方段且台后天然地基承载力高时（如岩石），如桥台施工未造成台后大范围的挖空，建议可不设置搭板或减少其厚度及长度；但当台后是不良的软土时，大开挖后天然土体结构易受到破坏，该情况下应考虑增设搭板。

5.8 为什么一般桥梁不设置避雷措施

装配式结构的桥梁中，较少见到有关防雷的特殊设施，那么，桥梁是否不需要单独设计防雷电装置？《通规》中未提及相关的要求，其他规范对桥梁的防雷、避雷有一些要求。

中华人民共和国国家标准《建筑物防雷设计规范》（GB 50057—2000）中的第 1.0.3 条"建筑物防雷设计，应在认真调查地理、地质、土壤、气象、环境等条件和雷电活动规律以及被保护物的特点等的基础上，详细研究防雷装置的形式及其布置"。

该规范将建筑物的防雷分为三类，从桥梁建筑的属性对照该规范看，桥梁结构至多属于第三类防雷建筑物的"预计雷击次数大于或等于 0.06 次/a 的一般性工业建筑物"。

重庆市地方标准《桥梁工程防雷技术规范》（DB50/T 279—2008）中也仅对悬索桥、斜拉桥及中、下承式拱桥提出了具体的防雷要求，第 4.2.10 条又指出"桥梁主桥、引桥的桥墩基础、锥体护坡基础、桥台基础等与大地相连的结构钢筋网均可作为防雷接地装置……"。

中华人民共和国气象行业标准《高速公路防雷设计规范》（征求意见稿 2007 年

11月)中对桥梁提及相关的要求,在第5.2.1.3条桥梁直击雷防护措施有以下三个小条目:

第5.2.1.3.1条,利用桥梁上部金属构架或在桥墩顶端安装避雷针、带、网及利用桩基础钢筋网和桥墩内的主钢筋,构成桥梁直击雷防护装置。桥梁的钢护栏等长跨距金属构件应与桥体的金属构件可靠电气连通。

第5.2.1.3.2条,桥梁与桥梁之间、桥梁与桥墩基础钢筋之间应采用"U型"跨接,以保证电气贯通。

第5.2.1.3.3条,应充分利用桥墩的基础钢筋作为接地装置,斜拉等金属构件应就近与接地装置可靠电气连接。

由上述规范的要求看,桥梁作为常见的建筑物,一般不必特殊设计防雷电装置,往往其基础钢筋等已经能够起到很好的接地装置的作用,但对于跨越特殊障碍物的桥梁如电气化铁路、输油、输气管线的,应按相应管理单位的要求,决定是否单独设计防雷措施。对于在桥上设置金属防落物网的桥,其防落物网一般应考虑防雷保护接地设计。

5.9 为什么桥头防护一般采用锥坡防护

桥头防护的作用是稳固桥头填土边坡,防止水流冲刷路堤,以保证桥头处的稳定性。桥头防护的类型很多,较常见的主要有:锥坡防护、U形台防护、八字挡墙和一字挡墙防护(图5.25)。

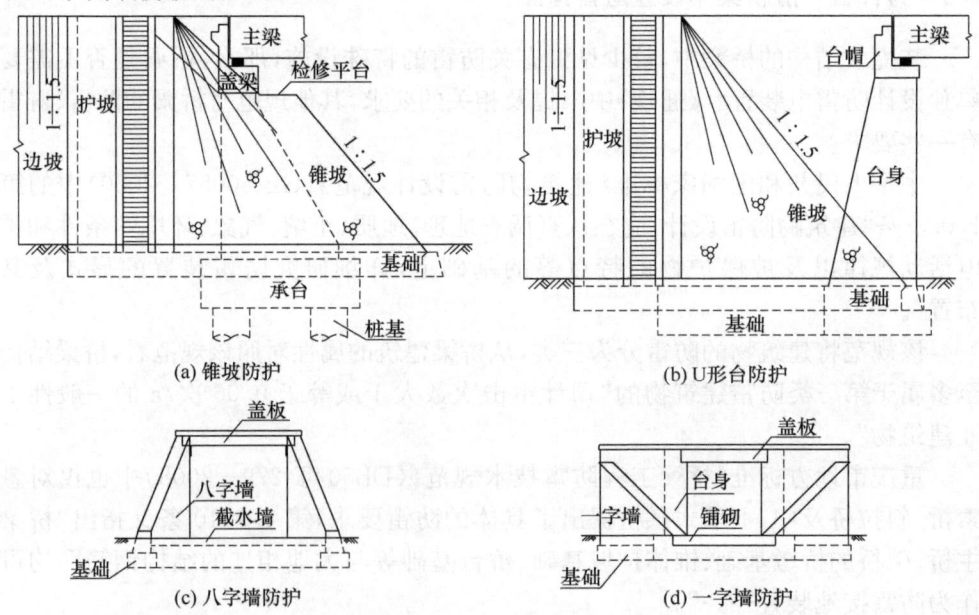

图 5.25 防护构造示意图

锥坡防护通常适用于各种跨径的公路桥梁,其适用范围较广。U形台防护通常用在地质条件较好的地方,也是通道桥的首选桥台防护形式;八字挡墙和一字挡墙防护通常用在桥梁跨径较小时,如跨径≤13m的小桥、通道、涵洞等。公路的桥梁工程中锥坡防护的适用范围明显大于其他防护类型。一般锥坡防护类型约占防护类型的90%以上。

图5.26是一工程中常遇到的斜交桥的锥坡防护示意图,反映了一典型的带检修平台的单幅桥的锥坡防护。公路工程中,一般情况下,路基边坡为1∶1.5,台前溜坡也为1∶1.5,但当桥梁的填方高度较小时,可以将台前溜坡做成1∶1。

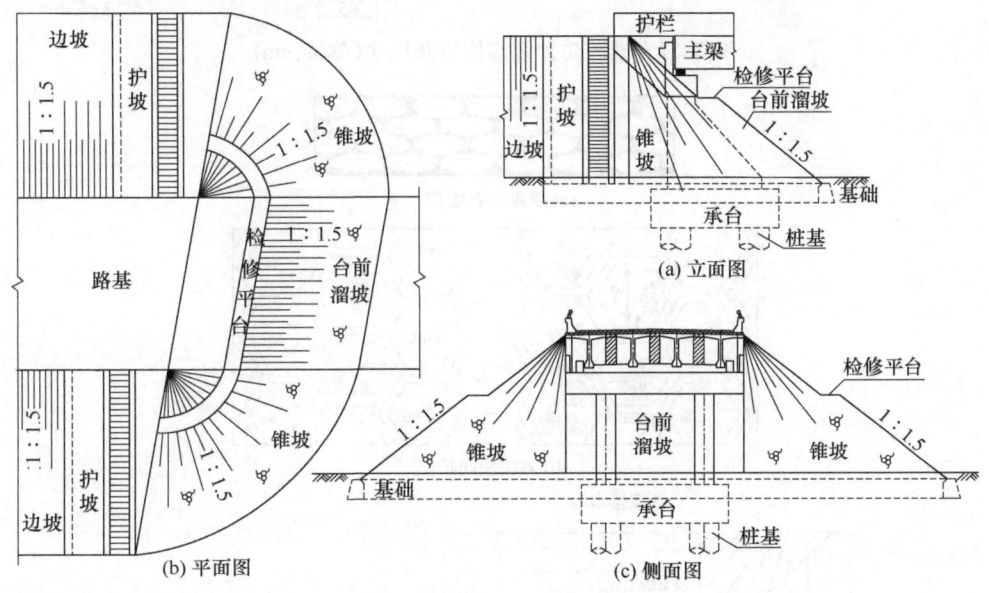

图5.26 典型锥坡防护

锥坡指的是为保护路堤边坡不受冲刷,在桥涵与路基相接处修筑的锥形护坡。又称锥体护坡,在采用埋置式、桩式、柱式桥台或桥台布置不能完全挡土时,起到保护桥头路堤的稳定,防止冲刷的作用。锥坡防护的重点在于以下几点:

(1) 锥坡防护起着约束水流,防止水流对桥台冲刷的作用。

(2) 锥坡防护起到了和路基顺接的作用,衔接圆顺的外形可以减小水流的阻力,而且从视觉效果上也比较美观。

(3) 在锥坡上可以搞绿化,种植一些藤本植物,美化环境。

锥坡防护细部构造及参考的尺寸如图5.27所示。

图5.27中坡面构造的材料是浆砌片石,但在实际工程中,坡面构造的材料是根据实际情况的需要而改变的,如不考虑绿化时,锥身表面大多数采用浆砌片石来砌筑[图5.28(a)];如考虑绿化时,锥身表面的片石可采用一些特殊形状的材料来替代,如较常见的中部挖空的六棱块[图5.28(b)]。

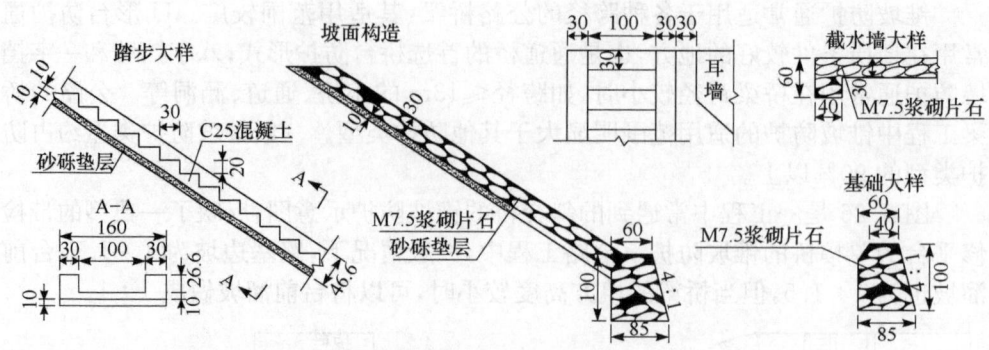

图 5.27 锥坡防护细部构造及尺寸(单位:cm)

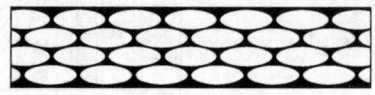

(a) 浆砌片石防护

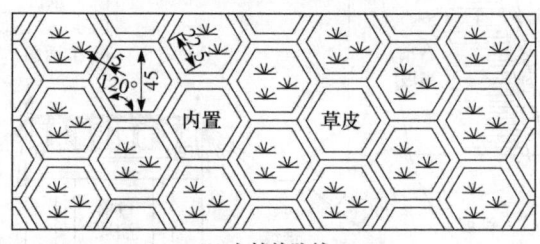

(b) 六棱块防护

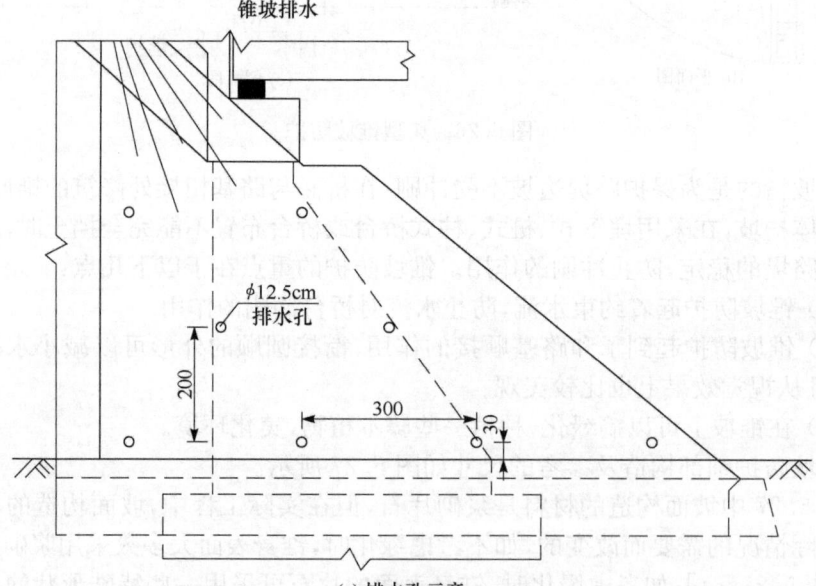

(c) 排水孔示意

图 5.28 坡面构造示意图(单位:cm)

第5章 附属其他

一般情况下,锥坡需要考虑排水(图5.28)。设置排水的目的主要是将锥体内存在的一些积水(主要是渗入水)及时排出,避免积水侵蚀锥坡,尤其是冰冻地区更为重要。

排水孔设置一般按垂直间距2m,水平间距3m,上下孔错开设置。最后一排应高出地面30cm。排水孔的管径一般选用$D=125mm$的PVC管,最终将排水管的水流引入排水沟。

当桥梁所处地区地下水位较高时,有时还需对锥坡底部进行防水处理。

公路桥梁,尤其是山区高速公路的桥梁,由于受到地形限制,双幅桥会出现错孔布置,相比常规桥梁来看,错孔桥梁的桥头锥坡防护略显复杂(图5.29)。

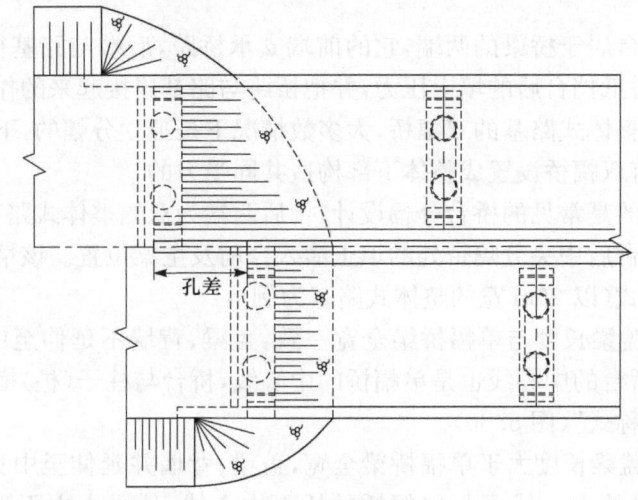

(a) 孔差较小时

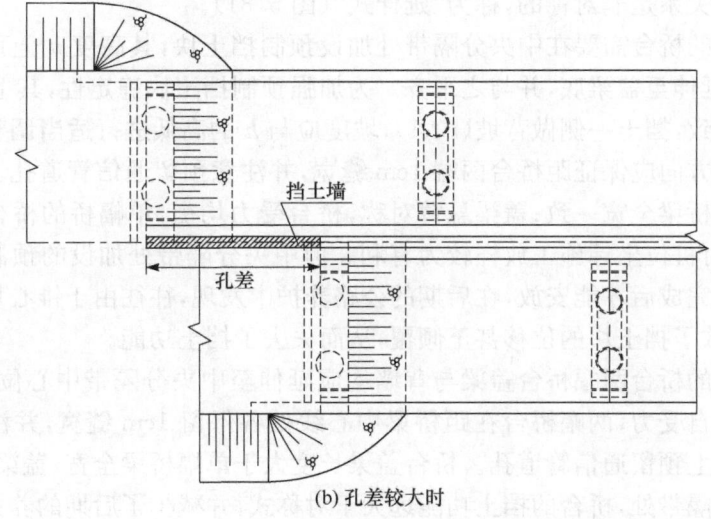

(b) 孔差较大时

图5.29 孔差对桥头防护的影响

对于错孔距离比较小的桥梁来说(孔差≤0.5孔跨时),其桥头锥坡防护不必在错孔距离的长度内设置挡土墙,减少了工程量。但为了锥坡外形的美观,还需进行一些特殊处理[图5.29(a)]。对于错孔距离较大的桥梁来说,应在错孔距离的长度内设置挡土墙[图5.29(b)],以阻挡单幅桥的填土侵入到另一幅。

桥头的防护对桥梁的养护、运营来讲是很关键的。设计人员应将桥头处的地形勘测准确,并结合主结构施工完成后的地形变化,完善锥坡设计,使桥头的锥坡防护发挥出其应有的作用。

5.10 为什么双幅桥的桥台一般向中央分隔带处延伸

桥梁的桥台居于桥梁的两端,它的前端支承桥跨,后端与路基衔接,起着支撑上部荷载,同时抵挡台后的填土压力,并把桥跨与路基连接起来的作用。

高速公路整体式路基的双幅桥,大多数情况下是独立分幅的,下部结构单幅独自受力,但也有双幅桥设置成整体下部构造共同受力的。

本节讨论的是常见的桥台分幅设计,台后两端为双幅整体式路基,桥台还有一功能就是阻挡台后中央分隔带处的填土溜入台前及主梁位置。该情况下桥台有两种构造设计形式(以26m宽的整体式路基为例):

(1)桥台盖梁长度与单幅桥梁全宽一致,盖梁、背墙不延伸至中央分隔带处,就单幅桥看,桥台的中心线也是单幅桥的中心线,桥台与柱子(桩)横向的关系是对称的,称为"对称式"(图5.30)。

(2)桥台盖梁长度大于单幅桥梁全宽,盖梁、背墙并延伸至中央分隔带处,就单幅桥看,桥台的中心线不是单幅桥的桥面中心线,从受力方面看,桥台与柱子(桩)横向的关系是非对称的,称为"延伸式"(图5.31)。

对称式的桥台需要在中央分隔带处加设预制挡土块,其高度h上顶应与桥面平齐,下底延伸至盖梁底,并与之平齐。为加强预制挡土块稳定性,其上宽度B与盖梁宽度一致,挡土一侧做背坡($i:1$),坡度应与h的高低进行适当调整。预制挡土块的厚度方向应保证距桥台两端1cm缝宽,并注意预留通信管道孔。桥台盖梁长度与单幅桥梁全宽一致;盖梁悬臂对称,桥台受力均衡,单幅桥的桥台与桥墩中心线一致,对桩位坐标施工放样较为有利。但中央分隔带处加设的预制挡土块需在锥心填土完成后才能安放,在后期的公路养护中发现,往往由于锥心填土的压实度不够,导致了挡土块的位移甚至倾覆,从而失去了挡土功能。

延伸式的桥台两幅桥台盖梁与背墙均应延伸至中央分隔带中心位置处,为保证桥台的各自受力,两幅桥台在距桥梁中心线处各保留1cm缝宽,并注意在每幅桥台的背墙上预留通信管道孔。桥台盖梁长度大于单幅桥梁全宽,盖梁、背墙并延伸至中央分隔带处,桥台的挡土功能远大于对称式,并减少了后期的养护。

由于该桥台在受力上存在不对称性,其盖梁两侧悬臂有等值和不等值两种设

第5章 附属其他

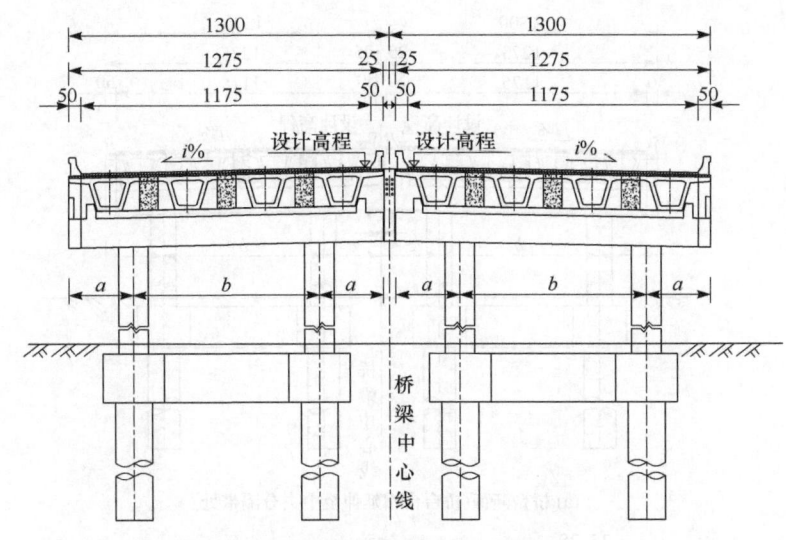

(a) 桥台断面(桥台台帽不延伸至中央分隔带处)

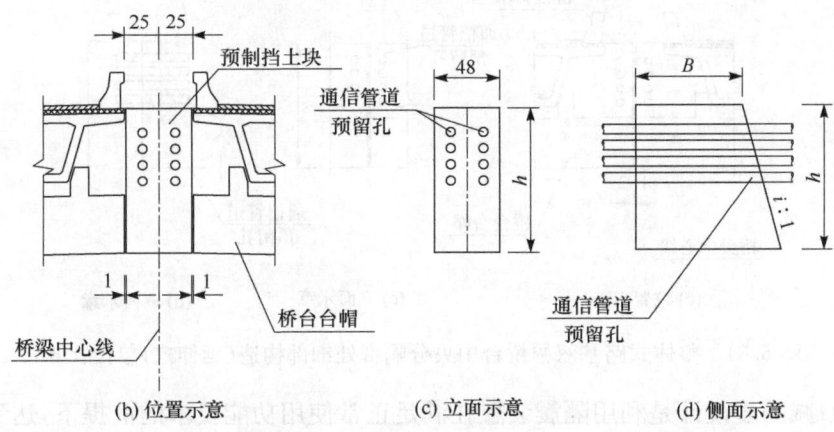

(b) 位置示意　　　(c) 立面示意　　　(d) 侧面示意

图 5.30　整体式路基双幅桥台中央分隔带处细部构造(对称式,单位:cm)

计:悬臂长 a、c 值相同;悬臂长 a、c 值不同,即 $c=a+25-1$[图 5.31(a)]。这两种方式依当地设计、施工习惯采用。

也正是由于延伸式桥台在处理台后中央分隔带填土时的明显优势,目前设计大多采用了这样的设计方案。单从桥台本身的受力来讲,对称式与延伸式的差别不大。

5.11　为什么桥梁的一些构造措施能起到减隔震的作用

桥梁抗震设计中一般会采用两种途径去减轻桥梁震害:传统设计和减隔震设计。传统抗震设计时,增大结构构件断面及配筋以达到使结构刚度增大,减轻震害

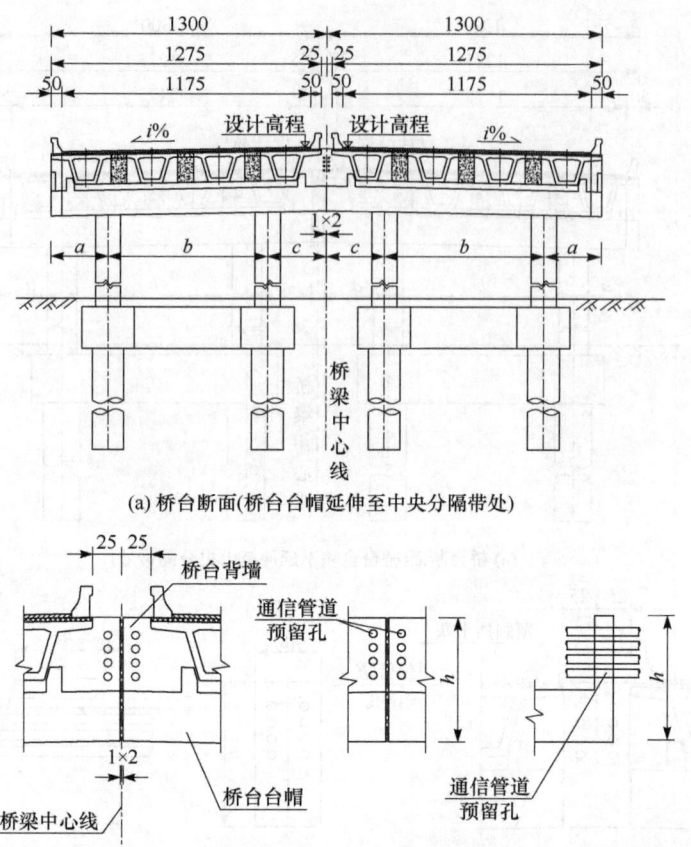

图 5.31 整体式路基双幅桥台中央分隔带处细部构造(延伸式,单位:cm)

的目的;减隔震设计是利用隔震装置在满足正常使用功能要求的前提下,达到延长结构周期,消耗地震能量,降低结构响应的目的。因此,对于减隔震设计,最重要的因素就是设计合理、可靠的隔震装置,并使其在结构抗震中充分发挥作用。

在高烈度地震区尽可能采用整体性较好的桥梁结构体系。结构的布置力求几何尺寸、质量和刚度均匀、对称、规则,避免冲突的出现。从几何线性上看,尽量选用直线桥梁。选择合理的连接形式对提高桥梁抗震性能也十分重要。对于高墩桥梁,建议采用上部结构和下部结构有选择性的刚性连接,以提高整座桥梁的抗震性能。

除此以外,采取对板梁与墩台支撑距离的限制、板梁与板梁或桥台之间设置减震装置、选用抗震支座、设置抗震挡块及大型结构设置阻尼装置等措施来实现减隔震的作用:

(1)在地震力的作用下,梁、墩台间出现较大相对位移,导致落梁现象的发生。

通过控制直线桥、斜交桥、弯桥中伸缩墩台处梁端到盖梁端部的距离可减少纵向落梁情况的发生(图 5.32)。《公路桥梁抗震设计细则》(JTG/T B02—01—2008)中第 11.2.1 条、第 11.2.2 条、第 11.2.3 条,有相关的要求。

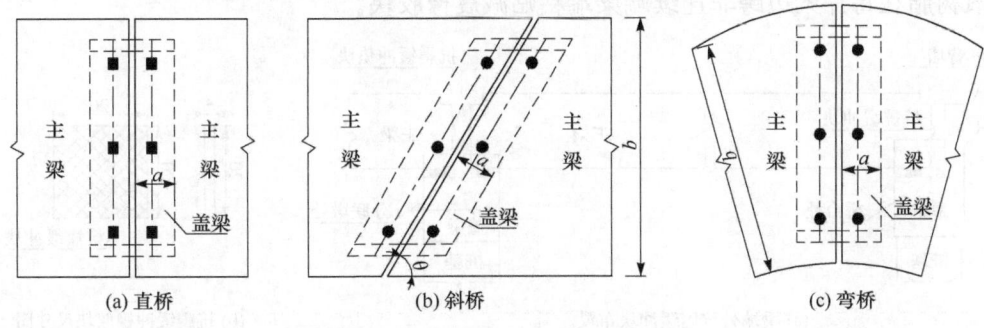

图 5.32 主梁梁端与盖梁位置示意图

① 简支梁梁端至墩、台帽或盖梁边缘应有一定的距离,最小值 a(cm)按式(5.1)计算[图 5.32(a)]:

$$a \geqslant 70 + 0.5L \tag{5.1}$$

式中,L——梁的计算跨径,m。

② 在满足式(5.2a)的条件时,斜桥梁(板)端至墩、台帽或盖梁边缘的最小距离 a(cm)应按式(5.2b)和式(5.32)计算,取最大值[图 5.32(b)]。

$$\frac{\sin 2\theta}{2} > \frac{b}{L_\theta} \tag{5.2a}$$

$$a \geqslant 50 L_\theta [\sin\theta - \sin(\theta - \alpha_E)] \tag{5.2b}$$

式中,L_θ——上部结构总长度,m,对简支梁桥取其跨径;

b——上部结构总宽度,m;

θ——斜交角,(°);

α_E——极限脱落转角,(°),一般取 5°。

③ 当满足式(5.3a)的条件时,曲线桥梁端至墩、台帽或盖梁边缘的最小距离 a(cm)应按式(5.3b)和式(5.1)计算,取最大值[图 5.32(c)]。

$$\frac{115}{\varphi} \cdot \frac{1 - \cos\varphi}{1 + \cos\varphi} > \frac{b}{L} \tag{5.3a}$$

$$a \geqslant \delta_E \frac{\sin\varphi}{\cos(\varphi/2)} + 30 \tag{5.3b}$$

$$\delta_E = 0.5\varphi + 70 \tag{5.3c}$$

式中,δ_E——上部结构端部向外侧的移动量,cm;

L——上部结构总弧线长度,m;

φ——曲线梁的中心角,(°)。

(2) 通过在桥梁边跨主梁伸缩端一侧设置橡胶缓冲块的方法来实现减隔震的作用(图 5.33)。图 5.33 反映了抗震缓冲块的详细情况:在封锚施工完成后,用环氧树脂在每片梁边跨非连续端梁端粘贴减震橡胶块。

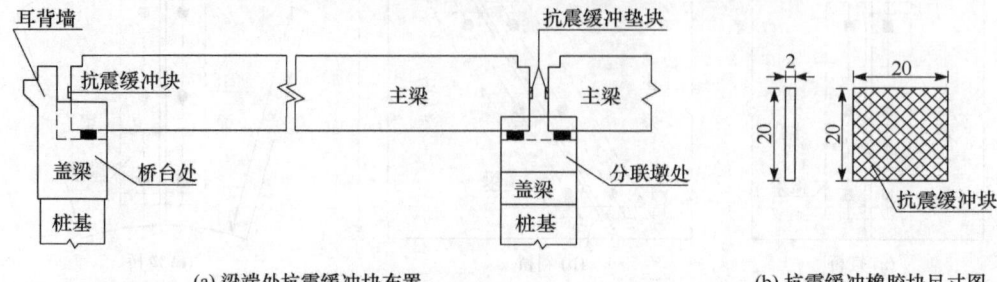

图 5.33 抗震缓冲块构造及尺寸示意图(单位:cm)

图 5.34 反映了空心板桥中拴接抗震缓冲块的详细情况。抗震缓冲块需采用优质氯丁橡胶加工,预埋螺栓时应注意使拧紧螺母后的外露长度不超过 5mm。

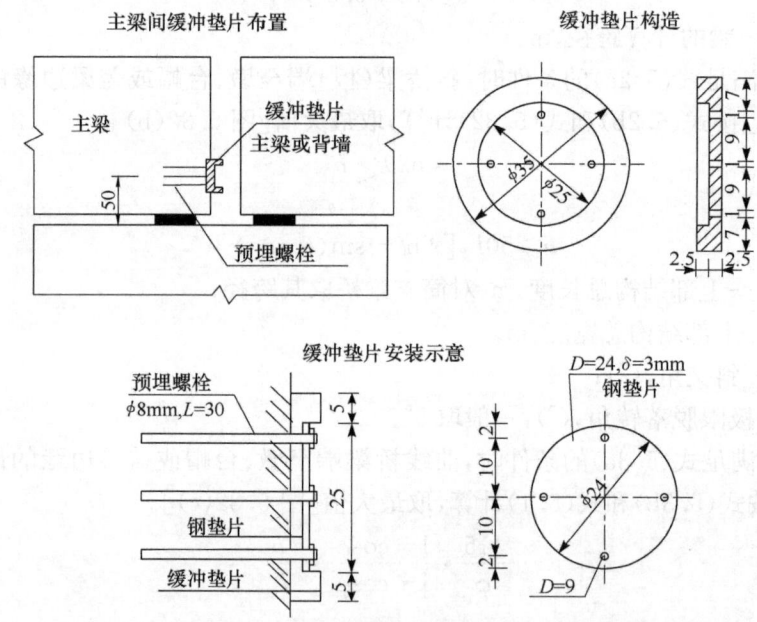

图 5.34 空心板桥抗震缓冲块构造及尺寸示意图(单位:cm)

采用栓接抗震缓冲块的方法虽然牢固可靠,但其施工较复杂,工程中较多的是采用环氧树脂粘贴。

(3) 通过设置抗震支座来实现减隔震的作用。图 5.35 反应的是 GPZ(KZ)2.0DX

支座的构造及尺寸示意。GPZ(KZ)支座是在普通盆式支座的基础上增加了消能和阻尼措施。

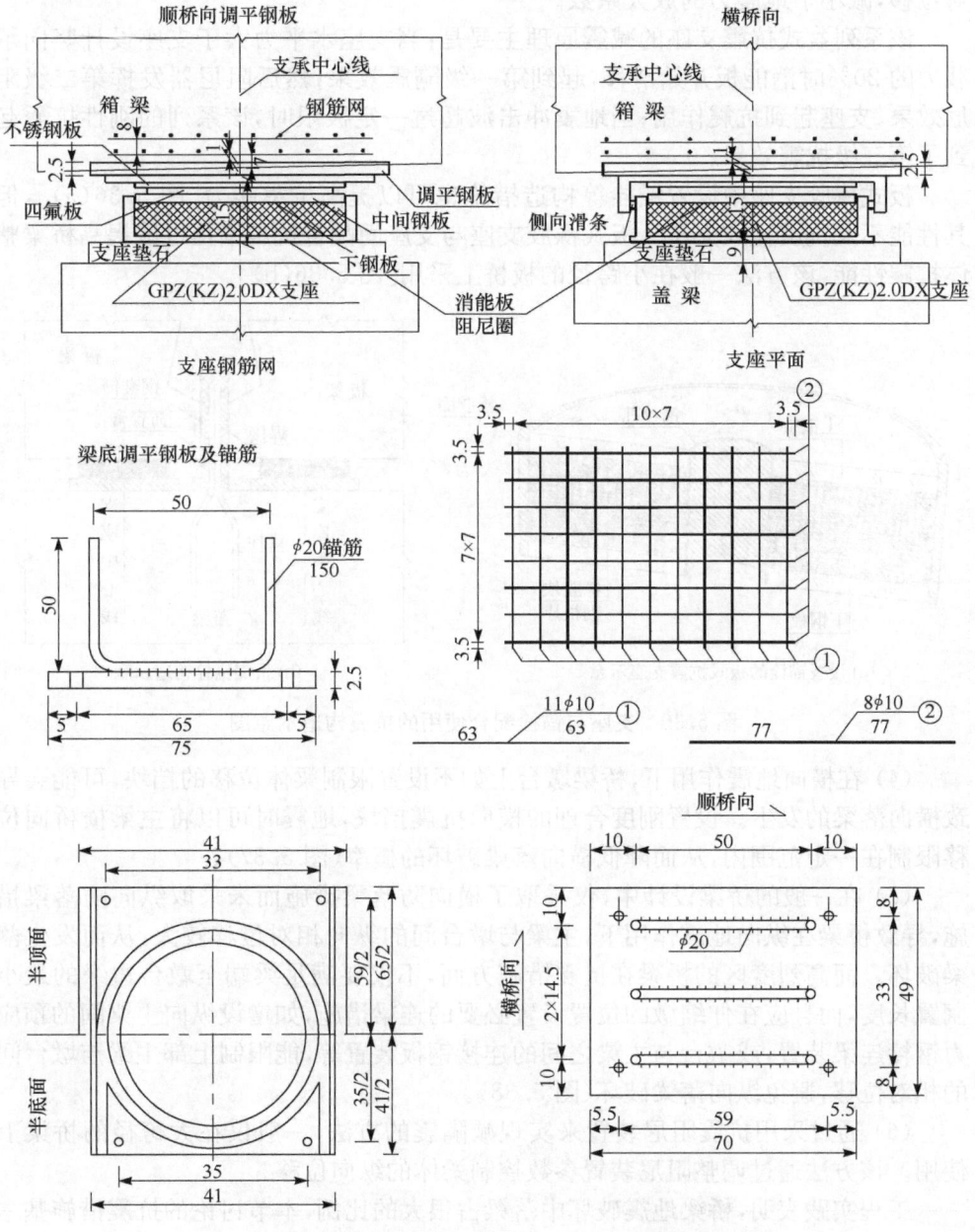

图 5.35 抗震支座构造及尺寸示意图(单位:cm)

图 5.35 是盆式抗震支座中常见到的类型之一。该系列支座采取了刚、柔结合

等有效抗震措施,增大了支座的耗能能力,极大地改善了支座的抗震性能,因此地震发生时可以提高桥梁的抗震能力,最大限度地限制了桥梁上下部构件之间的相对位移,减小了地震力的放大系数。

该系列盆式抗震支座的减震原理主要是:当支座水平力大于支座设计竖向承载力的20%时消能板开始滑移,起到第一级隔震效果;然后阻尼器发挥第二级阻尼效果,支座起到抗震作用;当地震冲击波超过一定极限时,该系列的刚性抗震起到了第三级抗震效果。

板式橡胶支座中设置锚栓等构造措施也可以提高抗震能力[图5.36(a)],但其性能不及抗震盆式支座。板式橡胶支座与支座间配合抗震锚栓也能提高桥梁整体抗震性能,该方法一般在小跨径的板桥上采用[图5.36(b)]。

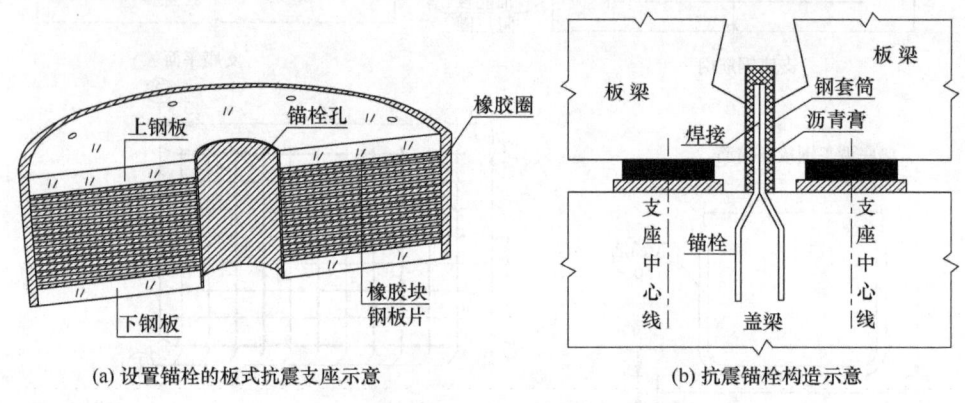

(a) 设置锚栓的板式抗震支座示意　　　(b) 抗震锚栓构造示意

图5.36　支座与锚栓配合使用的抗震构造示意图

(4) 在横向地震作用下,桥梁墩台上如不设置限制梁体位移的挡块,可能会导致横向落梁的发生。设置刚度合理的横向抗震挡块,地震时可以将主梁横桥向位移限制在一定范围内,从而降低横向落梁破坏的概率(图5.37)。

(5) 在一般的桥梁设计中,仅采取了横向防落梁措施而未采取纵向防落梁措施,导致桥梁在纵向地震作用下,主梁与墩台间的纵向相对位移较大,从而发生落梁破坏。而高烈度区的桥梁在抗震措施方面,不仅要满足梁端至墩台边缘的最小搁置长度,而且应在伸缩墩的位置设置必要的连梁措施,如增设纵向主梁间的预应力钢棒连梁装置,或墩台与主梁之间的连接钢板装置等,能限制上部主梁与墩台间的相对位移,避免纵向落梁破坏(图5.38)。

(6) 通过采用抗震阻尼装置来实现减隔震的方法,一般仅在大跨径的桥梁上使用。该方法通过调整阻尼装置参数控制梁体的纵向位移。

工程实践表明,桥梁地震破坏中落梁占很大的比例,本节讨论的抗震措施基本上是针对落梁考虑的,通过增加这些构造措施,减少桥梁在地震时的落梁概率,能起到"花小钱,办大事"的效果。

第 5 章 附属其他

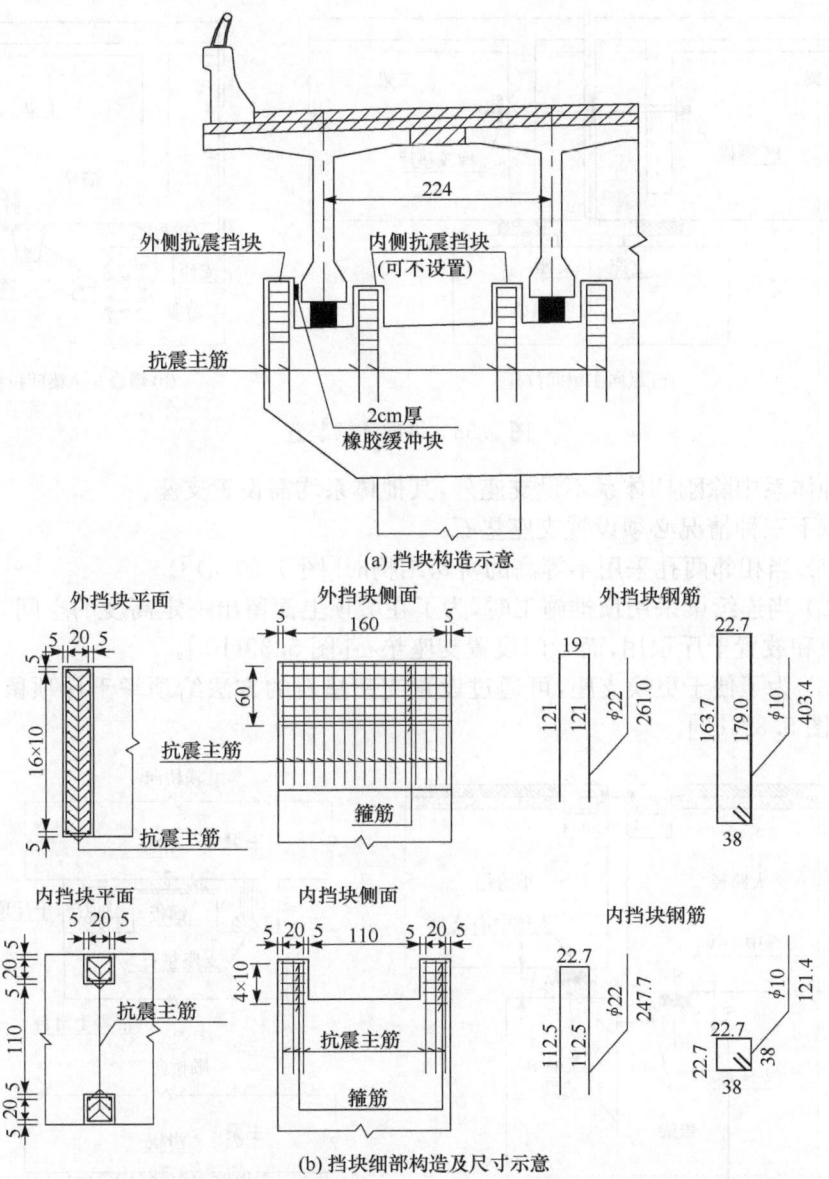

图 5.37 抗震挡块构造及尺寸示意图(单位:cm)

5.12 为什么支座垫石高度宜控制在 10～30cm

支座垫石是设置在墩台帽上支座位置处的钢筋混凝土短柱,主要用来调整支座底面的标高,以使桥梁高程符合设计要求及实现桥面的平整。从结构上说装配式桥梁的纵向体系共有四种:简支体系、连续梁体系、连续-刚构体系和刚构体系,

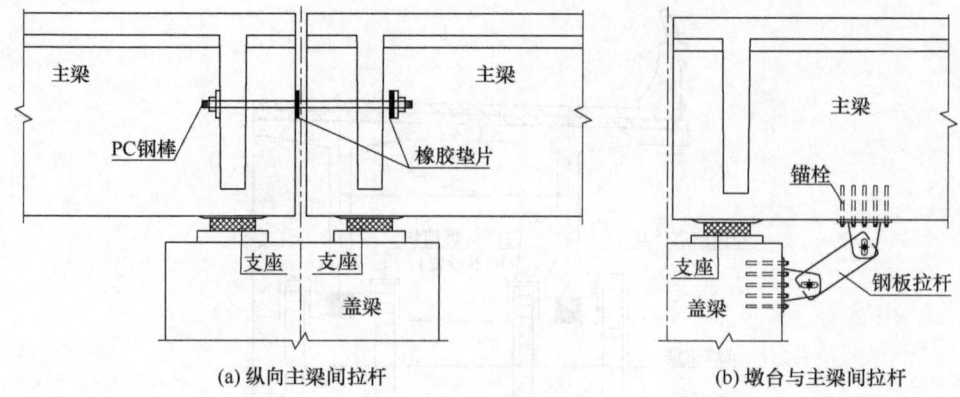

图 5.38 纵向连梁装置

这四种体系中除刚构体系不设支座外,其他体系均需设置支座。

以下三种情况必须设置支座垫石:

(1) 当相邻两孔采用不等高的桥跨结构时[图 5.39(a)]。

(2) 当连续梁采用顶推施工时,为了在墩顶上面留出一定高度的空间,供喂顶推滑块和放置千斤顶用,而专门设置支座垫石[图 5.39(b)]。

(3) 为了便于更换支座,可通过设置支座垫石的方法给顶举千斤顶留出操作空间[图 5.39(c)]。

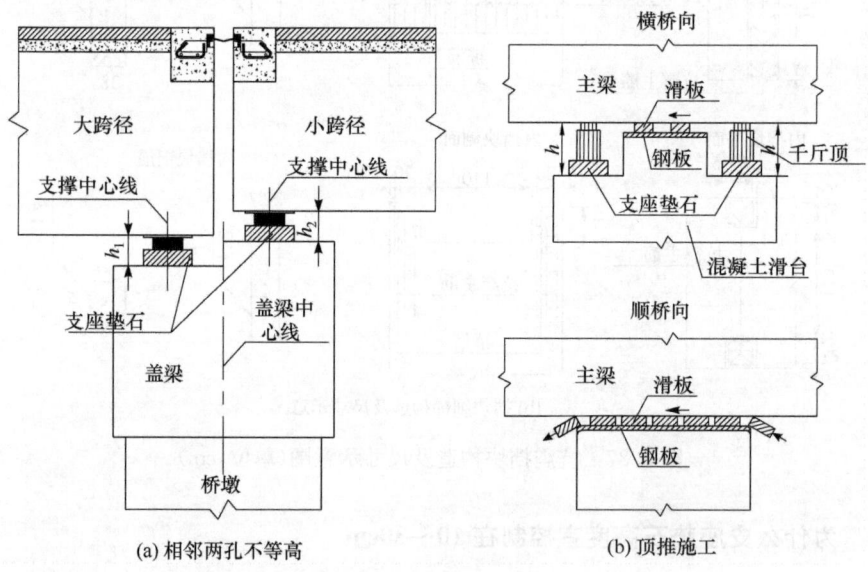

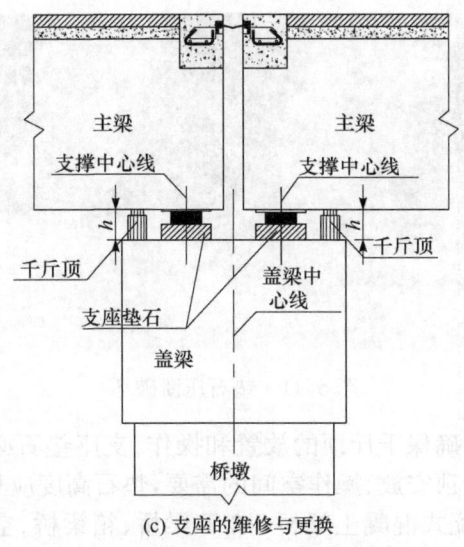

(c) 支座的维修与更换

图 5.39 必须设置垫石的三种情况示意图

那么支座垫石的高度该如何控制呢？这要从以下两点来加以考虑：标高调整和支座检查维修、更换的需求。

(1) 装配式桥梁中一般会通过调整垫石的高度来实现桥面横坡。图 5.40 是通过调整垫石的高度来实现桥面双向横坡的情况，此时盖梁的横坡 $i_g\text{‰}=0$，即按平坡考虑，这样一来，可方便盖梁的施工。

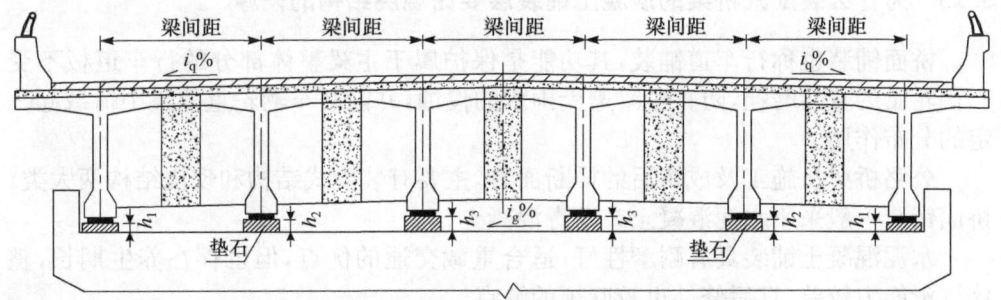

图 5.40 单幅桥双向坡垫石不等高示意图

假定图 5.40 中的桥面坡度 $i_q\text{‰}=2\%$，梁间距为 240cm，h_1、h_3 分别为垫石高度的最小值和最大值，二者差值：$h_3-h_1=2\times 240\times 0.02=9.6$cm。但当主梁片数太多（即桥面宽度较大），且桥面横坡较大时，垫石高度的差值（h_3-h_1）也较大，若最低垫石的高度一定，则最高处的垫石高度将会很大，此时需验算垫石的局部抗压，避免产生破坏（图 5.41），因此垫石的高度也不宜过高。

(2) 就支座维修与更换来看，桥梁设计基准期（100 年）范围内，一般需要更换

图 5.41　垫石压溃破坏

支座。更换支座时,为确保千斤顶的放置和操作,支座垫石必须有足够的高度,因此,为了能够保证千斤顶安放、操作空间的需要,垫石高度应是越高越好。

实际工程中的装配式混凝土梁桥,如 T 梁桥、箱梁桥、空心板桥,它们在更换支座时所用千斤顶的工作能力范围大约在 10~150t,所对应的千斤顶总高度(本体高度+行程高度)范围大约在 4.9~12.2cm。例如,某工程中一孔 40m 简支 T 梁,其裸梁的重量为 140t,考虑二期荷载后单片梁体的折算重量约为 180t,更换支座时需要两台 100t 的千斤顶,其工作时的总高度至少为 11.2cm。

实践证明,将支座垫石的高度控制在 10~30cm 不仅可满足桥梁上部稳定性的要求,而且也解决了支座维修与更换的问题。

5.13　为什么装配式桥梁的混凝土铺装层要比现浇结构的偏厚

桥面铺装也称行车道铺装,其功能是保护属于主梁整体部分的行车道板不受车辆轮胎的直接磨耗,防止主梁遭受雨水的侵蚀,并能对车辆轮重的集中荷载起一定的分布作用。

公路桥梁从施工及成桥后的横断面看,主要有装配式结构和现浇结构两大类,桥面铺装一般采用水泥混凝土或沥青混凝土。

水泥混凝土铺装具有耐磨性好,适合重载交通的优点,但也存在养生期长,整体抗滑能力较差,日后修补也较麻烦的缺点。

沥青混凝土铺装具有重量较轻,维修养护方便的优点,铺筑后几小时就能通车运营,行车舒适;但有易老化和变形,受温度影响较大的缺点。

在桥梁设计时,桥面铺装的结构形式宜与所在位置的公路路面相协调。一般不考虑桥面铺装参与主梁受力,但当桥面铺装采用水泥混凝土时,如在施工中能确保铺装层与行车道板紧密结合成整体,则铺装层的混凝土(扣除作为车轮磨耗的部分,厚约为 1~2cm)也可以合计在行车道板与之共同受力,以充分发挥这部分材料的作用。

按《通规》第 3.6.3 条规定:高速公路和一级公路上的特大桥、大桥的桥面铺装宜采用沥青混凝土铺装,其厚度不宜小于70mm;二级及二级以下的公路桥梁铺装厚度不宜小于50mm。

桥面铺装层直接承受车轮荷载的冲击,桥面铺装部分或全部参与了主梁结构的变形,因此桥面铺装是一个受力复杂的动力体系,目前关于桥面铺装的研究还很不成熟,并且现有研究主要集中在材料设计和铺装技术等方面,而关于理论分析和结构计算的研究很少。各种形式的主梁及铺装本身的构造均影响其应力的分布。

目前,在高等级公路设计中,桥面多采用水泥混凝土和沥青混凝土双结构层铺装,两层之间设防水层。水泥混凝土应为构造上的调平层,可认为部分参与主梁的受力,而沥青混凝土仅作为单纯的桥面,不考虑其参与受力的作用。

在后期的运营过程中,桥面的破坏主要表现为:沿板(梁)接缝纵向开裂、横桥向开裂、局部网状开裂、桥面局部坑槽及坑槽引起的主梁顶面破坏等。特别是装配式桥梁结构,桥面铺装破坏速度及程度远远要大于现浇结构。其原因主要有以下几点:

(1) 由于纵向接缝处的连接刚度较差,当荷载作用时,缝间桥面铺装层必然是受力薄弱环节。

(2) 装配式桥中的预应力混凝土梁、板预制构件,由于预应力的作用,在抵消自重影响后,梁体的徐变将产生上拱。若预应力张拉控制不严、架梁不及时,上拱度过大而造成桥面铺装厚度不均,尤其是局部混凝土铺装过薄,是造成桥面铺装早期破坏的原因之一。

(3) 对于外悬桥面板、连续梁及悬臂梁桥等结构的负弯矩处,由于荷载的作用使桥面铺装层受到了弯曲拉应力的作用,桥面铺装层在拉应力作用下容易产生裂缝。

(4) 桥面铺装层之间结合不好,在桥面铺装施工前对梁顶部的清理不彻底,梁板粗糙度不够,表层的浮浆、泥土、油污、松散的混凝土清理不净,这些都降低了桥面铺装层与梁顶面混凝土之间的黏结性能,影响了混凝土铺装层与主梁的整体性。

桥面铺装中的水泥混凝土铺装层在装配式桥梁及现浇结构桥梁中的作用是有区别的。当装配式结构的桥梁横坡处在超高渐变段时,桥梁的预制横坡(或梁体的就位横坡)一般为该跨两端的平均横坡,与成桥后的横坡值相差较大,为保证沥青混凝土铺装等厚度,需通过水泥混凝土铺装层的不等厚度来实现成桥桥面横坡。

现浇结构的桥梁其整体性、纵横向刚度及抗扭性等要优于装配式结构,混凝土铺装层小于装配式结构的厚度,一方面可以节省造价,另一方面还可以减轻上部自重,其厚度可控制在8cm左右。在施工过程中,即使桥面的平整度控制得较好,也不建议取消该层结构,否则后期运营中的有害介质或沥青铺装修复时的铣刨施工均会直接伤及主梁结构。

综上所述,装配式结构的桥梁,混凝土铺装层不仅起到保护主梁和分布荷载及调整标高的作用,在一定程度上还参与桥面板的受力,并联结各主梁共同受力,因此要求桥面铺装要有足够的强度、稳定性、平整度、抗滑性和不透水性。而现浇结构中的混凝土铺装层一般仅起到调整结构顶面平整度的作用,其厚度可以小于装配式结构的厚度。

两类结构中常见的铺装结构层构造如图 5.42 所示。

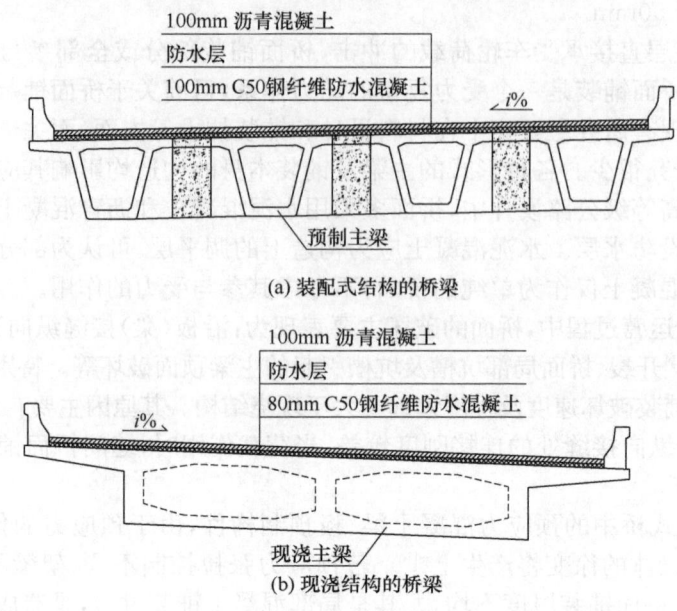

图 5.42 桥梁铺装结构层构造示意图

为保证混凝土铺装层有足够的强度承受温度、收缩、车辆冲击等的不利影响,铺装层中设有钢筋网片。钢筋网片采用 $\phi 10\text{mm}$ 或 $\phi 12\text{mm}$ 钢筋,纵横向间距均采用 10cm,交点处建议采用点焊连接。为保证施工进度及钢筋网节点间距均匀,推荐采用铺设冷轧带肋焊接钢筋网[应符合行业标准《钢筋焊接网混凝土结构技术规程》(JGJ 114—2003)]的方法,焊接网钢筋强度标准为 550 级,直径 $\phi 10\text{mm}$,间距 $10\times 10\text{cm}$。

为保证铺装混凝土与主梁混凝土的紧密结合,一般在主梁顶面预埋锚固定位钢筋 $\phi 10\sim 12\text{mm}$(图 5.43)。定位钢筋可采用两端锚固的门式钢筋,纵横向间距建议均采用 50cm,当横向间距受预制梁尺寸限制时,可适当调整,但不得大于

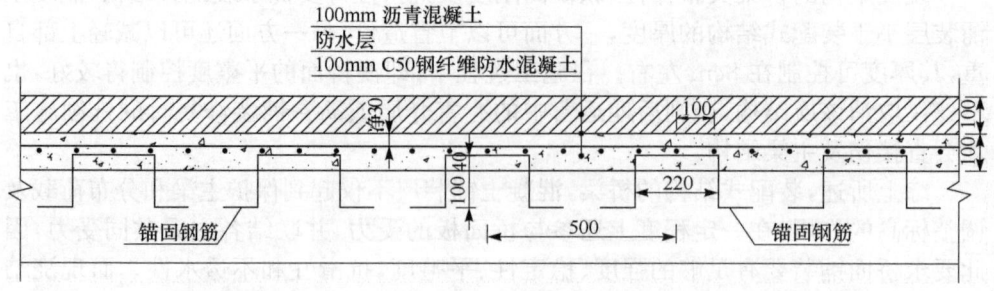

图 5.43 桥面预埋定位锚固钢筋示意图(单位:mm)

100cm。钢筋网片距预制梁顶高度应不小于5cm。定位钢筋的位置尽可能避开主梁顶的最薄处。装配式结构桥梁的纵、横向接缝浇注时,也应注意锚固钢筋的设置。

此外,在进行铺装施工前,必须对梁体表面的砂浆等杂物进行凿除,并充分凿毛,用水冲洗干净,以保证新旧混凝土的黏接。混凝土铺装宜采用不低于主梁标号的防水混凝土。在混凝土中掺加钢纤维或聚丙烯纤维,以提高混凝土的抗裂、抗渗能力。确保梁体与桥面铺装紧密结合,连成一体,共同作用。

5.14 为什么桥梁铺装层要设置防水混凝土,而不是普通混凝土

由于桥面的沥青混凝土为透水性材料,若不做桥面防水,雨水等将透过沥青混凝土层而渗透到主梁,在冻融等作用下,降低主梁的耐久性,甚至危及桥梁的安全性能。图5.44是典型的装配式桥梁的桥面系结构组成,其中桥面防水分为两部分:一是柔性材料的防水层;二是刚性材料的防水混凝土层。

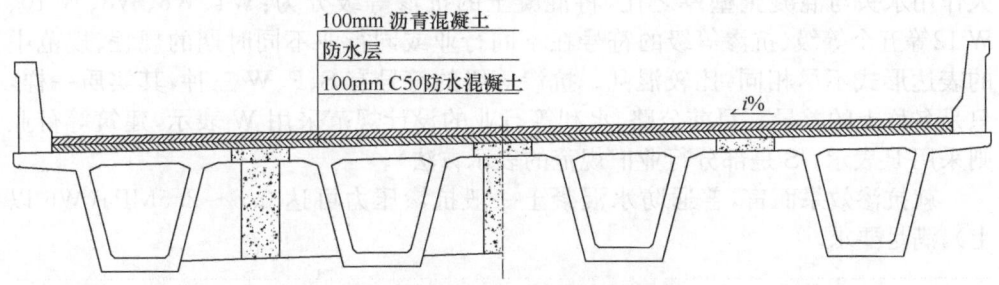

图5.44 装配式桥梁的典型桥面系结构

防水层的材料要求具有良好的抗渗性能,与沥青面层有足够的黏结强度;面层碾压后,有良好的无破损性,良好的耐高温、低温性能;对桥面状况有良好的适应性;能较好地抵御桥面裂缝的影响;材料寿命不应低于面层寿命;良好的边缘密封性;施工简单、环保。

目前防水层的材料和种类也比较繁多,就防水层材料的施工方式而言,可分为卷材和涂料两种。桥梁中最常见的有SBS防水卷材及FYT-1桥面防水涂料。

(1) SBS防水卷材全称是苯乙烯-丁二烯-苯乙烯嵌段共聚物。采用SBS改性沥青浸渍和涂盖胎基,两面涂以弹性体或塑料体沥青涂盖层,上面涂以细砂或覆盖聚乙烯膜所制成的防水卷材,具有良好的防水性能和抗老化性能,并具有高温不流淌、低温不脆裂、施工简便、无污染、使用寿命长的特点。SBS改性沥青防水卷材尤其适用于寒冷地区。

(2) FYT-1桥面防水涂料是以优质重交沥青为基料,添加橡胶和树脂材料改性而成的水性防水涂料,是以高聚物乳液为主要成膜物质,添加多种功能助剂反应而成的水性防水涂料。FYT-1型新型防水涂料其状如乳液型,使用喷刷方式,可

在表面形成膜层。三涂 FYT-1 防水层是由 FYT-1 改进型桥面防水涂料喷涂三遍而形成的防水层。

防水混凝土(water tight concrete)也称结构自防水混凝土,其目的是"防渗",是主梁结构预防桥面渗水的最后一道防线。其设计思想为:通过调整混凝土的配合比或掺加外加剂、钢纤维、合成纤维等提高混凝土的抗疲劳性能,减少开裂。同时配合严格的施工及施工管理,减少混凝土内部的空隙率或改变孔隙形态、分布特征,从而达到防水(防渗)的目的。

桥梁上采用的一般是普通防水混凝土。所用原材料与普通混凝土基本相同,但两者的配制原则不同。普通防水混凝土主要借助于采用较小的水灰比(不大于0.6),适当提高水泥用量(不小于 $320kg/m^3$)、砂率(35%～40%)及灰砂比(1:2～1:2.5),控制石子最大粒径(≤40mm),加强养护等方法,以减少混凝土孔隙率,改变孔隙特征,提高砂浆及其与粗骨料界面之间的密实性和抗渗性。

依据《桥规》第 1.0.10 条的规定,根据混凝土试件在抗渗试验时所能承受的最大作用水头与混凝土壁厚之比,将混凝土的抗渗等级分为:W4、W6、W8、W10、W12 等五个等级(抗渗等级的符号在不同行业或同行业不同时期的规程、规范中的表达形式不尽相同,比较混乱。抗渗等级的符号有 S、P、W 三种,其实质一样,只是名称上的差异。目前公路、水利等行业的设计规范采用 W 表示,建筑等行业则采用 P 表示,S 是部分行业旧规范的表示方法)。

就抗渗效果而言,普通防水混凝土一般抗渗压力可达 0.6～2.5MPa(W6 以上),满足要求。

5.15 为什么装配式铰接板桥梁铰缝与桥面铺装宜同时施工

板桥的特点是建筑高度小、构造简单、施工方便。当采用预制装配施工时,预制构件重量小、架设方便,其主要缺点是跨径不宜过大。《桥规》第 9.2.1 条规定:钢筋混凝土简支板桥的标准跨径不宜大于 13m;连续板桥的标准跨径不宜大于 16m;预应力混凝土简支板桥的标准跨径不宜大于 25m;连续板桥的标准跨径不宜大于 30m。

装配式板桥的构造按截面形式主要有实心板和空心板两类。实心板截面形状简单、施工方便、建筑高度小、结构整体刚度大、施工质量易于保证,一般采用钢筋混凝土结构,一般跨径≤6m。

空心板截面形状较实心板复杂,为增大跨径,减轻自重,将截面中部部分挖空,做成空心板,并对其材料合理利用。空心板分为钢筋混凝土、预应力混凝土两种结构。钢筋混凝土空心板跨径通常范围在 6～13m;预应力混凝土空心板跨径在 10～30m。空心板的顶、底板厚度应≥8cm,空洞端部应予填封。

无论实心还是空心的装配式板桥,板块之间必须采用横向连接构造。以保证板块组成整体,共同承受车辆荷载。常用的横向连接方式有企口混凝土铰接连接和钢板焊接连接两种或两种共同设置连接。

(1) 企口混凝土铰接连接。

企口混凝土铰接形式有圆形、菱形和漏斗形三种。按铰缝的深浅可分为：浅铰缝、中铰缝、深铰缝三种（图 5.45）。

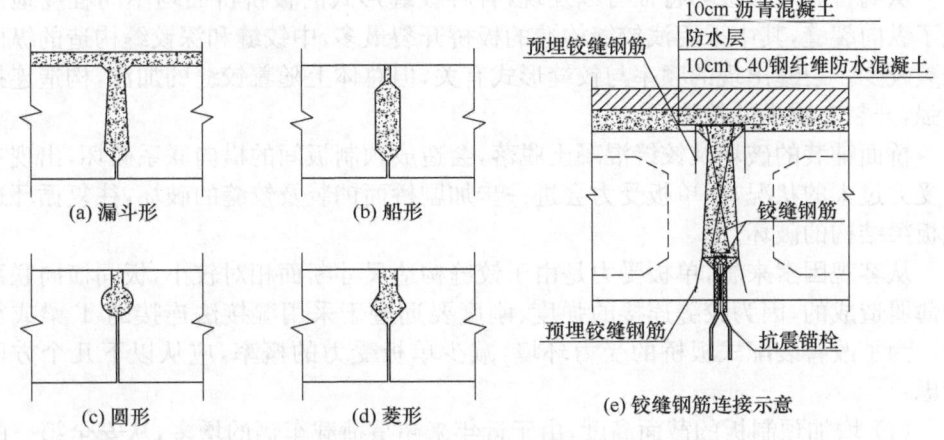

图 5.45　企口式混凝土铰连接

企口混凝土铰接，即用与预制同一强度等级或高一等级的细集料混凝土将预留的圆形、菱形或漏斗形企口加以填实。有条件时，铰缝处混凝土可选择抗裂、抗剪、韧性好的钢纤维混凝土。

(2) 钢板焊接连接。

当预制板的外形上没有设置铰缝时，同时也为了加快工程进度，避免企口混凝土的现场浇筑，则可采用钢板连接（图 5.46）。

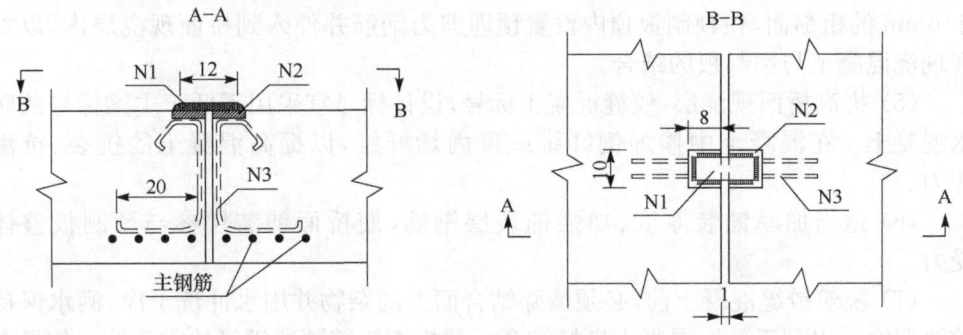

图 5.46　钢板连接构造（单位：cm）

钢板焊接连接，它的构造是用一块钢盖板 N1 焊在相邻两板的预埋钢板 N2 上。连接构造的纵向中距通常为 80～150cm，根据受力特点，在跨中部分布置较密，向两端支点处逐渐减疏。

为增强块件之间的连接，也可采用上述两种办法的组合连接。

企口式混凝土铰能保证传递横向剪力，使各块板共同受力。其中漏斗形（深铰缝）[图 5.45(a)]因其施工方便，共同受力性能较好，在工程应用中采用较多。

从病害调查和破坏特征可以发现，各种铰缝形式的板桥桥面均不同程度地出现了纵向裂缝，其中采用浅铰缝构造的板桥开裂最多，中铰缝和深铰缝构造的纵向开裂较少。裂缝出现的频率与铰缝形式有关，但总体上随着铰缝的加深，构造连接加强，开裂有减少的趋势。

桥面铺装的破坏及铰缝混凝土脱落，会造成预制板间的横向联系破坏，出现单板受力过大的状况，而单板受力会进一步加剧桥面铺装及铰缝的破坏，往复循环造成板梁结构的破坏。

从客观因素来看，单板受力是由于铰缝构造尺寸断面相对较小，板间横向联系偏薄弱造成的，因为铰缝连接的强度、刚度要远逊于采用湿接法连接的 T 梁或箱梁。为了改善装配式板桥的受力环境，减少单板受力的概率，应从以下几个方面考虑：

（1）增加预制板的截面高度，由于近年来超重荷载车辆的增多，从安全第一的原则出发，应适当增加板的安全储备，同时还可以增大刚度，减少挠度。

（2）加大铰缝的尺寸断面，既是《桥规》第 9.2.9 条"装配式板当采用铰接时，铰的上口宽度应满足施工时使用插入式振捣器的需要，铰槽的深度宜为预制板高的 2/3"的规定，也与病害调研时发现的深铰缝可减少纵向裂缝发生的概率相吻合。

（3）板铰缝下缘预埋钢筋，预埋钢筋与铰缝内钢筋绑扎[图 5.45(e)]，这样铰缝混凝土与空心板混凝土能较好地形成整体，并不易开裂。

（4）加强桥面现浇层与预制板的连接，预制板顶面和铰缝壁应做成凹凸不小于 6mm 的粗糙面，在预制板顶内设置预埋剪力钢筋并伸入到桥面现浇层内，以加强现浇混凝土与预制板的结合。

（5）提高桥面现浇层、铰缝混凝土标号，设计标号宜采用不低于主梁标号的防水混凝土。在混凝土中掺加钢纤维或聚丙烯纤维，以提高混凝土的抗裂、抗渗能力。

（6）适当加厚铺装厚度、加强铺装层钢筋，使桥面铺装层参与预制板整体受力。

（7）浇筑铰缝混凝土前，必须清除结合面上的杂物并用水冲洗干净，洒水保持铰缝湿润。以利于新旧混凝土良好结合。并检查铰缝预留钢筋的完整性。如果有缺失的，应采用植筋或焊接的方法将其补齐。

（8）采用 M15 号砂浆填底缝且强度达 50%后，方可浇筑铰缝混凝土；铰缝混凝土必须采用插入式振捣棒振捣饱满密实；铰缝的施工质量也是造成单板受力的一个主要因素。

（9）改进铰缝的施工工序，从结构受力的角度考虑，铰缝与桥面铺装一起浇筑更为合理。因为浇筑铰缝混凝土后再浇筑桥面铺装时，铰缝已经参与受力，各板间铰缝受力并不均匀，斜交板相差尤其大。所以从尽量减少铰缝受力的角度出发，铰缝宜与桥面铺装同时浇筑，能更好地保证预制板与铺装层的整体性。

　　从上述的分析中不难得到：通过改善企口铰缝的形状、设置铰缝钢筋、保证铰缝混凝土浇筑的质量及改进施工工序等方法，能够最大限度地避免铰缝的失效，减少病害的发生，提高板桥的适用性和耐久性。

参考文献

陈宇. 2009. 浅析桥面铺装施工质量控制. 广东科技,(2):180—181.
戴文敏,张聪智. 2009. 液化土中桩基抗震设计研究. 现代冶金,37(2):24—26.
胡肇滋. 1996. 桥跨结构简化分析——横向分布系数. 北京:人民交通出版社.
黄兴安. 2004. 公路与城市道路设计手册. 北京:中国建筑工业出版社.
交通部专家委员会. 2008. 中华人民共和国交通行业公路桥梁通用图. 北京:人民交通出版社.
兰峰,王克海. 2011. 中小跨径双柱式高墩桥梁横系梁对抗震性能的影响. 公路交通科技, (5):92—97.
李辅元. 2005. 桥梁工程. 北京:人民交通出版社.
李国豪,石洞. 1984. 公路桥梁荷载横向分布计算. 北京:人民交通出版社.
李国平. 2000. 预应力混凝土结构设计原理. 北京:人民交通出版社.
刘红卫. 2001. 桩基础设计中应注意的几个问题. 城市道桥与防洪,(3):33—37.
刘红卫,冯海江. 2010. 桥梁加宽的实例与体会//桥梁安全耐久性、检测、评定与加固技术论文集, 昆明.
刘红卫,冯海江. 2011. 60m简支钢-混组合梁桥的施工方案设计//大跨径桥梁和组合结构桥梁创新技术论坛论文集,深圳.
刘红卫,冯海江,等. 2007. 钢筋混凝土简支整体板的内力浅析. 城市道桥与防洪,(1):34—37.
刘红卫,郝俊瑞,等. 2006. 南水北调大桥施加预应力方法的比较//第九届后张预应力学术交流会论文集,北京.
刘红卫,王东虎. 2001. 浅谈桥梁的美观设计//河北交通,(10):16—21.
刘红卫,王艳东,等. 2010. 杨兴河特大桥加宽设计体会//桥梁安全检测、评定、加固与防震减灾技术论坛论文集,成都.
刘红卫,张平杰. 2005. 双预应力混凝土的实践与展望//第十三届全国混凝土及预应力混凝土学术交流论文集,北京.
刘辉锁,刘红卫. 2002. 变宽度桥梁的设计和技术特点. 公路,(11):57—59.
刘宇晨. 2006. 桥梁桩基设计中若干问题的探讨. 桥梁结构,5(3):24—26.
刘钊. 2010. 桥梁概念设计与理论分析. 北京:人民交通出版社.
罗道明. 2005. 浅议桥梁伸缩缝. 山西建筑,31(2):191—192.
苗伟,董亚欣,等. 2007. 防水混凝土桥面铺装施工要点. 吉林交通科技,(1):44—45.
聂建国,刘明,等. 2005. 钢-混凝土组合结构. 北京:中国建筑工业出版社.
聂建国. 2011. 钢-混凝土组合结构桥梁. 北京:人民交通出版社.
秦建国,蒋伟. 2007. 山区桥梁柱式墩的验算分析. 公路交通技术,(6):86—89.
上海市政工程设计研究总院. 2007. 桥梁设计工程师手册. 北京:人民交通出版社.
邵旭东,程翔云,等. 2007. 桥梁设计与计算. 北京:人民交通出版社.
邵旭东. 2003. 桥梁设计百问. 北京:人民交通出版社.
沈苏平,刘小强,等. 2009. 板式桥梁合理结构形式分析与研究. 公路,(11):13—16.
宋晓东,李建中. 2004. 山区桥梁的抗震概念设计. 地震工程与工程震动,(1):92—96.
孙展望. 2010. 桥头搭板设计要点. 城市建设,(32):399—400.

王威,张江洪,等. 2009. 东西高速公路桥头搭板设计和台背回填. 中外公路,29(6):329—331.
王岩,刘红卫. 2005. 装配式曲线桥的布孔要点. 河北交通,(6):33—35.
项海帆. 2011. 桥梁概念设计. 北京:人民交通出版社.
谢先柱,张建仲. 2006. 浅论高等级公路桥头跳车产生的原因及防治措施. 内蒙古科技与经济,(24):171—173.
谢裕平. 2010. 关于桥墩计算长度系数值 μ 的讨论. 建筑技术,(3):273—275.
姚玲森. 2008. 桥梁工程. 北京:人民交通出版社.
袁伦一,鲍卫刚. 2005. 公路钢筋混凝土及预应力混凝土桥涵设计规范 JTG D62—2004 条文应用算例. 北京:人民交通出版社.
张德华,王梦恕. 2009. DX 挤扩灌注桩技术在铁路桥梁工程中的应用. 中国工程科学,(7):92—96.
张志伟,刘红卫,等. 2002. 40m 双预应力混凝土桥的设计、施工及试验. 公路,11(11):42—46.
中华人民共和国建设部,中华人民共和国国家质量监督检验检疫总局. 2003. 钢结构设计规范 GB 50017—2003. 北京:中国计划出版社.
中华人民共和国建设部,中华人民共和国国家质量监督检验检疫总局. 2008. 建筑地基基础设计规范 GB 50007—2002. 北京:中国建筑工业出版社.
中华人民共和国交通部. 2004. 公路钢筋混凝土及预应力混凝土桥涵设计规范 JTG D62—2004. 北京:人民交通出版社.
中华人民共和国交通部. 2004. 公路桥涵设计通用规范 JTG D60—2004. 北京:人民交通出版社.
中华人民共和国交通部. 2005. 公路圬工桥涵设计规范 JTG D61—2005. 北京:人民交通出版社.
中华人民共和国住房和城乡建设部. 2010. 混凝土结构设计规范 GB 50010—2010. 北京:中国建筑工业出版社.
中华人民共和国住房和城乡建设部. 2011. 城市桥梁设计规范 CJJ 11—2011. 北京:中国建筑工业出版社.
中交公路规划设计院有限公司. 2007. 公路桥涵地基与基础设计规范 JTG D63—2007. 北京:人民交通出版社.
中交公路规划设计院有限公司标准规范研究室. 2009. 公路桥梁设计规范答疑汇编. 北京:人民交通出版社.
重庆交通科研设计院. 2008. 公路桥梁抗震设计细则 JTG/T B02—01—2008. 北京:人民交通出版社.
朱开林,汪伟. 2008. 山区高速公路中的先简支后连续 T 梁设计与施工. 公路交通技术,(6):74—79.
朱聘儒. 2006. 钢-混凝土组合梁设计原理. 北京:中国建筑工业出版社.
EN 1994:2008. Eurocode 4: Design of composite steel and concrete structures, Brussels.

后　　记

　　1991年我从石家庄铁道学院毕业后,在河北省交通规划设计院从事桥涵勘察设计工作,在设计院同事的帮助、指导下,自己从学生逐步成长为桥梁工程师。

　　离开河北省交通规划设计院后,还一直从事桥梁勘察设计工作。在工作中,我感到桥梁设计人员设计装配式梁桥结构时,问题不少,就想写几篇文章总结一下。2009年初当我和冯海江先生谈起时,因他担任总工程师的缘故,也想写写这些方面的文章。当我们把想写的问题罗列后发现,要写的东西很多,逐步就有了写一本关于装配式梁桥设计书籍的想法,主要偏重设计实践方面。

　　2010年8月,确定了相关的题目及内容简介、前言等,到2011年3月,基本完成了草稿。在此期间,我们的同事王进、王艳东等帮助我们做了很多的具体工作。

　　2011年4月,我们将相关内容提要以信函的方式,向从事公路、市政行业的设计院及高校等单位,以及专家、学者发出了征求意见的信函。

　　可能是这些年大家都忙于生产经营,仅收到了华中科技大学代筠杰先生及江苏交通科学研究院梁峰先生的回复,感谢他们在百忙之中对本书的关注!

　　基于这样的状况,更坚定了我把这本书完成的信念。实际上,我们的生产经营也影响到本书的编写,因此直到2012年3月,才形成最后的定稿。

　　在稿件编写的过程中,我的好朋友刘辉锁先生对本书很多细节方面的内容提出了宝贵建议,这给了我很大的信心,希望通过本书与对桥梁设计感兴趣的读者一起探讨。

　　在本书的编写过程中,我得到了家人的支持,正是由于她们对家庭的照顾,使我能全心地投入到编写中,在此向我伟大的母亲刘淑平、亲爱的妻子刘新文及我血脉传承的儿子刘伯宁表示感谢!

刘红卫
壬辰年二月于石家庄